# 지역사회복지론

김동욱 · 오정영 · 이미란 · 정병두 · 정선영 · 홍윤경

KNOWLEDGE COMMUNITY 공동체

# 머리말

우리 사회는 지금 급변하는 환경 속에서 전환의 시대를 맞이하고 있습니다. 초고령사회로의 진입, 저출생의 지속화, 1인 가구의 급증, 팬데믹 이후 지역 공동체의 위기와 해체, 기후위기와 디지털 격차의 심화 등 다양한 사회 문제들이 동시에 작동하며 지역사회를 압박하고 있습니다. 이와 같은 구조적 변화 속에서, 지역사회복지는 단순한 제도나 서비스 수준의 논의를 넘어, 삶의 질을 보장하기 위한 공동체 기반의 총체적 대응 전략으로 자리 잡고 있습니다.

본 교재는 이러한 문제의식 위에서 출발합니다. 사회복지학의 핵심 교과목으로서 지역사회복지를 다룰 때, 이론적 정교함만이 아니라 현장의 목소리, 정책의 방향과 흐름, 지역의 다양성, 실천의 실제성을 함께 담아내는 통합적 시야가 요구됩니다. 이 교재는 그러한 통합을 구현하기 위한 시도이며, 사회복지학을 공부하는 학부 및 대학원생, 실천 현장의 전문가, 복지 행정가, 정책 입안자 모두에게 의미 있는 지적 자원이 되기를 기대합니다.

오늘날 지역사회복지를 둘러싼 환경은 급격히 변화하고 있습니다. 지역기반 복지 생태계의 재편을 강조하면서, 지역주도형 복지체계 구축이 주요 방향으로 제시되고 있습니다. 특히 지역복지 전달체계의 통합과 커뮤니티케어(Community Care)의 본격화를 통해 시설 중심에서 지역사회 중심의 복지로의 전환을 지향하고 있습니다. 이와 함께 지역 주민의 권한을 강화하고, 지방정부의 복지 책임성과 재량권을 확대함으로써, 지역사회복지의 실질적 기반을 강화하고 있습니다. 이러한 정책적 흐름은 학문과 실천현장에서 지역사회복지를 바라보는 시각의 전환을 요구하고 있으며, 본 교재는 이러한 맥락을 반영하여 구성되었습니다.

본 교재는 다음과 같은 세 가지 구성 원칙을 중심으로 집필되었습니다.

첫째, 기존의 지역사회복지론이 이론적 접근에 치중하거나, 반대로 현장 사례 소개에 편중되는 한계를 극복하고자, 본 교재는 생태체계이론, 구조기능주의, 사회교환이론, 갈등이론, 다원주의 이론 등 다양한 이론들을 지역사회복지 실천의 맥락에 맞게 통합적으로 재조명하였습니다.

둘째, 현행 지역복지계획 수립 체계, 읍면동 단위의 찾아가는 보건복지서비스, 지역사회보장협의체의 기능 변화, 돌봄 정책의 통합화, 디지털 복지 서비스 확대 등 정책 동향을 최신화하고, 이에 대한 현장 적용 가능성을 분석하였습니다.

셋째, 각 지역 특성과 자원에 기반한 다양한 실천 사례를 통해, 지역의 다양성과 맥락을 존중하는 접근법을 제시하였습니다.

본 교재는 단순히 한 학기의 이론 강의를 위한 교재에 머물고자 하지 않습니다. 이 교재는 변화하는 복지 환경 속에서 지역사회복지를 새롭게 성찰하고, 실천적 대안을 함께 고민하는 학습의 출발점이 되기를 바랍니다. 본 교재를 통해 사회복지학 전공자는 이론과 실천을 종합적으로 이해하고 지역사회복지사로서의 정체성과 실천역량을 함양할 수 있도록 하고, 현장 실천가 및 공공영역 전문가는 정책 동향과 다양한 지역 사례를 통해 실무 기획 및 평가 역량을 강화할 수 있도록 기대합니다.

본 교재는 지역사회복지 실천 분야에서 오랜 기간 연구해 오던 집필진이 참여하여 저술되었습니다. 아울러 수많은 지역의 사회복지사, 주민활동가, 지방정부 담당자, 그리고 지역주민들의 땀과 경험이 이 책의 사례와 통찰로

녹아들어 있습니다. 본 서의 필자들은 여러 해 동안 교재의 출간을 위해 고민하면서 소통과 숙고의 시간을 통해 사회복지를 전공하는 많은 사람들에게 실질적인 도움이 될 수 있는 교재가 되도록 노력을 아끼지 않았다고 자부합니다. 그럼에도 불구하고 미진한 부분이 있음을 부인할 수 없고 여러 곳에서 오류가 드러날 수 있습니다. 따라서 독자 여러분의 다양한 비판적 성찰과 제언을 부탁드리며, 추후 지속적인 연구와 보완을 통해 더욱 풍요롭게 거듭날 수 있도록 노력하겠습니다.

끝으로 본 교재가 나올 수 있도록 지속적인 관심과 격려를 보내 주신 모든 분들과 출판을 위해 수고해 주신 공동체 가족 여러분께 깊은 감사의 말씀을 드립니다.

2025년 8월

저자 일동

# 차 례

01
CHAPTER

# 지역사회와 지역사회문제

1. 지역사회의 개념
2. 지역사회의 기능
3. 지역사회기능의 비교척도와 유형
4. 지역사회를 바라보는 이론적 관점
5. 지역사회의 현실과 좋은 지역사회

# 01 CHAPTER 지역사회와 지역사회문제

## 1 지역사회의 개념

일반적으로 지역사회(community)란 일정한 지리적 공간을 공유하고, 상호작용과 공동의 유대를 가진 사람들의 집합체를 말한다. 하지만 현대 사회에서는 단순히 물리적 공간을 넘어서 공통의 관심과 목적, 정체성, 유대감을 바탕으로 형성된 사회적 단위로 이해되기도 한다.

Community는 사전적으로 "지연에 의하여 자연 발생적으로 이루어진 공동사회"를 일컬으며, 공동, 공동소유를 의미하는 'common' 또는 'communal'과 통일성, 통합을 의미하는 'unity'의 합성어로서 인식되고, 공동 · 공동체계 · 공동 소유 등의 의미를 지니고 있다. community의 어원은 라틴어 'communis'로 '공동의 것을 함께 만들고 나눈다'는 의미이다. 즉, '함께'라는 의미의 'com'과 '의무, 책무'라는 의미의 'munus'의 합성어로 일반적으로 공동체라는 단어와 큰 구분 없이 사용되었는데, 공동체는 생활이나 행동, 또는 목적 따위를 같이하는 집단으로서 역시 공동사회를 의미한다.

지역사회의 정의를 살펴보면 정지웅과 임상봉(1999)은 "지리적인 개념과 공간적인 개념을 동시에 내포하는 용어로 지리적으로 한정된 지역 내에서 생활하면서 상호 간, 그리고 자신들이 생활하는 장소에 대해 사회적, 심리적인 유대를 갖는 곳"으로, 김종서와 주성민(1990)은 "지역사회라는 말은 영어의 Community와 같은 뜻으로 일정한 지역에 살고 있는 주민들의 공동생활체를 뜻하며 특히 지역성을 강조하는 개념으로 공동의 생활의 장을 가지는 주민들의 접촉을 말하며 일정한 지역, 일정한 주민, 공통적인 생활경험, 우리의식이 있을 것이 요구된다"고 하였다.

지역사회는 사회복지 실천 및 정책 형성의 기초 단위로서 다양한 방식으로 정의될 수 있다. 최일섭과 류진석(2003)은 지역사회에 대한 문헌들의 정의에서 두 가지 속성이 드러난다고 하였다. 그 하나는 다른 지역과는 다른 특수성(uniqueness)과 분리성(separatedness)을 나타내는 물리적 지리성 및 지역적인 경계를 가지고, 다른 하나는 사회적 혹은 문화적인 동질성(homogeneity), 합의성(consensus), 자조성(self-help) 혹은 다른 형태의 집단행위와 상호작용을 가진다는 것이다. 두 속성 중 어느 것을 강조하느냐에 따라 지리적 의미의 지역사회, 집단 상호작용을 강조하는 사회적 동질성을 띤 지역으로서의 지역사회, 지리적 및 사회적 동질성을 강조하는 자연지역으로서의 지역사회로 나누어 다음과 같이 설명하고 있다.

### 1) 지리적 의미의 지역사회

지리적 의미의 지역사회란 행정구역이나 자연적인 물리적 경계로 특정할 수 있는 공간 내에 거주하는 사람들의 집합을 말한다. 예를 들어, 읍·면·동과 같은 행정 단위, 혹은 특정 생활권이나 도심권역 등 물리적 공간을 중심으로 형성된 공동체가 이에 해당한다. 이는 공간성, 근접성, 생활권을 강조하는 개념으로 대표 학자로는 파크(Park)와 버제스(Burgess)가 있다.

### 2) 사회적 동질성을 강조하는 지역사회

사회적 동질성을 강조하는 지역사회란 구성원 간의 공통의 관심, 가치, 규범, 생활양식 등을 중심으로 형성된 사회적 유대와 상호작용의 체계를 의미한다. 이 개념에서는 지리적 근접성보다 구성원 간의 관계성, 정서적 결속, 그리고 공동체 의식이 중심이 된다. 이러한 지역사회는 동일 공간에 있지 않더라도 형성될 수 있으며, 온라인 공동체, 종교 집단, 직업 조직 등이 이에 포함된다.

이에 대해 매키버(MacIver)와 페이지(Page)는 "지역사회란 공통된 생활방식을 공유하는 사람들의 삶의 조직이다. 이는 공동생활, 공동감정, 공동제도, 그리고 공동관심사를 통해 형성된 생활단위이다"라고 하여 지역사회를 단순한 지리적 개념을 넘어 공동의 사회적 유대를 중심으로 형성된 조직체로 이해하며, 사회적 통합의 원리를 강조하였다.

스트로프(Stroup)는 "지역사회란 동일한 사회적 규범, 가치, 관심을 공유하며, 상호작용을 통해 생활을 함께하는 사람들의 집합이다"라고 하여 지역사회 구성원 간의 공유된 규범과 가치 및 지속적인 상호작용을 중심으로 사회적 공동체가 구성된다는 점을 강조한다.

### 3) 지리적 및 사회적 동일성을 강조하는 자연지역으로서의 지역사회

지리적 및 사회적 동일성을 강조하는 자연지역으로서의 지역사회란 지리적 인접성과 사회적 상호작용이 결합되어 자연스럽게 형성된 공동체를 말한다. 사회학자 힐러리(Hillery)는 다양한 학자들의 지역사회 개념 정의를 분석하여 공통적으로 발견되는 지역사회의 구성요소를 지리적 영역, 사회적 상호작용, 공동의 연대로 정리하여 지리성과 사회적 동질성의 결합으로서의 지역사회를 설명하고 있다.

#### (1) 지리적 영역

지역사회는 특정한 물리적 장소나 지리적 범위를 바탕으로 형성된다. 지리적 영역(geographic area)은 주민의 정신적인 연계가 이루어질 수 있는 공동의 생활 터전을 구축하는 데 반드시 필요한 공간적 단위로 작용한다. 지역사회는 지역 내에서 함께 생활하는 주민 간의 상호작용을 통해 작동된다. 이는 도시, 마을, 동네와 같이 사람들이 실제로 거주하고 활동하는 공간을 의미하고 이러한 공간은 사람들 간의 접촉을 가능하게 하며, 지역 내 자원 활용이나 서비스 제공의 기본 단위가 된다.

### (2) 사회적 상호작용

사회적 상호작용(social interaction)은 공동체를 출현시키는 과정이다. 지역사회 구성원들은 단순히 같은 공간에 사는 것만으로 공동체를 이룰 수 없다. 지속적이고 반복적인 사회적 관계와 상호작용이 필요한데, 이러한 상호작용은 가족 간, 이웃 간, 또는 다양한 지역 내 집단 간의 교류를 통해 나타난다. 사회적 상호작용은 신뢰, 규범, 공동체 의식을 형성하는 데 핵심적인 역할을 하며, 이는 공동의 문제 해결이나 협력적 활동으로 이어질 수 있는 토대가 되기도 한다.

### (3) 공통의 연대

공통의 연대(common ties)는 지리적 상황 조건과 상호작용의 결과로 이해될 수 있다. 이는 인간들이 더불어 살아가는 삶의 방식이며 집단적 가치 추구의 표현이라 할 수 있다. 지역사회 구성원들은 공통된 가치, 관심사, 소속감, 우리의식(we-feeling), 공동체 의식 등을 공유한다. 이러한 유대감은 지역사회의 결속력을 높이며, 위기 상황에서 협력과 연대를 가능하게 한다.

결국 지역사회라는 것은 단지 '장소'로만 볼 수 없고, 사람들 간의 관계와 정서적 결속까지 포함된 복합적 구조로 이해하여야 한다. 동일한 생활권 내에 살고 있으면서 상호 교류가 단절되어 있고 공동 관심사나 유대감이 형성되지 않으면 지역사회가 기능적으로 작동되지 못한다. 지역사회는 일정한 지역 내 거주하는 주민이 서로 이해하고 동류의식을 가질 때 구축된다.

오늘날 지역사회는 단순히 공간적 개념을 넘어, 공동의 관심사나 정체성을 중심으로 형성되는 기능적 · 사회적 공동체로 확대되고 있다. 교통 · 통신이 고도로 발달되어 생활권의 범위가 확대되는 상황에서 지역사회의 개념은 지리적이고 공간적인 지역사회보다는 사회관계적 공동체 요인이 좀 더 강조되는 경향이 있다. 그러나 지역사회가 지리적 경계를 배제한 채 기능 측면을 고려한 공동체로만 이해된다면 불완전한 개념이 될 수 있다. 지역사회가 지역성에 기반을 두고 있지 않다면 물리적 환경에 결합되어 있는 지역사회 주민의 욕구를 무시하거나 환경체계의 맥락을 간과한다는 문제점도 제기될 수 있다.

## 2 지역사회의 기능

지역사회의 기본 기능을 체계화한 학자는 워렌(Warren, 1963)으로 지역사회 5대 기능으로 생산·분배·소비, 사회화, 사회통제, 사회참여, 상호부조를 제시하고 있다.

### 1) 생산·분배·소비 기능

지역사회는 경제활동의 기본 단위로 주민들이 삶을 영위하기 위해 필요한 기본적인 재화와 서비스를 생산하고, 분배하며, 소비하는 역할을 한다. 워렌은 이에 대해 "지역사회는 구성원들의 생활에 필요한 재화와 서비스를 생산하고, 공정하게 분배하며, 소비를 통해 삶의 질을 향상시키는 기능을 수행한다"고 하였다. 생산은 지역에서 노동력, 자원, 기술을 활용하여 물질적·비물질적 재화를 창출하는 것을, 분배는 생산된 자원과 서비스가 공정하고 효율적으로 지역주민에게 전달되는 구조를, 소비는 생산·분배된 재화와 서비스를 주민이 이용하고 소비함으로써 삶의 질을 향상시키는 것을 의미한다.

이러한 기능은 지역주민의 기본적인 생존 보장과 지역경제의 자립 기반을 마련해 주므로 지역사회의 경제적 자립성과 지속가능성을 좌우하게 되기도 한다.

### 2) 사회화 기능

지역사회는 개인의 사회화 과정을 지원하는 교육적 기능을 가진다. 사회화란 사회 구성원이 그 사회의 문화적 가치, 규범, 지식, 기술을 습득하여 사회적 역할을 수행할 수 있도록 준비되는 과정이다. 개인이 사회의 규범, 가치, 행동양식을 배우고 내면화하여 사회 구성원으로 성장할 수 있도록 하는 것으로 가정, 학교, 지역단체 등이 이러한 기능을 담당하게 된다. 지역사회는 새로운 구성원, 특히 아동과 청소년이 사회의 규범, 가치, 역할 등을 학습하여 사회 구성원으로 성장할 수 있도록 돕는다.

사회화 과정은 아동, 청소년부터 노년층까지 다양한 시기에서 반복되므로 생애주기 전반에 걸쳐 영향을 미치는 지속적이고 통합적인 기능에 속한다.

### 3) 사회통제 기능

사회통제는 지역사회의 구성원들이 공동체의 가치와 규범을 지키도록 행동을 조절하거나 규제하는 기능이다. 이는 지역사회가 질서, 안정, 예측 가능성을 유지할 수 있도록 공식적·비공식적 기제를 통해 구성원들의 행위를 규범에 맞게 이끌고, 일탈이나 갈등을 예방·해결하는 기능이다. 지역사회에는 법률, 경찰, 조례, 규칙 등 제도화된 절차를 통해 수행되는 공식적인 통제 기능과 공동체 내부의 문화, 관습, 도덕적 압력 등 비형식적인 통제수단이 존재한다.

### 4) 사회참여 기능

사회참여(social participation) 기능은 지역사회 구성원이 공동체 활동에 자발적으로 참여함으로써 사회적 소속감과 연대의식을 형성하고 유지하는 기능을 말한다. 이는 지역사회의 통합성과 민주성, 공동체의 건강성을 유지하는 데 필수적인 기능으로 지역사회 구성원들이 다양한 공동체 활동에 참여함으로써 정체성, 소속감, 공동체 의식을 공유하고 강화하는 기능이다. 이는 구성원들이 단순히 행정에 참여하는 것만이 아니라, 문화, 사회, 여가, 종교, 정치, 자원봉사 등 공동체 전반의 다양한 활동에 자발적으로 참여하는 것을 포함하고 자율성, 주체성, 공동체성, 책임성을 동반한다.

### 5) 상호부조 기능

상호부조란 지역사회 구성원들이 서로의 문제와 필요에 관심을 가지고, 정서적 · 물질적 · 사회적 도움을 주고받는 상호 지원의 기능이다. 구성원 간 상호 도움과 연대를 통해 공동체를 유지하고 위기와 위험을 함께 극복한다.

이 기능은 공동체 구성원 간의 공감, 책임, 연대를 기반으로 하며, 공식 서비스로 채워지지 않는 틈새를 메우는 자발적 돌봄과 지원의 네트워크로 지역복지의 토대가 된다.

이러한 기능과 더불어 최근에는 팬데믹, 기후위기 등 다양한 위기에 대응할 필요성이 커짐에 따라 지역사회 외부의 위협으로부터 구성원을 보호하고 안정성을 확보하는 기능으로 '방어' 기능 그리고 주민 간 정보 공유의 중요성 증가에 따른 지역사회 내부 구성원 간 또는 외부와의 정보 전달과 상호 이해를 위한 기능으로서의 '의사소통' 기능 등이 새롭게 강조되고 있다.

## 3 지역사회 기능의 비교척도와 유형

### 1) 지역사회 기능의 비교척도

워렌(Warren)의 지역사회 비교척도는 지역사회를 분석하는 데 매우 유용한 틀을 제시하였고 지역사회의 기능을 바탕으로 지역사회 간의 차이를 지역적 자치성, 서비스 영역의 일치성, 지역에 대한 주민들의 심리적 동일시, 수평적 유형의 네 가지 비교척도를 통해 규명하였다.

### (1) 지역적 자치성(autonomy)

지역사회가 외부에 의존하지 않고 자체적으로 문제를 해결할 수 있는 정도를 의미하는 것으로 지역 내에서 필요한 서비스를 스스로 생산·공급할 수 있는 능력과 외부 개입 없이 의사결정과 실행이 가능한 자치 행정을 말한다. 지역사회복지 실천에서 중요한 자원 동원력 및 지속가능성의 지표가 된다. 높은 자치성의 예는 자체 예산과 복지 프로그램을 운영하는 자치단체, 주민 스스로 계획하고 실행하는 지역개발사업 등이 해당된다.

### (2) 서비스 영역의 일치성(coincidence of service area)

행정구역과 실제 주민의 생활권(생활범위)이 얼마나 일치하는지를 나타내는 것으로 지역 인프라의 지역 내 분포 여부, 교통접근성 등이 측정요소가 될 수 있다. 주민들이 병원, 학교, 시장, 행정기관 등을 대부분 지역 내에서 이용할 수 있다면 서비스 영역이 일치되는 것이고, 반면 일상적인 서비스 이용이 인근 도시나 타 지역 중심이라면 일치성이 떨어지는 것이다. 일치성이 높을 경우 행정의 효율성이 향상되고 주민들의 정주 만족도 및 공동체 유대감이 강화될 수 있으나 일치성이 낮을 경우 정책 수혜의 사각지대가 발생하고 지역사회복지 서비스의 전달 효율성이 저하된다.

### (3) 지역에 대한 주민들의 심리적 동일시(psychological identification)

주민들이 자신이 속한 지역사회에 대해 느끼는 심리적 소속감과 자긍심의 정도로, 측정 요소는 소속감, 지역의 역사나 문화에 대한 자부심, 지역 내 문제나 이슈에 대해 '내 일처럼' 생각하는 태도 등이 이에 속한다. 높은 동일시의 특성은 주민 간 유대감과 협동의식이 강하고 지역 행사 참여도나 자원봉사율이 높은 것 등이고, 동일시가 낮을 경우 공동체 의식이 약화되어 갈등 발생 가능성이 증가하게 된다.

### (4) 수평적 유형(horizontal patterning)

지역 내 사회적 관계와 교류가 수평적으로 이루어지는지, 즉 평등하고 비위계적인 네트워크가 존재하는지를 말한다. 수평적 유형이 강한 지역은 다양한 계층의 사람들이 동등하게 네트워크를 형성하고 상호작용하며 의사결정 참여 구조가 분산되어 있고 주민 주도의 회의체 등이 활발하게 된다. 수평적 유형은 민주적 거버넌스, 참여적 복지실현에 유리한 기반을 제공한다.

## 2) 지역사회의 유형

던햄(Dunham)의 지역사회 유형화는 지역사회를 분류하는 대표적인 체계 중 하나로 지리적 특성, 인구 규모, 경제적 기반, 행정구역, 인구 구성의 사회적 특수성 등의 기준에 따라 지역사회를 유형화하였다. 여기서 인구 규모(population size)는 던햄의 명시적 기준은 아니며, 주로 지리적 특성과 경제적 기반을 논의할 때 부수적으로 등장하는 변수이다.

〈표 1-1〉 지역사회 유형화 기준

| 분류기준 | 내 용 |
|---|---|
| 지리적 특성 | 도시지역과 농촌지역으로 물리적 위치와 환경으로 구분<br>• 도시형 지역사회 vs 농촌형 지역사회 |
| 인구 규모 | 대규모 도시와 소규모 마을, 인구 밀도에 따른 서비스 및 사회구조 차이를 고려<br>• 대도시, 중소도시, 농촌 지역사회 |
| 경제적 기반 | 산업 기반(공업, 상업, 농업 중심 등)에 따라 사회구조와 복지욕구가 다름<br>• 공업도시, 상업지구, 농촌지역 |
| 행정구역 | 행정 단위(시 · 군 · 구 · 읍 · 면 · 동 등)에 따라 구분하여 제도적 지원 및 정책집행 기준이 되는 지역사회 유형화<br>• 행정구역별 지역사회(시, 군, 구, 읍, 면, 동) |
| 인구 구성의 사회적 특수성 | 고령자 비율, 장애인 밀도, 특정 계층 집중 등 사회적 특성을 가진 집단이 많은 지역<br>• 고령화 지역사회, 다문화 밀집 지역 |

지역사회는 단일한 개념이 아니라 다양한 기준에 따라 분류가 가능하다. 정책 수립이나 복지계획 수립 시 분류 기준을 활용해 타당한 맞춤형 접근이 가능하도록 하는 것에 의의가 있다. 지역사회복지 실천에서는 유형화가 대상자 파악과 서비스 설계에 핵심적 역할을 할 수 있다. 이를테면 농촌 지역사회의 경우 인구 고령화가 두드러지며 의료나 돌봄 서비스 접근성이 낮아 방문형 서비스 강화가 필요할 것이며, 공업 지역사회는 이주노동자나 산업재해 위험이 높아 이들에 대한 복지서비스나 고용안정이 주요 과제가 될 수 있다. 이처럼 유형화는 지역사회복지의 기초 자료로 활용되어, 각 지역의 특성과 수요에 맞춘 정책과 프로그램 개발에 유용하게 사용된다.

## 4 지역사회를 바라보는 이론적 관점

지역사회는 단순한 지리적 단위를 넘어서 사회적, 경제적, 정치적 요소들이 상호작용하는 복합적인 사회체계이다. 이러한 지역사회를 이해하고 실천적 접근을 가능하게 하는 이론적 관점은 다음과 같이 정리할 수 있다.

### 1) 생태학적 관점

생태학적 관점은 지역사회를 인간과 환경이 상호작용하는 살아있는 생태체계로 본다. 따라서 지역사회를 인간과 환경 간의 상호작용을 중심으로 분석한다. 여기서 환경은 물리적 환경(주거, 공원, 교통 등), 지역의 공간 구조, 자원분포, 환경과의 적합성 그리고 사회적 · 경제적 자원을 포함한다.

생태학적 관점은 지역사회의 구조와 기능을 분석하고 지역 내 자원의 적절한 배치와 활용 가능성을 평가하는 데 유용하다.

### 2) 사회체계이론적 관점

지역사회를 다양한 하위체계가 상호작용하는 하나의 큰 체계로 보고, 기능과 구조의 관점에서 접근한다. 지역사회는 가족, 학교, 경제, 복지기관, 시민단체 등 여러 하위체계가 상호작용하며 움직이는 거대한 시스템이다. 이론의 중점요소는 하위체계 간의 상호작용, 균형과 항상성, 기능 수행 여부이다. 사회체계이론의 의의는 지역사회 내 복지기관, 주민조직, 행정체계 간의 협력과 조정의 필요성을 강조한다.

### 3) 기능주의적 관점

기능주의(Functionalism)는 사회가 여러 부분으로 구성되어 있고 각 부분은 합의된 가치와 규범에 따라 변화된다고 보아 균형과 안정을 강조한다. 여기서 지역사회는 사회 유지와 생존을 위한 다양한 기능(역할)을 수행하는 통합된 단위로 사회 유지와 통합을 위한 다양한 기능을 수행하는 구조물로 간주된다. 이러한 관점은 지역사회가 변화하더라도 기본 기능이 어떻게 작동하고 유지되는지 분석이 가능하게 하고 각 지역이 수행하고 있는 기능이 무엇이며 어떤 기능이 약한지를 분석하고 보완하는 역할을 할 수 있다.

### 4) 상징적 상호작용주의 관점

상징적 상호작용주의 관점은 지역사회 내 개인들의 상호작용과 의미부여 과정을 통해 사회현상을 이해하려는 시각으로 지역사회를 구성하는 개인들 간의 의미부여, 상징, 일상적 상호작용을 중시한다. 사회는 고정된 구조가 아니라 '의미의 교환'으로 지속적으로 만들어진다고 보고, 일상적 관계, 상호작용의 상징성, 정체성 형성이 중점요소이다. 이러한 관점은 주민참여, 커뮤니티 정체성, 사회적 연대 강화와 관련된 미시적 이해를 제공하는 데 의의가 있다. 주민참여 프로그램 기획 시 정서적 유대 강화와 소통 방식에 주목할 수 있도록 돕는다.

### 5) 갈등이론적 관점

갈등이론적 관점(Conflict Theory)은 지역사회 내 계층, 권력, 자원 분배의 불균형과 이에 따른 갈등을 분석하는 이론으로, 지역사회는 자원과 권력의 비대칭 구조 속에서 갈등이 존재하며 사회문제는 권력집단과 소외계층 간의 구조적 대립에서 비롯된다고 본다. 갈등은 사회를 변화시키는 동력이 되기도 하는데 자원의 편중이나 사회적 불평등에 관심을 가지고 지역 내 빈곤, 소외, 디지털 격차 등의 구조적 문제를 설명하며 개입의 필요성을 설명하고 사회적 약자의 권익옹호, 지역 간 격차 해소 정책 수립에 중요한 이론적 기반을 제공하는 데 의미가 있다.

### 6) 네트워크 및 자본이론 관점

지역사회의 연결망과 신뢰, 상호작용을 통한 사회적 자본의 작용에 주목하고 있다. 대표 학자인 퍼트넘(Putnam)은 사회적 자본이 민주주의와 공동체 기능에 미치는 영향을 강조하고 사회적 자본이 높을수록 민주주의와 공동체 회복력이 높아진다고 주장하고 있다. 신뢰, 규범, 상호성, 네트워크의 밀도에 관심을 가지고 공동체 회복과 협력 활성화, 주민 참여 기반의 지역복지 실천에서 중요한 시각을 제공한다.

### 7) 지역사회 상실, 보존, 개방이론

지역사회를 설명하는 지역사회 상실이론, 보존이론, 개방이론은 지역사회의 변화와 지속성, 구조와 기능, 그리고 환경과의 상호작용 등 지역사회의 다양한 사회학적 측면을 이해하기 위해 정립된 이론이다. 이는 지역사회란 무엇인가, 어떻게 변화하고 지속되는가, 외부 변화에 어떻게 반응하는가라는 근본 질문에 대해 서로 다른 관점을 제공한다.

### (1) 지역사회 상실이론

산업화, 도시화, 근대화에 따라 전통적인 공동체가 해체되었으며, 지역사회의 공동체적 속성이 약화되었다는 관점으로 게마인샤프트(Gemeinschaft, 공동사회)에서 게젤샤프트(Gesellschaft, 이익사회)로의 전환을 강조한다. 농촌적이고 정서적 유대가 강한 공동체에서 도시적이고 이익 중심의 인간관계로 변화하고, 도시화는 사람들 간의 인간적인 관계를 약화시키고 고립과 소외를 심화시킨다.

### (2) 지역사회 보존이론

산업화나 도시화가 진행되더라도 지역사회는 그 나름의 방식으로 공동체적 특성을 유지하며, 새로운 형태로 변화한다는 관점이다. 공동체가 사라지지 않고 형태만 변화하여 이웃 간의 상호작용은 줄어들었지만, 다른 방식의 사회적 네트워크로 대체된다는 것이다. 표면적으로는 전통적 공동체가 해체된 듯 보이지만, 실상은 새로운 형태(예 네트워크형 관계, 가상 공동체)로 기능적 공동체성이 유지되고 있음을 설명하려는 이론이다.

### (3) 지역사회 개방이론

지역사회를 폐쇄된 고정적 단위가 아니라, 외부 환경과 끊임없이 상호작용하며 변화하는 열린 체계로 보는 이론이다. 지역사회는 외부 사회, 경제, 문화, 기술 등의 영향을 지속적으로 받아들이고 이에 반응한다. 지역사회의 생존과 발전은 외부환경과의 효율적인 상호작용 및 적응능력에 달려 있다. 변화에 유연하게 대처하는 지역사회가 지속가능한 발전을 이룰 수 있다. 특히 4차 산업혁명, 코로나19와 같은 거시적 변화에 대한 지역사회의 적응·변환 가능성을 설명하는 이론적 틀로 활용될 수 있다.

## 5 지역사회의 현실과 좋은 지역사회

### 1) 지역사회 현실과 쟁점

오늘날 지역사회는 정치 · 경제 · 사회 · 문화적 변화 속에서 다양한 문제에 직면해 있다. 특히 도시화, 고령화, 저출산, 산업구조의 재편, 지방소멸 등의 사회변동은 지역의 삶을 불안정하게 만들고 있으며, 이러한 변화는 지역사회복지의 핵심 쟁점으로 떠오르고 있다.

#### (1) 지방소멸과 인구감소

대한민국은 세계에서 가장 빠르게 인구가 줄어드는 나라 중 하나이며, 특히 농촌과 지방 중소도시는 청년층의 유출과 고령화로 인해 소멸 위기에 직면하고 있다. 지방소멸은 인구 감소만이 아니라, 학교 · 병원 · 상점 · 대중교통 등 기반시설의 축소, 지역공동체 해체, 복지서비스 접근의 악화 등 광범위한 문제로 이어진다. 농촌과 지방 중소도시는 청년층의 유출과 고령화로 인해 공동체 유지가 어려워지고 있다. 이는 지역 기반서비스의 붕괴, 노동력 부족, 정주환경 악화 등으로 이어진다.

#### (2) 복지 불균형과 서비스 접근성 저하

농어촌이나 낙후지역은 대도시에 비해 공공복지 서비스의 접근성이 낮고, 민간 자원의 연계도 미흡하게 되고 결과적으로 복지 격차가 심화되고 있다. 도시와 농촌, 수도권과 비수도권 간 복지자원 접근성의 격차는 지역 간 삶의 질 차이를 심화시키고 있다. 의료, 돌봄, 교육, 장애인 지원 등에서 물리적 거리와 서비스 공급자 부족이 큰 문제로 지적되고 있고 지역 간 '출생부터 사망까지' 복지 격차가 발생하고 있는 현실이다.

#### (3) 디지털 격차와 소외

디지털 전환이 급속히 진행되면서 고령층, 저소득층, 장애인 등은 정보 접근성에서 소외되고 있으며 이는 사회적 고립을 가중시킨다. 고령자, 농촌 고립 지역 등에서는 정보격차가 커져 사회참여나 서비스 이용에서 불이익을 겪는 것이다. 키오스크, 온라인 행정, 모바일 앱 중심의 서비스는 이들에게는 장벽이 되기도 한다. 지방소멸과 디지털 소외는 지역사회가 직면한 대표적 문제이며 단순한 지원이 아닌 지속가능한 정주 기반 구축, 지역주민 참여, 포용적 디지털 접근 보장이 필요하다.

#### (4) 환경 문제와 지역 갈등

지역사회에서는 폐기물 처리장, 고압 송전탑, 공장 설립, 신재생에너지 단지 조성 등 환경시설 설치를 두고 주민 갈등이 자주 발생한다. 특히 낙후지역에 유해 시설이 집중되거나, 주민 의견 수렴 없이 추진될 때 갈등이 심화된다. 환경 갈등은 단순 환경 문제가 아니라 주민참여 부족, 정보 비대칭, 불신 문제로까지 이어지고 있다.

#### (5) 주민참여 부족과 거버넌스 문제

지역사회의 복지정책이나 개발사업은 주민의 의견을 반영하여 추진되어야 함에도 불구하고, 많은 경우 행정주도형 · 전문가 중심으로 결정되고, 주민은 수동적 수혜자에 머무는 경우가 많다. 참여의 부족은 정책에 대한 신뢰도 하락과 집행력 저하로 이어진다.

### 2) 좋은 지역사회의 요건

#### (1) 워렌의 '좋은 지역사회'

워렌(Warren)은 좋은 지역사회의 6가지 특징을 제시하였다. 이러한 6가지 요건은 건강하고 역동적인 지역사회가 되기 위한 기준으로 지역사회복지 실천에서 공동체 진단 기준으로 활용되기도 하고, 지역사회조직화 및 지역사회복지 실천에서 중요한 지침이 될 수 있다.

특히 주민참여, 지역 역량 강화, 자율적 문제 해결, 지역 정체성 형성 등의 실천 전략 수립에 중요한 이론적 근거가 된다.

① **정체성**(identity)

주민들이 그 지역을 자신이 속한 공동체로 인식하고 소속감과 자부심을 가지며 지역의 역사, 전통, 상징, 문화 등이 공유된다. 주민들이 자신이 속한 지역에 대해 자부심과 소속감을 느껴, 공동체 구성원으로서의 자각을 지니게 된다.

② **통합성**(integration)

다양한 집단 간에 상호작용과 유대가 있으며, 구성원들이 서로 협력하고 조화를 이룬다. 계층, 세대, 직업, 성별, 문화 간의 갈등이 낮고 통합적인 관계를 형성하여 다양한 계층과 집단이 상호 협력하고 갈등 없이 조화롭게 공존하는 상태로 공동체적 연대가 잘 형성되어 있는 것이다.

③ **상호작용**(interaction)

주민들 간의 교류가 활발하며 공식적 · 비공식적 커뮤니케이션 채널이 존재하고 공공장소, 모임, 커뮤니티 활동 등을 통한 활발한 관계망이 유지되어 있다. 커뮤니티센터, 모임, 네트워크 등이 발달되어 있는 상태이다.

④ **자율성**(autonomy)

외부의 간섭 없이 지역 내에서 스스로 문제를 해결할 수 있는 능력과 의사결정 권한을 보유하고 있고 자치적 역량을 지닌 상태이다. 정치적 · 행정적 자치가 가능하고, 주민들의 참여를 기반으로 지역 주민들이 의사결정에 주체적으로 참여한다.

⑤ **기능성**(functionality)

지역 내에서 구성원들의 다양한 욕구를 충족시킬 수 있는 기능을 수행하기 위한 교육, 경제, 건강, 복지 등과 관련한 지역 내 서비스, 제도, 인프라가 갖추어져 있다. 다양한 욕구를 자체적으로 충족시킬 수 있는 기능을 수행한다.

⑥ **지속성**(permanence)

구성원들이 지속적으로 지역에 머무르며 지역사회가 안정적으로 유지되는 상태로 세대 간 계승과 공동체로서의 연속성이 보장된다.

### (2) 린더만의 '이상적인 지역사회'

린더만(Lindeman)은 공동체 교육 및 지역사회 조직화 분야의 선구자로, 이상적인 지역사회(ideal community)란 단순히 물리적 공간이 아니라 민주적 가치와 공동체성이 실현되는 생활 단위로 보았다. 이 개념은 시민교육과 민주적 공동체 형성의 지향점으로 활용되기도 한다.

첫째, 참여(participation)로 모든 주민이 공동체의 의사결정과 활동에 적극 참여하고, 주민이 공동체의 주체가 된다.

둘째, 협동(cooperation)으로 주민 간의 상호협력과 상부상조 정신이 생활 속에서 실천되고 경쟁보다 연대가 중심이 된다.

셋째, 공통목표(common objectives)로 공동체 구성원이 공유하는 목적과 가치가 존재하며, 이를 달성하기 위한 노력이 지속된다.

넷째, 자율성(autonomy)으로 외부의 간섭 없이 스스로 문제를 인식하고 해결하는 자율적 역량과 구조를 보유한다.

다섯째, 지속성(continuity)으로 세대 간 전통과 가치가 계승되며, 공동체가 장기적으로 존속할 수 있는 기반이 마련된다.

여섯째, 문화적 표현(cultural expression)으로 지역 고유의 문화, 전통, 예술이 활발히 표현되고 주민들 간에 공유된다.

일곱째, 지도력(leadership)으로 지역사회 내에 신뢰받는 지도력이 존재하며, 주민과 함께 소통하고 봉사하는 리더가 활동한다.

여덟째, 학습(learning)으로 지역사회는 평생학습의 장이 되어 주민들이 지속적으로 성장할 수 있는 기회를 제공한다.

아홉째, 민주적 분위기(democratic atmosphere)로 다양한 의견이 존중되며 평등하고 개방적인 토론문화가 형성되고 자유롭고 자율적인 분위기가 조성되어 있다.

### 3) 좋은 지역사회와 지역사회복지 과제

새로운 지역사회는 단지 물리적 공간의 개념을 넘어, 다양한 삶의 방식과 가치가 공존하고 상호 연결되는 복합적 사회구조로 진화하고 있다. 이에 따라 좋은 지역사회가 되기 위한 요건 또한 고정된 틀을 넘어서 개방성, 포용성, 참여성, 연대성, 지속가능성이라는 다차원적 요소로 재정의되고 있다.

현재 우리나라 지역사회는 인구감소와 지방소멸, 복지 불균형, 디지털 격차, 환경 갈등, 주민참여 부족 등 다양한 문제에 직면해 있다. 워렌이 제시한 '좋은 지역사회'의 조건은 이러한 현실을 진단하고 대응하는 데 유효한 이론적 틀을 제공한다. 지역의 정체성이 약화되면서 주민들의 소속감과 공동체 의식이 무너지고 있으며, 기능성과 자율성의 부족은 서비스 접근성과 주민자치의 한계를 낳고 있다. 통합성과 상호작용의 저하는 세대 간, 계층 간 단절과 갈등을 심화시키고 있으며, 지역사회의 지속성 역시 인구 유출과 공동체 해체로 위협받고 있다.

이러한 문제 해결을 위해서는 지역 고유의 자산을 발굴하고, 주민이 주체가 되는 자율적 복지체계를 구축해야 한다. 디지털 소외계층을 위한 평생교육과 스마트복지 강화, 세대통합 프로그램과 지역브랜딩 전략도 필요하다. 궁극적으로 좋은 지역사회는 기능적 인프라뿐 아니라 주민 참여와 협동, 지속가능한 공동체 문화 위에 세워져야 한다. 워렌의 이론은 이러한 통합적 접근을 가능하게 하며, 지역사회복지 실천의 방향성을 제시한다. 이는 단지 행정적 정책이 아니라 주민 중심의 공동체 복원을 위한 실천 전략이 되어야 한다. 따라서 워렌의 조건을 기준으로 지역사회 문제를 성찰하고, 통합적 재구조화를 모색하는 것이 지역사회복지의 핵심 과제이다.

린더만은 좋은 지역사회를 주민의 참여와 협동, 자율성과 민주적 분위기가 조화를 이루는 공동체로 보았다. 그는 특히 학습과 문화적 표현, 지도력, 지속성 등을 통해 공동체의 성장을 강조하였다. 오늘날 지역사회복지의 과제는 주민 참여 확대와 평생학습 기반 조성, 문화적 다양성의 수용, 신뢰받는 지역 리더십 구축에 있다. 또한 공동체 기반의 협력 구조와 자치적 운영이 실현되어야 한다. 린더만의 이론은 복지 실천이 교육과 민주주의를 통해 뿌리내릴 수 있음을 보여준다.

02
CHAPTER

# 지역사회복지의 개념과 가치

1. 지역사회복지의 개념
2. 지역사회복지의 접근방법
3. 지역사회복지의 이념과 가치

# CHAPTER 02 지역사회복지의 개념과 가치

## 1 지역사회복지의 개념

지역사회복지(community welfare)는 사회복지학 분야에서 널리 통용되고 있지만, 그 의미를 명확하게 규정하기는 쉽지 않다. 이러한 개념적 모호성은 지역사회복지가 단순히 사회복지학의 한 분야를 넘어서 정치, 행정, 교육, 보건 등 다양한 학문영역과 실천현장에서 광범위하게 활용되고 있기 때문이다(엄태영, 2024). 국내외 여러 저자들이 지역사회복지를 정의할 때 공통적으로 강조하는 핵심적 요소는 지역성을 기반으로 하는 사회적 노력과 실천 활동이다. 이는 단순히 개인이나 가족의 복지를 넘어 지역사회 전체를 대상으로 문제를 예방하고 해결하며, 지역 구성원 모두의 행복과 인간다운 삶을 목표로 하는 집합적이며 체계적인 접근을 의미한다(김욱진 외, 2021). 이러한 개념 정의는 지역사회를 중심으로 문제를 해결하려는 집단적이고 공동체적인 실천을 강조하며, 지역사회가 단순히 개인적 문제를 넘어 공동의 복지를 위한 사회적 책임을 지는 주체로 자리 잡고 있음을 의미한다.

지역사회복지의 개념은 크게 협의의 개념과 광의의 개념으로 구분하여 접근할 수 있다. 협의의 지역사회복지는 주민들의 생활과 밀접하게 관련된 개별 서비스를 제공하는 것을 중심으로 한다. 이는 주로 지역사회 내에서 서비스가 제공되는 '지역사회 내 복지(welfare in the community)'를 의미하며, 대표적으로 영국의 지역사회보호(community care)와 같은 재가복지 서비스를 포함한다. 반면 광의의 지역사회복지는 지역사회 자체의 구조적 변화와 발전을 추구하는 개념으로, 정책이나 제도의 개선을 통해 지역사회의 삶의 질을 종합적으로 향상시키는 데 초점을 둔다. 즉, 광의의 지역사회복지는 지역주민의 삶을 둘러싼 다양한 사회적 위협을 제거하고, 안전하고 편안한 상태를 달성 및 유지하기 위한 지역 단위의 모든 노력을 포함하는 개념으로 설명할 수 있다. 예컨대 1970년대 새마을운동이나 최근의 마을공동체 사업과 같은 지역사회 개발운동, 지역 중심의 복지체계 구축을 위한 지역사회보장계획 및 실행, 일상의 생활문제를 해결하여 주민의 삶의 질을 높여주는 지역복지 운동 등이 광의의 지역사회복지 실천 활동에 포함된다(김흥주, 2023).

이러한 지역사회복지의 개념에 따른 지역사회복지의 궁극적 목적은 지역사회의 구성원이 인간다운 삶을 영위할 수 있도록 지원하는 데 있다. 이 목적에는 사회정의 실현과 인간 존엄성 보호라는 사회복지 전문직의 근본적 가치가 내재되어 있으며(최선희, 2020), 지역사회의 지속가능성을 보장하는 것도 중요하게 고려된다. 즉, 지역사회복지는 단순히 개인이나 집단의 특정 문제를 해결하는 차원을 넘어서 사회적 공정성과 구성원 개개인의 존엄성이 구현되는 지속가능한 공동체 구축을 목표로 하고 있다.

지역사회복지의 개념적 발전은 신자유주의적 경제 구조의 변화, 복지국가의 한계, 지방자치제도의 활성화, 그리고 시설보호 중심의 전통적 복지 패러다임의 한계를 극복하는 과정에서 이루어졌다. 특히 최근 강조되고 있는 탈시설화, 정상화, 사회통합, 주민참여, 네트워크 등의 가치들이 지역사회복지 패러다임을 구성하며, 현대 지역사회복지 실천의 핵심 이념으로 자리 잡았다(박태영, 2008). 이러한 현대적 가치와 개념은 지역사회복지의 실천과 이론적 발전에서 지속적으로 중요하게 다루어지며, 복지서비스 제공 방식의 변화뿐 아니라 지역사회 전체의 사회적 자본 강화 및 주민 참여 활성화를 통해 지역사회복지의 실효성을 높이는 데 기여하고 있다.

이상과 같이, 지역사회복지는 사회복지학의 전문지식과 기술을 바탕으로 특정 지역의 다양한 문제와 욕구를 해결하고, 나아가 지역사회가 공동체적으로 지속가능한 발전을 이루도록 돕는 다양한 사회적 노력과 실천활동을 포괄하는 개념으로 정의될 수 있다. 특히 이러한 실천은 주민 참여, 공공–민간 협력체계의 강화, 사회통합 및 정상화를 통한 지역사회의 구조적 변화와 발전을 추구한다는 점에서 그 의미와 중요성이 강조된다.

## 2 지역사회복지의 접근방법

지역사회복지는 주민의 삶의 질을 향상시키고 사회적 연대와 공동체 역량을 증진시키는 것을 목표로 한다. 이를 위해 실천가는 지역사회의 구조적·제도적 여건과 주민 개인의 인식 및 상호작용 과정을 종합적으로 고려하여 다양한 접근방법을 활용해야 한다. 본 장에서는 지역사회복지의 접근방법을 크게 거시적·제도적 접근, 운동적·시민참여적 접근, 전문적·체계적 접근, 실천적 과정의 접근, 그리고 이론적 관점에 따른 접근이라는 다섯 가지 틀을 제시하고 각각의 특성과 적용 방안을 살펴보고자 한다.

### 1) 거시적·제도적 접근

거시적·제도적 접근은 중앙 및 지방정부 차원의 정책과 제도를 통해 지역사회복지를 구조적으로 실현하는 방식이다. 상향식이 아니라 하향식(top-down)으로 계획·집행되며, 지역사회 통합돌봄(커뮤니티케어) 사업이 대표적 예이다(배병준, 2019; 황미경, 2019). 이 접근은 전국적 표준화와 안정적 재원 확보에 유리하나, 균일한 제도가 주민 개별 욕구를 충분히 반영하지 못하는 한계를 동반한다.

### 2) 운동적 · 시민참여적 접근

운동적 · 시민참여적 접근은 지역주민이 주체가 되어 자신의 지역문제를 발굴 · 사정 · 해결하는 하부구조(bottom-up) 운동이다. 1990년대 도시빈민운동, 2000년대 성미산 마을공동육아 운동 및 대안학교 운동, 최근의 마을만들기 사업 등이 이에 해당한다(박주형, 2013). 시민 스스로 역량을 강화하며 자생적 변화를 유도하는 강점을 가지나, 전문성 · 지속가능성 확보를 위해서는 외부 지원 및 체계적 관리가 필요하다.

### 3) 전문적 · 체계적 접근

전문적 · 체계적 접근은 전문적으로 훈련받은 사회복지사, 간호사, 생활지원사 등 전문직 종사자들이 지역사회 주민을 위하여 혹은 주민과 함께 거시적 사회복지실천의 다양한 이론과 기술을 적용하여 지역사회 문제를 해결하고, 이를 통해 지역 고유의 욕구를 충족시켜 나가는 지역사회복지 구현의 한 방법이다(김욱진 외, 2021). 이 접근법은 점진적이고 체계적인 변화를 통해 주민들의 삶의 질을 높이는 것을 목표로 한다. 전문가가 지역사회의 욕구를 체계적으로 평가 · 계획 · 개입 · 모니터링하는 방법으로, 계획적 개입과 지속적 평가를 통해 목표 달성도를 높일 수 있으나, 주민 참여를 충분히 담보하지 못하거나 제도적 경직성이 발생할 수 있다.

### 4) 실천적 과정의 접근

갬블과 웨일(Gamble & Weil, 2010)은 사회복지실천의 접근방법과 관련하여 지역사회복지 실천의 주된 네 가지 접근법으로 조직화(organizing)와 기획(planning), 지속가능한 개발(development)과 점진적 변화(progressive change)를 제시하였다. 보편적으로 이 네 가지 과정들은 지역사회문제를 완화시키고 다양한 지역사회 조건을 개선시키는 노력들에서 쉽게 나타난다(엄태영, 2024).

① **조직화**(organizing) : 지역주민과 조직을 결집하여 문제인식과 행동역량을 강화한다.

② **기획**(planning) : 공유된 비전과 목표를 설정하고 활동단계를 구체화하여 실행계획을 수립한다.

③ **지속가능한 개발**(development) : 환경 · 경제 · 사회적 측면을 균형 있게 고려하여 자원 관리와 주민개발을 통합한다.

④ **점진적 변화**(progressive change) : 불리한 지역조건을 개선하기 위한 계획적 · 점진적 개입을 통해 사회적 약자의 삶을 향상시킨다.

## 5) 이론적 관점에 따른 접근

지역사회복지에 대한 기존 이론이나 이념은 지역사회 혹은 지역사회복지와 관련 현상을 이해하는 하나의 시각이나 틀을 얻고, 지역사회복지에 관심을 가지고 있는 어떤 현상을 이해하고 실천하는 데 도움을 얻고자 하는 것이다(김영란 외, 2024). 지역사회복지 실천 관련 관점을 제시하는 데 도움이 되는 이론으로는 기능주의(functionalism), 갈등주의(conflictism), 상호작용주의(interactionism), 다원주의(pluralism), 공동체주의(comunitarianism) 등이 있다. 이 중에서 사회적 현상을 설명하는 데 가장 많이 사용되어 온 전통적 이론으로 기능주의와 갈등주의 및 상호작용주의에 대해 살펴보고자 한다.

### (1) 기능주의적 접근

기능주의는 지역사회를 상호 의존적 하위체계의 복합체로 보며, 안정과 균형 유지에 집중한다. 즉, 지역사회를 이루고 있는 각각의 요소 또는 하위체계는 서로 상호 의존하면서 하나의 통합된 사회로 이루어져 있으며, 안정과 질서를 지향하는 하나의 통합된 체계이자, 지역사회를 구성하는 하위체계는 각자에게 주어진 기능이나 역할을 수행하는 구성요소가 된다(김영란 외, 2004). 이 관점은 제도 간 조정과 통합적 관리에 강점이 있으나, 갈등과 변화를 다소 억제하는 보수적 성향을 띤다.

### (2) 갈등주의적 접근

갈등주의는 권력과 자원 배분의 불평등을 사회변화의 동력으로 간주한다. 지역사회는 권력이나 힘을 가진 계층과 권력이나 힘을 가지지 못한 계층으로 구분되어 있으며, 지역사회는 필연적으로 이들 사이의 갈등이 만연해 있는 곳이지만, 이러한 갈등을 해결하는 과정을 통해 끊임없이 변화하고 발전하고 있는 것이다(김영란 외, 2004). 갈등주의적 관점은 사회적 약자의 권익 보호에 효과적이나 과도한 갈등 조장으로 공동체 결속을 약화할 위험이 있다.

### (3) 상호작용주의적 접근

상호작용주의는 사회현상을 거시적 차원에서 접근하고 분석하려는 기능주의와 갈등주의 입장과는 대조적으로 관심의 초점을 사회에서 개인 간의 상호작용 과정과 상호작용이 개인과 사회에 미치는 결과에 두고 있다(최일섭 · 최성재, 2001). 현장 개입에서 주민의 문화 · 지식을 반영하는 맞춤형 실천에 강점을 가지나, 거시적 구조변화에는 취약할 수 있다.

## 3 지역사회복지의 이념과 가치

### 1) 지역사회복지의 이념

지역사회복지의 이념은 지역사회가 지향하는 궁극적인 가치를 의미하며, 실천의 방향성과 목적성을 명확히 제시한다. 이러한 이념들은 지역사회 내 개인, 집단, 환경 등 체계 간의 상호작용을 통해 지역사회주민의 삶의 질을 향상하고, 사회적 연대와 통합을 지향하는 가치 지향적인 체계로 발전해 왔다. 지역사회복지에서 주로 논의되는 이념으로는 정상화, 사회통합, 탈시설화, 주민참여, 네트워크 등이 있으며, 이는 지역사회복지실천의 원칙이나 기술과 연관되어 있다(박태영, 2008).

### (1) 정상화

정상화 이념은 1951년부터 덴마크의 '정신지체장애인 부모회'가 자신의 자녀들이 포로수용소와 같은 집단시설에서 생활하는 것을 보고 충격을 받아 정부에 개선을 요구한 것에서 비롯되었다. 이러한 노력의 결실로 1959년 '정신지체법'이 제정되었으며, 이 법에서 "정신지체장애인들에게 가능한 한 최대로 정상적인 생활조건에 가깝게 생활하도록 할 것"을 명시하고 있다(염일열 외, 2022). 이와 같이 정상화 이념은 장애인과 같은 사회적 약자가 지역사회에서 일반인들과 동등한 생활을 누릴 수 있게 하는 것을 목표로 한다. 즉, 시설에서 격리된 삶이 아닌 지역사회의 일상적 환경에서 살아갈 수 있도록 지원하는 것을 핵심으로 한다.

이러한 정상화의 개념은 탈시설화가 추구하는 궁극적인 목적과 유사성을 가지고 있으나 이념 추구의 접근방법에 있어서 명확한 차이가 있다(엄태영, 2024). 탈시설화는 주로 경제적 효율성에 초점을 맞추고 있는데, 복지대상자가 시설이 아닌 지역사회에 머물 때 발생하는 비용 절감 효과를 강조한다. 예컨대 시설 운영비, 관리 비용 등 시설 유지에 들어가는 여러 재정들이 지역사회 기반의 복지 시스템으로 전환될 경우 상당히 줄어들 수 있다는 것이다. 즉, 탈시설화는 비용 대비 효과를 극대화하는 실질적인 접근법이라 할 수 있다. 반면 정상화는 복지대상자가 평범한 지역주민과 동일한 일상을 누리기 위해서 비용 절감이 아닌 적극적인 투자가 선행되어야 한다고 강조한다. 즉, 주거시설이나 편의시설 등의 물리적 자원뿐 아니라 사회적 네트워크 형성이나 심리적 지원과 같은 비물리적 자원의 투입도 필수적이라고 본다. 정상화 개념에 따르면, 복지대상자들이 지역사회 안에서 보통의 삶을 살아가기 위해서는 다양한 지원과 배려가 사회적으로 충분히 준비되어야 한다. 결과적으로 정상화는 단순히 탈시설이라는 물리적 이동만이 아니라, 지역사회 구성원으로서의 진정한 통합과 상호작용을 강조하며, 이를 실현하기 위한 사회 전체의 적극적이고 지속적인 노력이 요구된다.

### (2) 사회통합

사회통합은 계층 간 격차와 사회의 전반적 불평등을 감소시킴으로써 장애인, 노인, 아동 등 사회적 약자들이 지역사회 구성원들과 함께 어우러져 생활할 수 있는 조건을 확보하는 것을 의미한다(남일재 외, 2019). 이는 단순한 물리적 결합이 아니라 사회적 교류와 심리적 유대감의 형성을 포함하여 궁극적으로 지역사회를 통합된 하나의 공동체로 만드는 것을 지향한다. 특히 현대 사회에서는 다문화, 불평등, 세대 간 갈등 등 복잡한 사회적 문제를 완화하고 포용적 공동체를 구축하는 데 있어 사회통합의 중요성은 더욱 강조된다.

### (3) 탈시설화

탈시설화의 개념에는 시설입소를 예방하는 것, 지역사회에서의 필요한 재활이나 훈련 프로그램을 받아 온 시설거주자를 지역사회로 돌아가게 하는 것, 인간과 시민의 권리를 지키는 동시에 가능할 때 언제나 지역사회에서의 생활로 개인이 신속하게 돌아가는 것이 가능하도록 거주환경을 확립하고 유지하는 것의 세 가지 과정을 포함한다(염일열 외, 2022).

탈시설화는 기존의 대규모 사회복지시설을 소규모의 그룹홈이나 주간보호시설 등과 같은 다양한 형태의 서비스 제공 방식으로 전환하는 것을 의미하며, 이는 폐쇄된 시설운영체계의 한계를 극복하고 지역사회 내에서 보다 개방적이고 통합적인 서비스를 제공하기 위함이다. 따라서 탈시설화의 목적은 단순히 생활시설 폐지가 아니라, 지역사회 내에서 개개인의 존엄성과 자율성을 최대한 존중하면서도 필요한 지원을 받을 수 있도록 환경을 구축하는 데 있다.

### (4) 주민참여

주민참여는 지역사회 주민들이 스스로 지역사회 문제를 인식하고, 문제해결에 적극적으로 참여함으로써 자신의 삶에 주체성을 갖는 것을 의미한다. 지역사회복지 실천에서 주민들은 서비스의 수혜자인 동시에 제공자로서의 양면성을 지니며, 이는 지역사회복지의 실효성을 높이는 핵심적인 요소로 간주된다(남일재 외, 2019). 즉, 지역사회 구성원들이 단순히 서비스의 수혜자가 아니라 지역사회 복지정책의 결정이나 실제적 서비스 제공 과정에 주도적으로 참여함으로써 문제해결에 대한 공동책임을 갖게 하는 것이다. 또한 주민과 지방자치단체 간의 동등하고 협력적인 파트너십을 구축하는 데 필수적인 토대가 된다.

최근 들어 주민참여는 지방자치의 활성화와 맞물려 더욱 중요해지고 있으며, 주민들이 적극적인 참여를 통해 역량을 키우고 민주적 지역사회를 조성하는 핵심적인 방법으로 자리 잡았다. 결과적으로 주민참여는 지역사회의 복지 수준을 지속 가능하게 유지·발전시키는 원동력으로 작용하고 있다.

### (5) 네트워크

네트워크 이념은 지역 내 다양한 사회복지 자원을 연결하고 상호 협력하여 복합적이고 다양한 지역사회 주민의 욕구에 대응하는 체계를 구축하는 것을 의미한다. 즉, 지역 내 다양한 자원과 사람, 조직이 협력하여 공동의 목표를 달성하기 위한 유기적 협력체계를 의미하며, 각 조직이나 단체는 자신만의 자율성을 유지하면서 동시에 협력 관계를 통해 자원을 공유하고 상호 지원하는 구조로 이루어진다.

지역사회복지 네트워크는 지역주민들이 겪고 있는 다양한 문제와 욕구를 해결하기 위해 지역의 인적·물적 자원을 효과적으로 연결하고 상호작용하게 만드는 중요한 장치이다. 이는 지역 내 공식적인 기관과 단체뿐 아니라 비공식적인 개인이나 소규모 집단 간의 신뢰, 지식, 기술, 정보와 같은 자원들이 자유롭게 교환되는 유연한 연결망을 뜻한다.

이러한 네트워크는 사회복지 서비스 제공자 간의 중복된 서비스나 사각지대를 방지하는 역할을 한다. 이를 통해 지역사회 내에서 서비스의 효율성과 접근성을 높이고 서비스 제공자와 이용자 모두의 필요를 균형 있게 충족할 수 있다. 결국, 서비스 공급자뿐만 아니라 서비스 이용자 역시 네트워크의 핵심 구성원이 되어 서로의 요구를 명확히 하고 서비스를 효과적으로 활용할 수 있게 된다.

지역사회 네트워크 원리는 단순한 연계를 넘어 사회적 관계의 구조화를 통해 더욱 효과적인 사회복지 서비스 체계를 만드는 것을 목표로 한다. 이는 서비스 이용자와 자원봉사자, 지역 지도자의 조직화는 물론, 보건 · 의료 · 복지 분야 등 전문적인 서비스 간의 협력, 그리고 다양한 사회복지기관과 시설 간의 긴밀한 연대와 협력까지 포함한다(남일재 외, 2019).

결과적으로 지역사회 네트워크는 서로의 강점을 결합하고 약점을 보완하여 지역사회 내에서 보다 통합적이고 효과적인 복지서비스 환경을 구축하는 데 필수적이며, 지역사회의 지속가능한 발전을 위한 핵심 전략이라 할 수 있다.

### 2) 지역사회복지의 가치

지역사회복지의 가치는 지역사회복지 실천 과정에서 중요하게 여겨야 할 지침이나 원칙을 의미하며, 지역사회복지 실천이 올바르게 이루어지도록 방향을 제시하고 실천 과정에서 준수해야 하는 도덕적 기준을 제공한다. 예컨대, 지역사회의 문제를 해결하기 위해 활동하는 사회복지사는 지역사회 주민이 나아가야 할 방향, 협력자로 참여하는 지역사회자원이 갖추어야 할 태도, 문제의 지역사회가 앞으로 변해가야 할 방향 등에 주목하게 되는데, 이러한 주목 사항을 지역사회복지에서 추구해야 할 가치라 할 수 있다(김범수 · 신원우, 2019). 지역사회복지의 가치는 사회복지실천에서 전통적으로 강조되던 이타주의, 자선, 전통, 의무, 상호성 등을 중심으로 설명할 수 있으며, 최근에는 연대, 정의, 포용성과 같은 현대적 가치로 확장되고 있다. 이러한 가치는 지역사회복지 실천 과정에서 개별적으로 작용하기보다 상호 연결되어 지역사회복지사의 실천 윤리와 지역사회복지의 방향성을 형성하는 데 중추적인 역할을 한다.

### (1) 이타주의

이타주의는 조건 없는 타인에 대한 도움과 배려를 의미한다. 이는 개인이 타인의 복지와 행복을 위해 자신을 희생하거나 조건 없이 원조를 제공하는 순수한 인간행위를 포함한다. 특히 지역사회 내의 약자나 소외된 이웃을 돕기 위한 근본적인 동기로서 작용하며, 지역사회복지의 기반이 되는 중요한 가치이다(염일열 외, 2022). 예컨대, 지역사회복지관이나 민간자선단체에서 수행하는 지역 내 저소득 독거노인을 위한 겨울철 연탄배달 자원봉사 캠페인이나 김장김치 나눔행사 등은 순수한 이타주의에 기반한 지역사회 주민의 자발적 참여로 운영된다.

### (2) 자선

자선은 이타주의보다 더욱 광범위하게 사용되는 개념으로서 도덕적 의무감이나 사회적 책임감을 바탕으로 남을 돕는 행동이다. 개인적 만족감, 도덕적 권위, 자신의 사회적 지위에서 오는 책임감 등 다양한 동기와 결합하여 구체적인 도움의 행동으로 나타난다(김영태 외, 2007).

### (3) 전통

지역사회에서 전통은 오랜 기간 유지된 사회적 관습과 행동양식을 의미하며, 지역 주민들이 공유하는 상호 돕기와 협력의 가치를 나타낸다. 지역사회의 공동체적 정서와 상호 연대의식은 전통이라는 맥락에서 형성되고 유지된다. 특히 지역사회의 역사와 문화적 배경을 반영하며, 지역사회복지의 안정성과 지속성을 유지하는 데 중요한 역할을 한다.

### (4) 의무

의무는 사회적 책임과 관련된 개념으로서 시대적 상황과 사회적 변화에 따라 달라질 수 있다. 과거 전통 사회에서의 가족 부양의 의무는 현대 사회에서 개인뿐만 아니라 국가와 사회 전체의 공동 책임으로 확장되었다. 따라서 의무는 시대적·사회적 맥락에 따라 변화하며, 사회복지 제도와 실천에서 개인과 공동체의 책임을 강조하는 가치이다.

### (5) 상호성

상호성은 서로 간의 도움과 서비스를 교환하는 개념으로, 지역사회복지의 효율성을 높이기 위한 실천적 가치이다. 이는 자원 부족 상황에서 효율적 자원 활용을 촉진하며, 서비스 제공자와 이용자 간의 상호적인 교환 관계를 바탕으로 한다. 독일의 리헤비리테이션 보험처럼 제공된 서비스의 양에 비례하여 미래에 서비스를 받을 권리를 인정하는 방식이 대표적인 예이다(김영태 외, 2007; 염일열 외, 2022).

### (6) 연대

연대는 지역사회의 구성원들이 공동의 문제를 해결하기 위해 협력과 상호지지를 실천하는 가치를 의미한다. 이는 빈곤이나 차별, 사회적 불평등, 소외 등의 사회적 문제에 대해 지역사회 구성원들이 집단적으로 대응하기 위한 실천의 기반이 된다.

### (7) 정의

정의는 지역사회에서의 공정한 자원 배분과 사회적 평등을 실현하는 가치를 의미한다. 지역사회복지에서 정의는 사회적으로 소외된 계층에 대한 공정한 접근 보장, 차별 해소, 사회적 안전망 구축과 같은 과제를 포함한다.

### (8) 포용성

포용성은 다양성과 차이를 인정하고, 모든 주민이 지역사회 구성원으로서 동등하게 참여하고 존중받을 수 있도록 보장하는 가치이다. 이는 다양한 문화적 배경과 특성을 가진 구성원들이 소외되지 않고 함께 공존하며 존중받을 수 있도록 하는 것이 핵심이다.

한편 지역사회복지 실천에서 사회복지사는 여러 맥락과 다양한 상황에 맞추어 유연하게 대응할 수 있는 능력을 갖추어야 한다. 사회복지사의 가치는 사회복지사가 지역사회 내의 문제를 효과적으로 해결하고 목표를 성취하기 위해 꼭 지켜야 할 원칙과도 같다. 그러나 이 가치들은 개별 사회복지사의 개인적 철학과 관점에 따라 다르게 해석될 수 있다는 점을 염두에 두어야 한다. 이와 관련하여 지역사회복지의 가치를 지역사회 맥락, 조직과 단체 맥락, 지역사회 주민 맥락으로 구분해서 살펴볼 수 있다(김범수 · 신원우, 2019).

첫째, 지역사회 맥락에서는 지역사회 자체를 유기적 존재로 바라보는 관점이 중요하다. 이는 지역사회의 욕구와 문제를 인식하고 해결해야 하는 사회복지사의 의무를 강조한다. 사회복지사는 지역사회가 제 기능을 유지하고 발전하기 위해서는 이러한 욕구와 문제를 적극적으로 해결해야 함을 인식해야 한다. 또한 지역사회 특유의 문화적 요소를 존중하며 이를 사회복지 활동에 창의적으로 활용하는 접근도 필수적이다. 더불어, 지역사회는 스스로 문제를 해결할 수 있는 잠재적 능력을 가지고 있음을 인정하고, 이러한 자정 능력을 최대한 발휘할 수 있도록 돕는 것이 중요하다.

둘째, 조직과 단체 맥락에서는 지역사회 내 조직과 단체의 특성을 존중하고 그들과의 협력 관계를 강조한다. 조직과 단체들은 분명한 목표와 구성원 간 명확한 역할 구분을 바탕으로 운영된다. 사회복지사는 이러한 목표와 역할을 명확히 이해하고, 존중하며 상호 협력할 수 있도록 돕는 것이 필수적이다. 특히 조직 간 연대와 협력의 촉진은 지역사회복지의 목표 달성에 매우 중요한 요소이므로 사회복지사는 이러한 연대 구축을 지원하고 활성화할 책임이 있다.

셋째, 궁극적으로 지역사회복지는 지역사회 주민 전체의 행복과 복지 증진을 목표로 한다. 주민들의 공통된 욕구와 문제를 명확히 파악하고, 이를 효과적으로 해결하는 것이 사회복지사의 가장 중요한 과제이다. 사회복지사는 주민 개개인의 특성과 지리적 환경 등 지역사회의 독특한 요소를 고려하여 지역사회만의 고유성을 지키고 이를 통해 주민의 삶의 질 향상에 기여할 수 있어야 한다.

03
CHAPTER

# 지역사회복지의 발달과정

1. 한국 지역사회복지의 발달과정
2. 영국 지역사회복지의 발달과정
3. 미국 지역사회복지의 발달과정
4. 일본 지역사회복지의 발달과정

# 03 CHAPTER 지역사회복지의 발달과정

## 1 한국 지역사회복지의 발달과정[1]

한국의 지역사회복지는 현대적 개념이 도입되기 훨씬 이전부터 부락 단위나 국가 차원에서 지역 주민의 사회·경제적 문제 해결을 위한 공동의 노력이 존재했다. 그러나 현대적 의미의 사회복지와 지역사회복지 개념은 1940년대에 들어서야 비로소 사용되기 시작했다. 사회복지 구조가 변화하고 공공 복지 요구가 다양화되고 있으며, 비물질적, 물질적, 사회적 역기능에 대처하기 위한 서비스 중심 경제가 강화되고 있는 현 시점에서, 발달과정에 대한 심층적인 이해는 정책 수립과 실천에 중요한 지침이 된다.

본 장에서는 한국의 지역사회복지 발달과정을 태동기, 형성기, 정착기, 발전기의 네 가지 시기로 구분하여 분석하였다.

### 1) 태동기(근대 이전~일제강점기)

#### (1) 근대 이전의 전통적 상부상조 및 공공부조

근대 이전의 한국 사회는 전통적인 농경사회와 유교문화가 지배적이었으

1 한국 지역사회복지의 발달과정에서는 남일재(2019), 김영미(2023), 김범수(2019), 사회복지사연구회(2025), 생각의 마을(2025) 등의 일부를 참고하였다.

며, 촌락 단위의 공동체 생활이 중심으로 지역사회 주민이 당면한 사회 · 경제적 문제를 해결하고자 하는 공동의 노력이 자연스럽게 발생하였다.

이 시기의 복지 시스템은 크게 국가나 군 · 현 단위의 행정적 복지사업과 촌락 단위의 민속적 협동관행으로 나눌 수 있다. 국가 차원에서는 의창, 상평창, 진휼청 등 상설 복지기구를 통해 빈민 구제를 목적으로 시혜적 성격의 구휼 행정이 시행되었다.

반면 촌락 단위에서는 품앗이, 계, 두레, 향약 등 공동체 속에서 이러한 민속적 협동 관행은 유교문화의 교화와 맞물려 마을 단위에서 자발적인 참여를 통해 이루어진 복지 활동으로서 오늘날까지 남아있다. 품앗이는 노동력을 서로 차용 및 교환하여 농사일을 돕는 가장 대표적인 노동협력 양식이었고, 계는 공동의 목적을 위해 자금을 모으거나 상호 부조하는 협동조직 형태였다. 두레는 농촌에서 농사일을 공동으로 하기 위한 촌락단위 농민들의 상호협동체로서, 상호협동 생산방식이 지금까지 남아있다. 향약은 지역사회 발전과 주민들의 교화, 덕화를 목적으로 공동체 규범과 상부상조를 실천하는 지식인들 간의 자치 규약이었다. 이러한 활동들은 자발적인 주민 참여와 공동체 의식을 기반으로 하여, 당시 사회의 복지 수요를 충족시키는 중요한 역할을 했다. 특히 세조 때부터 시행된 오가통제도는 강제성을 띤 조선시대 인보제도로서, 공동체 내의 상호 감시와 연대 의식 및 치안유지와 지방행정을 돕는 일종의 지방자치제도였다.

이처럼 근대 이전의 한국 복지 시스템은 국가 주도의 시혜적 구빈 행정과 촌락 단위의 자율적 상부상조라는 이중 구조를 가지고 있었다. 국가의 복지사업은 주로 행정적 필요와 통치 이념에 따라 이루어졌지만, 실제 복지 혜택을 체감하고 효과를 얻은 복지사업은 공동체 내에서 자발적으로 발생한 민속적 관행과 유교문화에 기반한 촌락 단위의 자주적 복지 관행이었다.

### (2) 일제강점기의 구호사업

일제강점기(1910~1945년)는 식민 정책으로 인해 한국 민족의 삶이 피폐해졌고, 특히 토지조사사업 등으로 인해 많은 농민들이 토지를 잃고 도시 빈민으로 전락하는 등 사회적 어려움 속에서 복지 활동은 일제의 통제와 감시하에 위축되었다.

민간 차원에서 1921년 한국 최초 조선사회사업연구회가 조직되어 사회복지사업의 연락·조사연구기관 역할을 수행하며 오늘날 사회복지협의회와 유사한 기능을 하였으나 총독부의 통제를 받아 자율성에는 한계가 있었다. 조선총독부는 구휼과 자선사업을 담당하고, 1932년 사회과를 신설하여 복지 행정의 틀을 갖추려고 시도하였으며, 1944년 조선구호령이 공표되어 근대적 공공부조의 시작이라는 의미가 있으나, 식민통치의 일환으로만 활용하였다.

20세기에 들어와 한국에는 외국 선교사들에 의해 현재 복지관의 모체로 볼 수 있는 인보관들이 설립되었는데, 최초의 인보관은 1906년 미국 감리교 선교사였던 메리 놀즈(Marry Knowles)가 원산에 설립한 반열방으로, 여성들을 위한 교육 보건사업 등을 시작하여 일본의 감시를 벗어나기 위한 선교전략을 펼쳤다. 1921년 메리 마이어스(Marry D. Myers)에 의해 설립된 태화기독교사회복지관(태화여자관)은 저소득층 주민과 여성의 권익 옹호에 큰 영향을 주었으며, 복음 전도, 여성 교육, 사회 사업 활동을 통하여 식민지 상황에서도 외국의 선교사들을 중심으로 근대적 사회사업의 씨앗이 뿌려진 중요한 사례로 평가된다.

일제강점기의 지역사회 복지사업은 외형상 근대적 형태를 띠었으나, 그 이면에는 식민 지배를 공고히 하려는 정치적 의도가 내재해 있었다. 이 시기는 한국 지역사회복지가 자율적인 발전보다는 외부 요인에 의해 좌우되는 한계를 경험한 시기였다.

근대 이전의 자발적인 공동체 복지는 주민들의 삶에 밀접하게 연결되어 실질적인 상호 부조의 역할을 수행했다. 반면 일제강점기의 지역사회 복지

사업은 근대적 시설과 제도를 도입했음에도 불구하고, 식민 지배의 효율성 및 통제 수단으로 활용되는 이중성을 보였다. 이러한 대비는 지역사회복지가 진정으로 지역 주민의 삶에 기여하기 위해서는 자율성과 주체성이 얼마나 중요한지를 역사적으로 보여준다.

### 2) 형성기(1950년대~1970년대)

#### (1) 외원기관(KAVA)의 역할과 사회복지 전문화 기여

해방 이후 사회적 혼란 및 한국전쟁의 영향은 고아, 장애인, 미망인, 빈민, 노인 등에 대한 위기대응을 통하여 한국의 초기 현대 복지 패러다임에 결정적인 영향을 미쳤으며, 한국 사회복지가 '시설 중심'의 접근 방식을 확립하는 계기가 되었다. 1970년대 초반까지 외국 민간 원조기관에 의한 사회복지사업이 한국 사회복지의 주류를 이루었는데, 1952년 7개 기관을 중심으로 외국민간원조한국연합회(KAVA)가 조직되면서 외원기관의 활동이 본격화되었다. KAVA는 회원 기관 간의 상호 협의를 통해 보건, 교육, 사회복지, 구호 및 지역사회개발 분야에서 효과적인 협력과 정보 교환의 교량적 역할을 수행하였으며, 1950년대부터 1960년대에 한국인들의 생존을 돕는 긴급 구호 활동에 집중함으로써, 미국식 전문사회사업의 실천 방법과 관련 이론을 국내에 전파하여 한국 사회사업이 전문적인 영역으로 발전하는 촉발점이 되었다. 1970년대에 한국 정부의 경제 성장과 외원기관 지원의 비중이 줄어들기 시작했고, 한국 사회복지가 자생적인 기반을 마련하고 정부의 책임이 강화되는 계기가 되었다.

#### (2) 지역사회개발사업(새마을운동)의 전개와 의의

한국 지역사회복지 실천 활동은 1957년 한미합동경제위원회와 1959년 지역사회개발위원회가 구성되면서 지역사회개발사업 실시의 기반이 구축되었다. 이는 후진국 중심 추진의 정책적 수단으로, 농촌사회가 변화하면서 지역사회 주민의 경제적 안정과 생활 안정을 추진하기 위한 주요 활동을 의미했다.

특히 1970년대에 정부 주도의 지역사회개발사업이 새마을운동으로 전환되어 획기적인 전기를 마련하였는데, 농촌 생활 환경 개선 사업에서 시작하여 소득 증대 사업으로까지 발전되었으며, 도시민의 의식 개선 운동으로 전개되기도 하였다. 새마을운동은 지역사회복지 실천을 위한 기반을 마련했다는 점에서 중요한 의의를 가지며, 유네스코 세계기록유산에 등재되어 있다.

새마을운동은 한국 농촌의 근대화와 한국 경제 발전의 초석에 기여하였으나, 이 운동은 정부 주도의 반강제적 운동이라는 점에서 지역사회복지의 핵심 원칙인 자발성을 벗어나는 한계를 내포했다. 이러한 새마을운동의 이중적인 평가는 국가 발전이라는 거시적 목표가 지역사회 내의 자율적이고 민주적인 복지 실천과 어떻게 상충될 수 있는지를 보여준다. 경제 발전과 인프라 구축에는 기여했지만, 진정한 의미의 지역사회 역량 강화와 주민 주체성 확립에는 일정 부분 한계를 보였다.

한국 지역사회복지의 형성기는 해방 이후의 사회 혼란과 한국전쟁의 여파로 대규모 전쟁고아, 장애인, 이재민 문제로 긴급 구호가 최우선 과제였으며, 1960년대부터 시작된 제1차 경제개발 5개년 계획(1962~1966)과 함께 경제도약이 국가의 최대 목표가 되면서 복지 문제는 상대적으로 등한시되어 새로운 빈곤 문제를 야기하는 결과를 초래하였으며, 결과적으로 사회복지 수요는 폭증했지만 이를 충족시킬 주된 역할은 외원기관이나 일부 민간 사회복지관에 의존하게 되었다.

### 3) 정착기(1980년대~1990년대 초반)

#### (1) 사회복지관의 법정 사업화 및 확산(사회복지사업법 개정)

1980년대 한국 사회는 급속한 산업화와 도시화로 인한 도시 빈곤 문제의 심화로 저소득층 밀집 지역과 주거, 위생, 교육 등 새로운 형태의 사회적 불평등과 소외를 낳았는데, 이는 복지 수요의 질적인 변화를 요구하게 되었다. 이러한 배경 속에서 1983년 사회복지사업법이 개정되어 저소득층을 위한 영구임대주택단지 내에 사회복지관의 건립이 의무화되면서, 복지관이 빈곤 지역에 밀착하여 서비스를 제공할 수 있는 물리적 기반이 마련되고, 민간 부문의 참여가 확대되는 한국 지역사회복지 발전의 중요한 전환점이 되었다.

1989년에는 사회복지관 운영 · 건립 국고보조사업지침이 제도화됨으로써 재정적 기반의 강화로 발전하기 시작하였는데, 특히 정부가 민간 기관을 활용하여 복지 서비스를 제공하는 민관 협력의 초기 형태가 구축되었고, 이후 한국 복지 전달체계의 중요한 특징으로 자리 잡게 된다.

### (2) 재가복지제도 및 사회복지전담요원제도 도입

한국 지역사회복지 정착기에 복지 서비스 전달 방식과 인력 체계의 중요한 변화는 재가복지제도와 사회복지전담요원제도의 도입이다. 특히 1980년대 초 노인복지 분야에서는 노인결연사업, 상담사업 등이 확대되어 가정봉사원 파견사업으로 실시되었으며, 장애인복지 분야에서는 장애인재활협회, 서울장애인종합복지관 등을 중심으로 지역사회 중심의 재활사업이 시행되면서 가정방문, 상담, 교육 프로그램 등 재가복지 서비스가 실시되어 시설 중심의 복지에서 지역사회 중심의 복지로 패러다임이 전환되는 중요한 계기가 되었다.

한편 1987년 사회복지전담요원제도(사회복지전담공무원)의 도입으로 전국 읍 · 면 · 동 주민센터에서 생활보호대상자(국민기초생활보장수급자)를 중심으로 공공부조 업무를 수행하였다. 이는 공공부조 업무의 성과를 높였을 뿐만 아니라, 지역사회 중심의 공공사회복지 전달체계를 강화하는 새로운 전기를 마련하였다.

이 시기는 한국 지역사회복지가 질적인 변화를 추구하기 시작했음을 보여주며, 국가가 주도하고 지원하는 체계적인 복지 시스템으로 전환되는 중요한 단계였다. 재가복지제도는 개인의 삶의 질과 자율성을 존중하는 방향으로, 사회복지전담요원제도는 복지 서비스의 공공성과 접근성을 높이는 방향으로 발전하는 기반을 마련했다.

한국 지역사회복지의 정착기는 산업화와 도시화로 인한 사회 문제 심화와 함께 활발한 민주화 운동이 전개되던 시기였다. 민주화 운동의 영향으로 저소득층 지역사회 재개발 반대 운동, 핵발전소 설치 반대 운동 등 주민 운동이 지역적 근거를 배경으로 한 지역사회 행동 모델의 양상으로 나타났다.

### 4) 발전기(1990년대 후반~현재)

#### (1) 지방자치제도 실시와 지역사회복지의 변화

1990년대 후반 이후 지역사회복지는 지방자치제도의 부활, 사회복지 확대 정책, IMF 경제 위기라는 외부 환경의 변화로 새로운 전환기를 맞았다. 각 지방자치단체가 지역의 특성과 주민의 욕구에 맞는 정책을 자율적으로 수립 집행할 수 있는 기반을 마련하고, '지역 중심성'과 전문성을 기초로 질적인 변화를 경험하는 계기가 되었다. 지역의 사회복지 문제들이 지역사회의 쟁점으로 제기되며, 사회복지사들이 중심이 된 사회복지 운동이 국민 복지 운동으로 자리 잡는 시초가 되었으며, 지역사회 주민의 참여가 필수적인 요소로 부각되어 복지 정책의 기획과 실행에 적극 참여하는 주체로 인식되기 시작했다. 지역 중심성의 강화는 복지 서비스의 효율성과 주민 만족도를 높이는 데 기여했지만, 동시에 지방자치단체의 재정 자립도 부족이나 지역 간 복지 격차 심화와 같은 새로운 과제를 야기하기도 했다.

#### (2) 지역사회복지 실천의 전문화 및 다양화

복지다원주의 시대가 열리며, 최근 한국 사회는 저출산·고령화, 소득 불평등, 사회적 고립, 정신건강, 기후 변화 등 복합적인 사회 문제에 직면하고 있으며, 이에 대응하기 위해 커뮤니티케어(지역사회 통합돌봄), ICT 기반 돌봄 서비스 및 AI, 빅데이터 등 첨단 기술의 활용이 강조되고 있다. 코로나19 팬데믹은 지역사회 돌봄 서비스의 중요성을 더욱 부각시켰으며, 또한 사회서비스원의 설립을 통해 공공-민간 협력 복지체계가 본격화되었다.

사회복지관은 1990년대 이후 급속한 양적 확대를 이루어 1990년 58개소에서 2025년 5월 기준 전국에 482개소로 증가했다. 1992년에는 재가복지봉사센터가 설립되어 사회복지관, 장애인복지관, 노인복지관 등에 부설 형태로 지원되기 시작했으며, 2010년 사회복지관의 사업으로 흡수 및 통합되었다. 1996년 자원봉사센터 설치 운영 지침이 마련되어 전국에 자원봉사센터가 설립되어 지역주민들의 봉사활동 참여가 활성화되고, 사회복지 분야에서 주민의 참여가 확장되는 의미 있는 변화가 일어났다.

1997년 개정 사회복지사업법에 근거한 복지관 평가제 도입으로 사회복지관 운영 및 사업의 전문성과 책임성을 강화하였으며, 1998년 사회복지공동모금법에 의한 공동모금제도의 도입으로 민간 사회복지 조직과 재정의 자율성이 확대되었다. 2000년부터는 국민기초생활제도의 시행에 따라 지역사회 중심의 자활 지원 사업이 본격적으로 시행되었고, 공공 사회복지 범위가 크게 확대되어 보편적 복지에 대한 인식이 강화되었다.

2003년 사회복지사업법 개정으로 지역사회복지 계획 수립 의무화 및 지역사회복지 협의체 설치 근거가 마련되었으며, 2004년 아동복지법 개정으로 지역아동센터가 법제화되었다.

2005년에는 지역사회복지협의체가 설치 운영되었고, 제1기 지역사회복지계획 수립으로 민간과 공공 협력 거버넌스 체계가 구축되었다. 지역사회보장계획은 사회보장급여법 제35조에 따른 법정 계획으로, 지방자치단체장은 4년마다 계획을 수립함으로써 지역사회 내 공공과 민간의 협력을 통해 복지서비스의 효율성과 통합성을 높이려는 노력을 의미한다.

2006년 자원봉사활동 기본법이 시행되어 지역사회 복지 차원의 다양한 인적 자원 발굴의 시초가 마련되었다. 2007년 주민 생활지원 서비스 전달체계가 전면 시행되었고, 전자바우처 사회 서비스 사업과 지역사회 서비스 투자사업이 실시되어 사회 서비스 영역에서 양적 증가를 하고 있다. 2008년 7월부터 초고령사회에 대비하여 노인장기요양보험 제도를 시행하고 있다. 2010년 사회복지 통합 관리망(행복e음)이 구축되었고, 2012년 시군구에 희망복지지원단을 설치하여 지역 공공복지전달체계를 재편하였다. 2013년 사회보장정보시스템이 개통되었고, 2015년 사회보장 급여 이용 제공 및 수급권자 발굴에 관한 사업이 시행되어 지역사회복지계획이 지역사회 보장 계획으로 변경되었다.

2016년 보건복지부는 읍면동 복지허브화사업을 시행, 본격적으로 공공사례관리 역량을 도모하고 주민센터를 행정복지센터로 명칭을 변경하였다. 2018년 찾아가는 보건복지 서비스의 시행과 민간 통합 사례관리를 실시하고, 시군구 관할 보건소에 치매안심센터를 설치 운영하였다. 또한 초고령사회 진입의 적극적인 대응으로서 2018년 '지역사회 통합 돌봄 기본계획(커뮤니티케어)'을 수립하였다. 2019년 사회 서비스 공공성 강화 및 서비스 품질 향상을 위해 사회서비스원 설립 시범 사업을 실시, 2022년 사회 서비스 지원 및 설립 운영에 관한 법률을 시행하였다.

2023년 발달장애인 긴급돌봄 시범 사업을 운영하였고, 2024년 2학기부터 초등학교 방과 후 돌봄 서비스인 '늘봄학교'를 전면 도입하였으며, 2025년 수요자 맞춤형 돌봄안전망 및 최중증 발달장애인 긴급돌봄을 강화하는 등 지역사회복지 시스템을 더욱 강화하고 있다.

이와 같이 한국 지역사회복지의 발전기에는 지역사회복지 실천이 양적·질적으로 크게 성장하며, 다양한 사회 문제에 대한 대응이 더욱 전문화되고 체계화되었다. 특히 지역사회를 기반으로 한 민관 협력체계가 제도적으로 정착되면서, 복지 서비스가 주민들의 삶에 더욱 밀착하여 제공될 수 있는 기반이 강화되었다.

한국 지역사회복지의 발달 과정은 근대 이전의 전통적 상부상조에서 시작하여 일제강점기의 통제적 구호, 한국전쟁 이후의 외원기관 중심 구호, 경제성장기 정부 주도 개발, 그리고 현대의 전문화되고 다양화된 지역사회 중심

복지로 끊임없이 진화해 왔다. 각 시기는 고유한 사회적 배경과 이슈 속에서 복지 이념과 실천 방식의 변화를 겪었으며, 이는 한국 사회의 발전과 궤적을 같이한다.

앞으로의 한국 지역사회복지는 '사회적 안전망 구축'과 '삶의 질 향상'이라는 두 가지 핵심 목표를 중심으로 더욱 재구조화되어야 한다. 이를 위해서는 지방자치단체의 재정 자립도 향상, 지역 간 갈등 해소를 위한 정책 마련, 사회적 경제의 복지 기여 방안 강구, 시민사회와 주민의 적극적인 참여와 연대, 그리고 4차 산업혁명 기술과의 연계를 통한 시스템 개발이 요구된다.

## 2 영국 지역사회복지의 발달과정[2]

영국 지역사회복지의 역사는 사회 정책의 진화, 국가의 역할 변화, 그리고 빈곤과 불평등에 대한 사회적 대응을 이해하는 데 중요한 통찰력을 제공한다. 특히 영국은 입법을 통한 사회 개혁의 선구적인 역할을 수행하여 영국의 사례는 전 세계 현대 복지 시스템을 이해하는 데 중요한 토대가 된다. 본 절에서는 경제적 변혁, 사회 철학의 변화, 그리고 복지 제공의 형태를 결정지은 정치적 역동을 탐색함에 따라 영국의 지역사회 발달과정을 기원, 태동기, 형성기, 발전기의 네 가지 연대기적 단계로 살펴본다.

### 1) 기원(1800년대~1940년대)

이 시기는 공식적인 국가 개입 이전에 존재했던 영국의 빈곤 구제 초기 형태와 가장 초기의 입법 조치에 관련한 사회 구조를 볼 수 있다.

영국 지역사회복지의 기원은 봉건제도하의 비공식적인 빈민 구제에서 시

2 영국 지역사회복지의 발달과정에서는 남일재(2019), 김영미(2023), 김범수(2019), 사회복지사연구회(2025), 생각의 마을(2025) 등의 일부를 참고하였다.

작되었는데, 11세기부터 15세기까지 봉건 영주들은 농노에게 주거와 보호를 제공하는 대가로 노동력을 얻었으며, 빈곤은 피할 수 없는 현실이었다. 헨리 8세의 수도원 해체는 빈민 구제의 주요 자선 공급원을 제거했고, 이는 1500년대 중반부터 1600년대 초반까지 도시 빈곤의 급증으로 이어졌다. 이에 1500년대 중반 튜더 빈민법이 제정, 빈곤을 지역 문제로 간주하고 '가치 있는 빈민'(노인, 어린이, 장애인)과 '가치 없는 빈민'(일할 수 있지만 일하기를 꺼리는 사람)을 엄격히 구분하여 빈곤의 근본 원인에 대한 고려 없이 징벌적 시각을 채택했다.

1601년 엘리자베스 빈민법은 교구가 '빈민세'를 부과하여 일할 수 없는 사람들을 재정적으로 지원하는 것을 의무화했으며, '무력한' 빈민과 '게으른 빈민'의 구분을 유지했다. 이 법은 구제에 대한 가족의 일차적 책임, 지역 수준에서의 처리, 빈곤과 부랑죄를 범죄로 간주, 빈민의 새로운 지역사회로의 이동 제한이라는 네 가지 원칙을 공식화하여 2세기 이상 지속되는 공공복지의 법적 기반을 마련했다.

산업혁명 이후 영국은 급속한 산업화로 심각한 도시 빈민의 문제가 급증하였는데, 이러한 광범위한 빈곤은 기존 빈민법의 한계를 드러냈고, 복지 시스템의 근본적인 개혁 필요성을 부각시켜 1834년 개정된 '신빈민법'은 시스템을 전면 개편했다. 19세기 노예제 폐지, 노동자 권리, 여성 지위 등 다양한 사회개혁 운동이 부상하여 빈곤의 사회적 · 경제적 원인을 강조하기 시작했다.

많은 민간단체들이 구호 활동을 시작하면서 자선활동의 중복과 누락, 활동기관 사이에 대립 등의 혼란이 발생함에 따라 빈민에 대한 체계적인 조사와 적절한 원조를 목적으로 '과학적 자선'과 '자선 방문자'에 대한 전문 교육을 강조함에 따라 사회사업 사례관리의 기원을 마련한 자선조직협회(COS : Charity Organisation Society)가 1869년 영국 런던에 설립되었다.

또한 인보관 운동(Settlement Movement)은 1884년 바네트 목사에 의해서 런던에 세계 최초의 인보관 토인비홀이 설립되면서 시작되었는데, 지역 환경 개선의 필요성을 인식하고, 학자들과 개혁가들이 빈민과 함께 생활하며 욕구와 문제를 파악하여 사회 개혁과 집단 행동을 강조하는 사회 운동으로 전개하였다. 자선조직협회가 개별 사례관리를 전문화한 반면, 인보관 운동은 지역사회 사업과 옹호를 전문화했다.

민간 차원의 지역사회복지는 1920년대에 정신장애인의 치료와 서비스를 목적으로 지역사회 보호 사업으로 전환되기 시작하였는데, 시설 수용 방식에 대한 반성 및 약물요법의 발전과 함께 지역사회 내에서의 치료와 서비스가 강조되었다.

한편 제2차 세계대전 이후 1942년 베버리지 보고서에 기초하여 국민의 복지 욕구에 대한 일차적인 책임을 국가가 담당하는 국가 책임제의 지역사회복지로 전환되었는데, '궁핍, 질병, 무지, 불결, 게으름'이라는 '5대 악'을 폐지하고 '요람에서 무덤까지' 사회 보험을 제공하는 새로운 유형의 복지국가를 전제로 완전 고용, 포괄적 보건 서비스 및 가족 수당이 필요함을 강조하여 영국 복지정책의 기초가 되었다.

베버리지 보고서 이후 1944년 교육법은 모든 사람에게 무료 중등 교육을 도입했고, 1946년 국민부조법의 성립으로 최저 생활 보장의 이념을 현실화하였다. 1948년 국민보험법은 실업, 질병, 퇴직에 대한 보편적 사회보험 시스템을 제공했으며, 가장 상징적이고 영향력 있는 제도는 1948년 설립된 국민보건서비스(NHS)로, 모든 시민에게 사용 시점 무료 의료 서비스를 제공하여 복지를 보편적 권리로 확립했다.

### 2) 태동기(1950년대~1960년대)

1950년대와 1960년대는 영국 지역사회복지가 제도적으로 정비되면서 현대적인 모습을 갖추기 시작한 중요한 시기이며, 전후 복구와 복지국가 건설이라는 시대적 배경 속에서, 단순히 문제를 해결하는 것을 넘어 예방적이고 통합적인 접근의 필요성이 강조되었다.

1960년대는 1950년대의 지역사회 중심 복지의 태동으로 분화된 서비스 제공의 한계를 인식하고, 통합적인 접근의 필요성이 강력하게 제기되면서 본격적으로 지역사회복지가 정비된 시기로서, 파편화된 서비스로 인해 발생하는 비효율성과 서비스 중복, 사각지대 문제를 해결하고자 했다.

영국은 1954년과 1957년 두 차례에 걸쳐 발표된 「정신질환과 정신장애에 대한 왕립 위원회 보고서」를 바탕으로 1959년 제정된 정신보건법에 의해 재가복지 서비스가 법률적으로 규정됨으로써 시설보호에서 지역사회 보호 정책으로 전환시키는 역할을 하였는데, 이는 정신장애인의 복지와 사회적 통합을 증진하기 위한 중요한 발전으로 평가된다.

이후 1962년 탈시설화와 지역사회 보호 정책이 구체적으로 발표되고, 1963년 지방정부 관할 주민 보건 및 복지서비스 상황 보고서를 도입하여 최초의 지역사회 보호 계획이 제정되었으며, 이를 통해 지역사회 기반 정신보건 서비스 강화 체제가 구축되었다.

### 3) 형성기(1960년대 후반~1980년대 후반)

1960년대 빈곤의 재발견, 1970년대 건강 불평등에 대한 우려가 제기되면서 전후 복지국가의 초기 낙관론은 도전받았다. 1979년 마가렛 대처 총리 집권과 함께 신자유주의 경제 정책이 도입되어 복지 지출을 줄이고 자조, 절약, 자선과 같은 '빅토리아 시대' 가치를 재확립하여 복지국가의 역할을 재정의하려 했다. 이는 사회보장을 극빈층을 위한 최후의 수단으로 만들고 개인의 책임과 시장 기반 솔루션을 강조했다. 이 시기에는 시설 보호에 대한 비판이 제기되면서 '지역사회 돌봄' 정책이 부상했다.

영국 지역사회복지에서 형성기의 특징은 지역사회를 기반으로 한 서비스의 통합과 비공식적 서비스의 중요성을 강조하는 이 시기에 발표된 세 가지의 보고서를 통해서 살펴볼 수 있다. 먼저, 1968년에 발표된 시봄 보고서(Seebohm Report)는 공공과 민간의 다양한 조직에 의한 공식적 서비스뿐만 아니라 가족, 이웃 등 비공식적 서비스와 지역 주민 참여에 의한 지역사회 보호를 강조하였다. 또한 서비스 통합의 중요성을 강조하여 서비스 전담사무소를 설치하고, 사회서비스국이 창설되기도 하였다. 시봄 보고서는 지역사회를 사회 서비스 제공자로 인식하고 서비스 협력과 통합 및 대인 사회 서비스를 강조하였다는 점에서 매우 큰 의의가 있다.

이후, 1971년 발표된 하버트 보고서(Harbert Report)는 '지역사회에 기초한 사회적 보호'라는 제목으로 출판되었는데, 공공과 민간서비스 외에 가족체계와 지역사회에 초점을 둔 비공식 서비스의 중요성을 강조하였다. 하버트는 공공과 민간 서비스의 주요 임무는 비공식 보호를 지원함으로써 클라이언트의 긴급 욕구를 충족시켜 주는 것이며, 다양한 형태의 서비스가 상호 보완적일 필요가 있음을 제안하였다.

또한 1982년 바클레이 보고서(Barclay Report)는 대부분 지역사회 보호가 지역사회 주민들의 다양한 결합에 의한 비공식적 인간관계에 의해 제공되는 것으로 보고, 비공식 보호의 중요성을 강조하였으며, 사회서비스의 효율성과 효과성을 높이기 위해 지역사회기반의 협력과 협업을 강조했다. 따라서 지역사회 내에서 사회복지사는 비공식 보호와 공식 보호 서비스 간의 파트너십을 개발해야 한다고 제안하며, 사회적 보호 계획을 위한 사회복지사의 역할을 강조하였다(김범수, 2019).

이 시기의 보고서들은 지역사회를 중심으로 한 사회적 보호 개념을 강조하고 공공 서비스와 민간 서비스 외에도 가족 체계와 지역사회의 역할을 강조하여 사회 서비스 제공의 패러다임을 변화시키는 데 영향을 주었다(김영미, 2023).

### 4) 발전기(1990년대~현재)

현대 영국 지역사회복지는 1970년대와 1980년대 이후의 경제적 도전과 신자유주의적 개혁에 직면하여 복지국가의 재편을 경험했는데, 이는 개인의 책임과 시장 기반 솔루션에 더 큰 비중을 두는 동시에 지역사회 돌봄과 민간 부분의 역할이 강조되는 특징을 가지고 있다.

1988년 발표된 그리피스 보고서(Griffiths Report)는 '지역사회보호 행동강령'으로 지역사회보호와 공공재정의 효율적인 활용방안에 대한 보고서로 발간되었다. 이 보고서는 1990년 국민보건서비스 및 지역사회 보호법으로 이어졌고, 정신 질환자의 장기 보호 책임을 NHS에서 지방 당국으로 이전했다. 1993년 지역사회보호개혁에서는 시장경제원리를 통해 케어매니지먼트를 도입하여 민간 부문의 역할을 강조하였다. 이 법은 불필요한 시설 수용을 줄이고 민간 및 공공 서비스 부문 간의 협력 개선을 목표로 했지만, 구현에 어려움이 있었다.

2008년 이후 영국은 이용자 중심의 욕구 주도 서비스를 체계적으로 강조하며 지역사회 참여 네트워크를 법적 근거로 마련하였으며, 지역사회 돌봄 서비스 기관의 확대 및 사회복지 서비스 민영화를 통해 정부 지출의 최소화와 소비자 선택권을 강조하고 있다(오정수, 2013).

현대 영국 지역사회복지 정책은 '개인화'라는 핵심 개념을 중심으로 발전하고 있는데, 서비스 이용자에게 서비스 형태와 내용에 대한 더 큰 선택권을 부여하여 개별적인 필요에 부응하도록 하는 것을 의미하며, '개인 예산'이 대표적인 형태이다. 또한 지역사회 내에 이미 존재하는 강점과 자산을 식별하고 동원하여 긍정적인 변화를 추진하는 풀뿌리 전략으로서 '자산 기반 지역사회 개발(ABCD : Asset-Based Community Development)'을 추진한다. 이는 지역사회를 결핍의 관점에서 보기보다는, 내재된 강점을 인식하고 활용하도록 장려한다. 특히 ABCD는 역량 강화, 지속가능성, 회복력 증진을 목표로 지역사회 구성원, 조직, 기관 간의 협력적 활동과 공공, 민간, 자발적 부문의 협력적 접근 방식을 강조한다.

'제3섹터'(자선 단체, 자발적 및 지역사회 조직, 사회적 기업 등)의 역할도 지역사회복지 제공에서 점점 더 중요해지고 있으며, 이들은 정부 기관과 협력하여 새로운 요구에 대응하고 혁신적인 솔루션을 제공한다. 2010년 총선 이후 영국 정부는 자선 단체와 자발적 조직이 이전에 공공 부문이 담당했던 사회적·문화적 기능을 점점 더 많이 수행할 것으로 예상하고 있다. 이러한 현대적 경향은 지역사회복지 제공에서 다원주의적 접근 방식으로서 서비스 이용자 중심의 접근 방식과 지역사회 주도 이니셔티브의 중요성을 반영하고 있다.

영국 지역사회복지의 역사는 사회적 필요에 대한 대응, 국가 역할의 진화, 그리고 빈곤과 불평등에 대한 지속적인 사회적 논쟁을 반영하는 복잡하고 다층적인 과정이다. 초기 구제 시스템의 징벌적이고 잔여적인 성격에서 보편적이고 권리 기반의 복지국가로의 전환, 그리고 현재의 개인화 및 지역사회 중심 모델로의 변화는 사회적 가치, 경제적 현실, 그리고 정치적 우선순위의 지속적인 상호작용을 보여준다. 이러한 역사적 궤적은 복지 시스템이 고정된 것이 아니라, 변화하는 사회적 맥락에 따라 끊임없이 재정의되고 재편되는 역동적인 구성물임을 강조한다.

## 3 미국 지역사회복지의 발달과정[3]

미국 지역사회복지의 역사는 국가의 사회적, 경제적, 정치적 변화와 밀접하게 연관되어 있으며, 개인의 자립과 지역사회의 연대라는 두 가지 핵심 가치 사이의 지속적인 긴장을 반영한다. 여기에서는 19세기 후반부터 현재에 이르기까지 초기 자선 활동에서부터 정부 주도의 복지 프로그램, 그리고 최근의 지역사회 역량 강화 노력에 이르기까지 미국 지역사회복지의 주요 변천사를 단계별로 다룬다. 미국의 지역사회복지 발달과정을 태동기, 형성기, 정착기, 발전기의 네 가지 시기로 분석하였다.

3 미국 지역사회복지의 발달과정에서는 남일재(2019), 김영미(2023), 김범수(2019), 사회복지사연구회(2025), 생각의 마을(2025) 등의 일부를 참고하였다.

### 1) 태동기(1860~1910년대) : 자선과 사회 개혁의 시작

이 시기에는 빈곤이 주로 개인의 책임으로 여겨졌으며, 구호는 지역 정부와 자선 단체에 의해 제한적으로 제공되었다. 남북전쟁(1861~1865)은 전례 없는 빈곤과 사회적 혼란을 야기하며 정부의 초기 복지 개입을 촉발했으며, 주 정부 차원의 구호 조치가 확대되고, 집단적, 정부적 개입이 필요하다는 인식을 확산시켰으며 이후 대공황 시기의 복지 패러다임 전환을 예고하는 중요한 역사적 맥락을 제공한다.

19세기 후반, 미국은 급격한 산업화와 도시화로 주택 부족, 위생 불량, 질병 확산, 범죄율 증가 등 심각한 사회 문제를 야기하며, 빈곤의 원인에 대한 인식을 사회 구조적 문제로 전환시키는 계기가 되었으며, 이후 사회복지 정책의 방향 설정에 결정적인 영향을 미쳤다.

자선조직협회(COS)는 1877년 뉴욕주 버팔로시에 창설되었는데 사회 서비스의 조직화를 개선하기 위해 '과학적 자선'을 표방하며 자선 활동의 체계화를 시도했다. 특히 영국 협회와 달리 특정 개인과 가족에게 제공하는 원조활동을 논의하기 위한 사례회의(case conference)를 조직화하였고, 지역 문제 해결을 위한 공동 모금 능력을 강화하기 위해 사회복지기관협의회로 발전하였으며, 이후 1886년 뉴욕의 근린 조합이 설립되었다.

메리 리치몬드(Mary Richmond)는 COS 운동의 핵심 인물로, 직접적인 사회사업 실천 원칙을 체계화한 선구자로서 전문직 발전에 기여했다. 1897년 국립 자선 및 교정 회의에서 전문 사회복지사 양성을 위한 학교 설립을 촉구하였으며, 1899년에는 『빈민층 우애 방문(Friendly Visiting Among the Poor)』을 출간하여 실천적 제안을 제시했다. 또한 『사회 진단(Social Diagnosis)』(1917)을 저술하여 개별 사회사업의 이론적 토대를 마련했으며, 빈민이 처한 상황을 체계적으로 진단하는 기술을 제시하였고, 사회복지 실천 과정을 체계화하였다.

한편 1886년 미국에 도입된 인보관 운동은 빈곤층과 함께 살며 교육, 이민자 지원, 사회 개혁을 강조하는 집단주의적 접근 방식을 실천했는데,

제인 애덤스(Jane Addams)는 미국 사회사업의 선구자이자 인보관 운동의 국가적 리더로, 1889년 시카고에 헐 하우스(Hull-House)를 설립했다. 여성과 소년 소녀의 조직 활동, 보육원 운영, 거리 청소 등 지역사회 개선과 무료 목욕실 제공, 이민자 상담 및 교육 서비스 등의 활동을 전개하였으며, 사회 개혁 및 계층 간 이해 증진, 지역사회 문제해결 능력 강화에 주력하였다.

이 시기에는 빈곤과 사회 문제에 대응하기 위한 다양한 사회 개혁 운동이 일어났으며, 아동 노동 개혁, 노동 조건 개선, 여성의 권리 신장 등이 포함되었다. 제1차 세계대전과 1929년 세계 대공황과 함께 지역사회를 중심으로 새로운 변화를 시도하였으며 지역사회 중심 근린지역사회센터를 통해 지역주민 서비스가 발달하게 되었고, 후에 지역사회 조직 이론과 기술을 강화시키는 계기가 되었다(김범수, 2012).

### 2) 형성기(1920년대~1940년대) : 국가 개입의 확대

1929년 시작된 대공황은 광범위한 실업과 빈곤을 초래하며 기존 복지 시스템의 한계를 드러냈고, 빈곤이 개인의 실패가 아닌 사회적 책임이라는 인식을 확산시켰다. 루스벨트 대통령의 뉴딜 정책은 구호, 회복, 개혁을 목표로 연방 정부의 사회 복지 개입을 크게 확대했다. 1933년 설립된 연방 긴급구호국(FERA)은 직접적인 재정 지원 구호 활동을 지원함으로써, 사회복지 제공 영역에서 연방 정부의 필수적인 역할을 확립했으며, 민간 산림 보호대(CCC)는 젊은 실업자들에게 환경 보존 프로젝트 참여기회로 일자리를 창출하고 소득을 제공했으며, 공공사업진흥국(WPA)은 '노동자의 재생'을 목표로 일자리 및 인프라 건설에 기여하는 혁신적인 구호 프로그램을 실행했다.

특히 1935년 제정된 사회보장법(Social Security Act)은 노령 연금, 실업 보험과 더불어 공공부조 프로그램으로 ADC(Aid to Dependent Children) 프로그램을 통해 요보호 아동수당을 지급함으로써 포괄적인 사회보험 시스템을 구축하여 빈곤을 사회적 책임으로 인정하고 '사회적 권리' 개념을 제도화하는 중요한 전환점이 되었고, 이후 메디케어, 메디케이드와 같은 복지 프로그램 확장의 기반을 다졌다. 해리 홉킨스(Harry Hopkins)와 프랜시스 퍼킨스(Frances Perkins)와 같은 사회사업가들이 뉴딜 정책에서 핵심적인 역할을 수행하며 사회사업 전문직의 위상을 높였다. 이 시기 사회사업은 개별 사회사업(casework)뿐만 아니라 집단 사회사업(group work), 지역사회 조직(community organization) 등 다양한 실천 방법론을 발전시켰으며, 사회사업 교육과 훈련의 중요성이 더욱 강조되었다.

또한 이 시기에는 지역사회 문제에 초점을 두고 주민 조직에 관심을 가졌던 알린스키의 지역사회 조직 운동이 활성화되었는데, 1930년대 말부터 시카고 노동자 거주 지역에 지역주민 조직을 만들어 각종 사회 문제를 풀어나가는 한편 미국 전역의 민주적인 지역사회 조직을 확산시키는 데 기여하였다. 알린스키의 지역사회 조직 방식은 지역사회 조직의 형성, 지역 조직 활동가의 역할, 대결과 갈등 전술 등 오늘날 지역사회복지 운동에 직접적인 영향을 미치고 있다(남일재, 2019).

이후 1940년대 들어서는 사회 문제와 관련된 서비스에 관심이 집중되면서 지역사회복지협의회가 출현하였고, 지역사회조직에 관한 연구협회 등이 창설되어 지역사회 문제의 실천분야에 대한 문제 중심적 또는 실천 분야의 준거틀을 확립시키는 데 중요한 요인이 되었다.

### 3) 정착기(1950년대~1970년대) : 복지국가의 확장과 지역사회 중심 서비스

1950년대부터 1980년대까지 미국은 제2차 세계대전 이후의 경제 성장을 바탕으로 복지국가 모델을 더욱 발전시켰다. 1950년 사회보장법 개정은 노령 및 유족 보험 적용 대상을 확대하고 공공 지원 프로그램을 확장했다.

1960년대 시민권 운동은 빈곤 문제를 국가적 의제로 부각시켰고, 이는 존슨 대통령의 '빈곤과의 전쟁'과 '위대한 사회' 프로그램으로 이어졌다. 1964년 경제 기회법(Economic Opportunity Act)은 직업 훈련(Job Corps), 자원봉사(VISTA),

아동 교육(Head Start) 등 지역사회 기반의 빈곤 퇴치와 개인역량 강화 방식의 프로그램을 시작했다. 1965년 사회보장법은 메디케어(Medicare)와 메디케이드(Medicaid)를 도입하여 미국 의료 시스템에 혁명적인 변화를 가져왔는데, 노년층과 저소득층에게 의료 보험을 제공하며 건강 관리를 사회적 권리로 확립하는 중요한 진전이었다.

1960년대는 정신건강 분야에서 탈시설화 운동이 시작되어, 주립 시설의 열악한 환경에 대한 우려로 인해 지역사회 기반 서비스로의 전환이 이루어짐에 따라 1962년 케네디 대통령은 시설 수용 인원 감소를 촉구했으며, 1970년에는 재택 건강 서비스가 의무화되었고, 메디케이드는 장애인의 재택 및 지역사회 생활 지원을 포함하도록 발전하여 1970년대에는 지역사회정신건강(CMH) 프로그램이 활발히 전개되었다. 또한 사회 서비스에 대한 연방 기금이 크게 증가했으며, 경제 기회법(Economic Opportunity Act) 및 종합 고용 훈련법(CETA)에 따라 인적 개발 및 고용 서비스에 대한 기금도 늘어났다. 사회 서비스 민영화의 초기 경향이 나타나기 시작하여 공공 부문에서 민간 비영리 조직과의 계약을 통해 서비스 제공이 확대되었다.

### 4) 발전기(1980년대~현재) : 신자유주의와 지역사회 역량 강화

1980년대 레이건 행정부는 신자유주의 정책을 도입하며 사회복지 정책에 보수적인 전환을 가속화했다. 연방 정부의 역할을 축소하고 민간 부문에 더 의존하며, 많은 '수요 기반' 프로그램의 예산을 삭감하거나 블록 보조금으로 통합했으며, 이는 복지 수혜에 대한 부정적인 인식을 강화하고 개인의 '자립'을 강조했다.

1990년대 들어서는 사회복지 기관의 행정과 계획, 조직 발전, 평가개발에 주안점을 두었으며 사회복지 서비스의 효율성과 평가가 강조되었다. 특히 복지개혁으로 지역사회 중심의 민간 영리 조직이 양적으로 확산되었다. 클린턴 정부는 기존 복지 체제의 종식을 공략으로 복지 수급 기간의 제한, 근로 연계 복지를 추구하였는데, 1996년 클린턴 대통령이 서명한 개인 책임 및 근로 기회 조정법(PRWORA)은 미국의 사회복지 정책에 극적인 변화를 가져왔다. 이 법은 공공 지원에 대한 의존도를 줄이고 근로를 통한 경제적 자립을 장려했다.

2009년 오바마 행정부는 미국 경기 회복 및 재투자법(American Recovery and Reinvestment Act)을 통해 취약 계층 지원과 사회 안전망 강화를 목표로 기금을 증액했으며, 2010년 의료비 부담 적정화법(ACA : Affordable Care Act), 일명 '오바마케어'를 제정하여 건강보험 시장을 개설하고, 메디케이드(Medicaid) 확대를 통해 저소득층의 건강보험 접근성을 크게 높였다. 특히 지역사회 보건소의 서비스 제공 역량을 강화하였다.

트럼프 1기 정부는 기존의 복지 제도를 축소하거나 폐지하는 정책 기조를 일관되게 보였으며 메디케이드, 장애 연금, 빈곤층 · 고령층 · 장애인에 대한 소득보장, 저소득층과 취약계층에 대한 영양지원 서비스, 최저 생계비 이하의 빈곤 가구에 대한 긴급 지원 등 거의 모든 사회복지 부문의 예산을 축소시키는 등의 반복지 정책을 일관되게 펼쳤다.

2021년 바이든 행정부는 사회 안전망 강화, 불평등 해소, 그리고 지역사회 개발에 중점을 두었다. 경제적으로 어려움을 겪는 지역에 대한 경제 개발 기금 투자를 우선시했으며, '좋은 일자리 챌린지(Good Jobs Challenge)' 및 '더 나은 지역 재건 챌린지(Build Back Better Regional Challenge)'와 같은 프로그램을 통해 지역 기반의 인력 훈련 및 경제 성장을 지원했다.

미국은 개인주의 문화가 강한 사회적 배경과 다문화 및 다인종의 인구학적 배경, 신보수주의자들의 연대에 의해 현재도 연방정부를 통한 국가 개입보다는 주 정부 또는 민간 부문을 확대하여 지역사회 복지를 발전시키고 있다.

현대 미국 지역사회 복지는 기술 통합(원격 의료 등), 지역사회 파트너십 강화와 같은 긍정적인 추세와 함께 재정적 위협, 급격한 정책 변화, 인력 부족과 같은 과제에 직면해 있음에 따라 사회적 불평등, 정신건강 문제, 노숙자

문제 등 복합적인 사회 문제에 대한 통합적이고 다학제적인 접근이 필요하며, 문화적 역량과 민감성을 갖춘 전문 사회복지사 역할의 중요성이 커지고 있다.

## 4 일본 지역사회복지의 발달과정[4]

일본은 아시아 국가 중 가장 먼저 근대적 사회복지 제도를 도입하고 초고령사회에 진입한 국가로서, 그 지역사회복지 발달과정은 다른 아시아 국가들에게 중요한 정책적 시사점을 제공한다. 특히 지역사회 중심의 복지 시스템 구축과 초고령사회 대응 전략은 심도 있는 연구 가치가 있다. 본 절은 일본 지역사회복지의 발달과정을 기원, 태동기, 형성기, 발전기라는 네 가지 시기로 구분하여 각 시기의 사회적 배경, 주요 복지 활동, 사회적 이슈를 살펴본다. 이를 통해 일본 지역사회복지의 역사적 흐름과 패러다임 변화를 이해하고, 미래 지역사회복지의 방향성을 모색하고자 한다.

### 1) 기원(1868~1945년)

일본은 1868년 메이지 유신 이후 근대 국가로 급격히 전환하며, 도시화와 산업화가 진행되면서 전통적인 사회 구조가 붕괴되고, 빈민 계층의 급증과 실업 문제가 심화되는 등 다양한 사회 문제가 출현하기 시작했다. 국가는 휼구규칙, 구호법 등 근대적 구빈 제도를 도입하며 빈곤 문제에 대한 공적 책임을 일부 인정하기 시작했으나, 그 범위는 여전히 제한적이었다. 이 시기 복지 활동은 주로 자선적, 시혜적 성격을 띠었으며, 사회 개혁보다는 당면한 빈곤 문제 해결에 초점을 맞추는 경향이 강했다.

4 일본 지역사회복지의 발달과정에서는 남일재(2019), 김영미(2023), 김범수(2019), 사회복지사연구회(2025), 생각의 마을(2025) 등의 일부를 참고하였다.

휼구규칙(恤救規則)은 1874년 메이지 정부가 공포한 최초의 공적 구빈 입법으로서 근대적 구빈 제도의 시작이라는 의의가 있으나, 그 대상 범위와 구제 수준이 매우 제한적이라 포괄적인 빈곤 해결에는 미흡하였고, 이후 구호법(1929년)으로 바뀌었다.

인보관 운동은 일본에도 영향을 미쳐 '대학 식민 사업(大學植民事業)' 또는 '세민 동화 사업(細民同化事業)'으로 전개되었는데, 빈민을 새로운 근대 국가의 질서에 편입시키고 '교화'하는 대상으로 인식했다는 한계가 있다. 1897년 일본 동경 간다 지역에 설립된 킹스레이관이 일본 최초 인보관으로 알려져 있다.

1921년 사회사업조사회가 등장하게 되었고, 1937년 모자보건법과 군사부조법이 제정되었으며, 1938년 후생성(厚生省)이 창설되어 의료 · 보건 · 사회보장을 주요 업무로 담당함으로써 국가 차원의 복지 행정 체계가 마련되기 시작했다. 1938년 사회사업법과 국민건강보험법, 1941년 의료보호법이 제정되었다.

### 2) 태동기(1945년~1960년대)

제2차 세계대전 이후 일본은 극심한 사회 혼란과 경제 파탄을 겪으며, 전쟁 고아, 미망인, 부랑자 등 요보호 계층이 급증하면서 전례 없는 빈곤 문제에 직면하게 되었다. 이 시기 일본의 사회보장 제도 형성에 지대한 영향을 미친 것은 연합국 최고사령관 총사령부의 점령 통치(1952년까지)였는데, 보호의 무차별평등, 국가 책임의 명확화, 최저 생활 보장의 3원칙에 의하여 일본의 사회복지 제도가 서구의 민주주의적, 보편주의적 이념을 수용하는 계기가 되었다. 근대적 의미의 지역사회 복지라는 용어가 이 시기에 나타나기 시작하였으며, 사회복지협의회가 중심되어 지역사회복지를 지향하고 미국의 사회복지 방법론이 1960년대 도입되어 지역사회 조직 사업이 정착하게 되었다.

1945년부터 1960년대 이전의 일본은 선별주의적 사회복지정책의 특징을 가지는데, 전후 초기에는 생활보호법(1946년), 아동복지법(1947년), 신체장애자복지법(1949년)의 '복지 3법' 체계가 빈곤 구호에 초점을 두는 정부주도형 일본의 복지 기반을 성립시켰다.

1951년 사회복지사업법이 제정되면서 '복지사무소'가 전국 시군구에 설치되고 유급 사회복지주사를 배치하였으며, 사회복지협의회가 법정단체로 설치되고 이후 전후 안정을 되찾으면서 고도 경제성장에 따라 사회복지 확대의 특징을 보인다.

1961년 국민건강보험법과 국민연금법의 두 제도가 시행되면서 전 국민을 대상으로 하는 보편적 사회보험 제도의 기틀을 마련함으로써 질병, 사고, 실업, 고령화 등에 따른 위험을 완화하는 주요한 사회 정책으로서의 역할을 담당하게 되었다.

정신박약자복지법(1960년), 노인복지법(1963년), 모자복지법(1964년)이 추가로 제정되어 '사회복지 6법' 체계가 완성되고, 대상자별 복지 서비스의 세분화 및 확대는 보편적 복지로의 이행을 위한 제도적 기반을 마련하는 중요한 전환점이 되었다.

1962년 전국사회복지협의회와 1966년 시정촌협의회의 법인화를 통하여 재가복지 서비스의 활성화를 강조하였고, 1968년 와상 노인 실태조사를 통하여 구체적인 재가복지 사업을 전개해 나갔으며, 이 시기에 지역사회복지계획이 지방자치법의 개정에 따라 종합계획으로 정비되었다.

### 3) 형성기(1970년대~1980년대)

1970년대 일본은 경제 성장에 따른 복지의 욕구가 다양해지면서 재가복지 서비스와 대인 서비스에 관한 지역사회 정책을 확대해 나갔으며, 1970년 심신장애인을 위한 기본법에 따라 지역사회 중심의 자립 지원 서비스 등의 실천이 이루어졌다. 1973년 오일 쇼크로 일본은 저성장 시대로 진입, 정부 재정의 악화와 '복지 재검토론'이 등장하며 정책으로서 지역사회복지가 강조되었다. 재가복지 패러다임이 전환함에 따라 사회복지 시설의 이용 시설이 나타나기 시작하였고, 1979년 방문 파견 사업이 확대되어 재가복지 서비스가 가속화되었다. 1973년 도부현 협의회에서 봉사 은행과 1977년 자원봉사 활동지도 센터가 설치되어 자원봉사 활성화가 강조되었으며, 이는 정부의 재정적 한계 속에서 민간과 지역사회의 역할이 점차 중요해지고 있음을 보여준다.

동시에 일본은 1970년 고령화사회 진입 이후, 1980년대 노인 인구의 폭발적인 증가가 심각한 사회적 이슈로 부상되어 사회적 부양 부담 가중과 복지 재정에 대한 압박을 심화시켰다. 이에 일본 정부는 대대적인 행정개혁 추진으로 '작은 정부' 기조하에 복지 분야에서 지방정부와 민간 역할을 확대하는 복지 전달체계의 근본적인 변화를 시행하였다.

고령화에 따른 의료비 폭증에 대응하기 위해 1982년 노인보건법을 제정하여 의료비 무료화를 폐지하였으며, 재택복지 서비스로의 전환과 함께 골드플랜을 추진하였다. 골드플랜(Gold Plan)은 1990년부터 1999년까지 고령자 개호 문제 해결을 위한 '고령자 보건복지 추진 10개년 전략'으로, 재택복지 서비스 확충과 시설 정비의 대규모 재정 투입 계획이었다. 고령자의 '자립 지원'과 '개호의 사회화'라는 이념으로 향후 개호보험 제도 도입의 기반을 마련하여, 돌봄의 책임을 사회 전체가 함께 부담해야 한다는 인식을 정책에 반영한 것이다.

개호보험법 논의의 시작으로 1990년대 초부터 사회복지 제도에 대한 대대적인 개혁이 추진되었으며, 시정촌 중심의 고령자 재택복지 서비스가 적극적으로 추진되고, 1997년 기존의 '조치형' 복지에서 '계약형' 복지로 전환하는 개호보험법 제정으로 이어졌다.

### 4) 발전기(1990년대~현재)

1980년대 이후 일본은 사회복지 예산을 대폭 축소하고, 가족과 지역사회 책임을 강화하였는데, 1990년대 초 장기적인 경기 침체는 일본 기업의 자발적 기업 복지 지출 감소와 비정규직 고용 증가로 이어졌다. 이러한 경제적 불안정은 사회 전반의 복지 수요를 더욱 증가시키는 요인으로 작용했다. 1987년 노인 · 장애인 · 아동 분야를 포함하는 종합적인 지역사회복지 계획을 수립하고, 1993년 노인보건복지계획 수립을 의무화하였으며, 2000년 사회복지법 개정으로 지역사회복지 계획 수립 원칙이 명문화되어 지역 주민 참여를 강화하고 있다.

2000년 4월 개호보험법은 고령화에 대응하여 '개호의 사회화'를 모토로 시행되었으며, 재택복지 우선으로의 전환을 가속화하고, 민간 영리 기관의 서비스 제공을 가능하게 하여 대상자의 서비스 선택권을 높였다. 이는 돌봄 서비스를 시장 원리에 편입시키면서, 사회적 책임하에 보편적 서비스를 제공하려는 시도였다.

일본은 2005년 초고령사회에 진입하여, 노동력 감소, 의료 및 개호(돌봄) 비용 증가는 기존 복지 시스템에 막대한 압박을 가하였다. 단카이 세대(베이비붐 세대)가 후기 노인이 되는 2025년을 목표로 '커뮤니티케어(Community Care)' 시스템을 구축, 의료와 돌봄을 통합 지원하는 지역 주도형 사회 서비스 정책을 추진하고 있다. 지역포괄지원센터는 2005년 개호보험법 개정을 통해 30분 이내 거리에 위치하여 24시간 365일 서비스 이용을 목표로 주민 접근성 극대화와 통합적인 상담 및 서비스 연계를 국가와 지방자치단체의 책무로 규정했다. 2010년 이후 본격화된 탈시설화 정책과 2012년 장해자자립지원법 개정은 장애인들이 지역사회에서 생활할 수 있도록 주거 확보, 지역 이행 지원, 자립 생활 원조, 지역 정착 지원 등을 제공하여 장애인의 '정상화' 이념을 실현하고 지역사회 내 통합을 지향하는 중요한 변화이다.

2017년 기존의 개호보험법 외 노인복지법, 의료법, 아동복지법 등 31개 법을 통합 개정하여 지역포괄케어시스템의 기능 강화를 추진했는데, 이는 통합 서비스 전달체계의 재구조화를 본격화하며, 돌봄의 주체를 지역사회로 확대하고, 의료와 복지의 연계를 강화하는 복합적인 패러다임 전환을 의미한다. 2010년 NHK의 '무연사회' 방송과 함께 사회적 고립 및 무연사 문제의 사회적인 충격으로 2021년부터 정부 차원의 고독·고립 대책이 시작되고, 고독대책 담당 장관 임명 및 정책 집행을 위한 정부 조직이 마련되었다.

코로나19 팬데믹 이후 정신건강 문제, 배우자 폭력, 아동 학대 등에 대응하기 위한 정신건강 복지 정책이 강화되었다. 이는 재해에 강한 일본의 특성과 맞물려 재해 피해자를 위한 정신 의료 시스템이 상대적으로 잘 정비되어 있음을 보여준다. 2021년 디지털청을 설립하고 '쓰지 않는 원스톱 창구'를 구축하여 지방자치단체의 행정 효율화 및 서비스 접근성 향상으로 주민 편의를 높이고 직원의 업무 효율성을 개선하고 있다. 2022년 11월부터 고령화가 심한 지역에서 AI 스마트 스피커를 활용한 노인 돌봄 서비스가 시작되었고, AI 안부 전화 서비스가 2025년 상반기부터 일본 초고령 도시에 도입되어 독거 노인과 중장년 1인 가구의 안부를 확인하고 위기 상황 시 관계 기관에 연계하는 역할을 하고 있다.

일본의 지역사회복지 발전 과정은 한국 사회가 직면하고 있는 고령화, 저출산, 사회적 고립, 그리고 복지 재정 압박 등의 문제에 대한 중요한 정책적 시사점을 제공한다. 특히 일본의 '지역포괄케어시스템'과 기술 융합 복지 모델은 한국형 커뮤니티케어(지역사회 통합 돌봄) 발전 방향을 모색하는 데 중요한 참고가 될 수 있다. 일본의 경험은 선제적인 정책 수립과 다학제적 접근, 그리고 기술 활용을 통한 서비스 혁신이 미래 복지 사회를 구축하는 데 필수적임을 보여준다.

04
CHAPTER

# 지역사회복지의 기초 이론

1. 사회체계이론과 생태이론
2. 구조기능론과 힘(권력)의존이론
3. 사회교환이론과 사회구성론
4. 갈등이론
5. 사회네트워크이론
6. 엘리트주의이론과 다원주의이론
7. 사회자본이론

04
CHAPTER

# 지역사회복지의 기초 이론

지역사회는 현대 사회복지실천의 핵심 영역으로 부각되면서 지역사회 현상과 문제를 체계적 · 효과적으로 이해하고 대응하기 위한 이론적 기초의 중요성이 더욱 강조되고 있다. 지역사회복지 실천에 적용 가능한 이론적 틀은 실천전략 수립의 근거를 제공하고, 지역사회 내 갈등과 문제를 효과적으로 해결하기 위한 모티브를 제시한다.

지역사회복지 실천과 관련한 다양한 이론들은 지역사회의 현상을 분석하고 문제 해결을 위한 실천적 접근을 구성하는 데 필수적인 틀을 제공한다. 리드(B. G. Reed, 2005)는 지역사회복지 실천에서 이론의 역할로써 실천 효과성을 제고하고, 실천가의 지식과 기술 향상 및 사회정의 실현에 필수적임을 강조한다. 결국 지역사회복지 실천가는 이론을 통해 지역사회를 보다 명확히 이해하고, 지역주민의 삶의 질을 높이는 데 필요한 실천 모델을 체계적으로 구축할 수 있게 된다.

이 장에서는 여러 사회과학이론들 중에서 지역사회복지 실천을 설명할 수 있는 이론으로 사회체계이론 및 생태이론, 구조기능론과 힘(권력)의존이론, 교환이론과 사회구성론, 갈등이론, 사회네트워크이론, 엘리트주의이론과 다원주의이론, 사회자본이론 등 다양한 이론의 기본적 내용을 소개하고 지역사회복지이론실천에 주는 함의를 살펴보고자 한다.

# 1 사회체계이론과 생태이론

## 1) 사회체계이론

사회체계이론(Social Systems Theory)은 지역사회를 체계적이고 통합적으로 분석하는 중요한 이론적 틀이다. 사회체계는 체계의 구성요소들이 서로 밀접히 연결되어 서로 의존적이며 끊임없이 상호작용하는 방식에 중점을 두며, 각 구성요소의 변화는 체계 전체에 영향을 준다는 전제를 바탕으로 한다(김범수 외, 2020; 엄태영, 2024).

사회체계이론의 학문적 뿌리는 일반체계이론(General Systems Theory)을 제안한 버틀란피(Bertalanffy, 1954)로 거슬러 올라간다. 이 이론은 전체가 부분의 합 이상임을 강조하며, 부분과 전체가 상호 의존적이고 연결된 관계에서 작동함을 제시한다. 이후 핀커스와 미나한(Pincus & Minahan)의 4체계 모델, 저메인과 기터만(Germain & Gitterman)의 생활모델, 브론펜브레너(Bronfenbrenner)의 인간생태학, 콤튼과 갤러웨이(Compton & Galaway)의 6체계 모델 등으로 발전되었고, 특히 루만(Niklas Luhmann)은 구조기능주의와 일반체계이론을 결합하여 보다 정교한 사회체계이론을 제안하였다(김영란 외, 2024; 엄태영, 2024).

사회체계이론의 주요 개념은 체계, 경계, 환경, 투입(input)−전환(through-put)−산출(output)−피드백(feedback), 균형, 항상성, 안정상태 등으로 설명된다.

체계(system)는 상호 의존적이면서 지속적으로 상호작용을 하는 구성체들의 집합으로 정의된다. 지역사회는 하나의 사회체계이며, 동시에 다양한 하위체계(경제, 교육, 정치, 사회복지 등)와 상위체계(중앙정부, 국제사회 등)와의 복잡한 관계를 맺고 있다(양정하 외, 2022; 김욱진 외, 2023). 사회체계이론의 중요한 특징 중 하나는 경계(boundary)의 개념이다. 경계는 체계를 외부 환경과 구별 짓는 기준으로, 체계의 정체성과 기능을 유지하는 데 중요한 역할을 한다. 이러한 경계에 특성에 따라 체계를 개방체계와 폐쇄체계로 나누며, 개방체계는 외부 환경과 끊임없는 자원과 정보의 교류를 통해 체계의 유지를 도모하는 반면, 폐쇄체계는 이러한 외부와의 교류가 제한되어 있다(최선희, 2020; 염일열 외, 2022).

사회체계이론에 따르면, 지역사회는 지속적인 투입(input)–전환(through-put)–산출(output)–피드백(feedback)의 과정을 통해 유지되고 발전한다(최선희, 2020). 예를 들어, 지역사회 내에서 학교폭력과 같은 문제가 발생했을 경우, 사회체계이론은 이를 단순히 개인의 문제로 한정하지 않고, 가족, 학교, 또래집단 등 다양한 하위체계와 지역사회 내 기관 간 상호작용의 관점에서 접근해야 한다고 강조한다(김범수 외, 2020).

지역사회를 사회체계 관점에서 볼 때, 지역사회는 경제체계, 정치사회체계, 교육체계, 복지체계 등 다양한 하위체계로 구성되어 있으며, 이들 간에는 수평적, 수직적 연결이 존재한다. 각 하위체계는 나름의 특화된 기능을 수행하며 상호작용을 통해 전체 지역사회의 안정과 발전을 촉진한다(김욱진 외, 2023; 양정하 외, 2022).

사회체계이론을 지역사회복지 실천에 적용하면, 클라이언트의 문제를 보다 총체적이고 통합적으로 이해할 수 있도록 돕고, 지역사회 내 다양한 하위체계들이 서로 어떻게 연결되어 있고 어떤 영향을 미치는지 구체적으로 분석할 수 있는 틀을 제공한다. 또한 지역사회의 상위체계(정부 정책, 국제적 환경 변화 등)가 하위체계와 지역사회 주민의 삶에 미치는 영향을 분석하고 대응하는 데 효과적이다(김영란 외, 2024; 남일재 외, 2019). 따라서 지역사회복지 실천가는 지역사회 문제를 통합적 시각에서 바라볼 수 있게 되며, 각각의 하위체계가 전체 체계에 미치는 영향을 분석할 수 있다. 예컨대, 독거노인 문제를 해결하기 위해 사회복지사는 독거노인 개인뿐 아니라 가족, 이웃, 지역사회 기관 등의 하위체계 간의 상호작용을 평가하여 효과적인 개입전략을 수립할 수 있다(엄태영, 2024). 또한 하디나(Hardina, 2002)에 의하면, 지역사회는 생산과 분배, 사회화, 사회통제, 사회통합, 상호부조와 같은 기능을 수행하며, 이러한 기능 수행의 정도는 지역사회마다 다르게 나타난다(김영란 외, 2024). 이는 지역사회복지 실천가가 각 지역사회의 특수성을 반영하여 전략을 수립해야 함을 시사한다.

하지만 사회체계이론의 한계도 존재한다. 이 이론은 주로 기능적이고 조화로운 체계 간의 상호작용을 가정하기 때문에 갈등과 급격한 변화, 불평등한 구조적 요소들을 충분히 설명하기 어렵다는 비판을 받는다(염일열 외, 2022). 따라서 지역사회복지 실천에서는 사회체계이론의 통합적이고 체계적인 접근을 바탕으로, 갈등론적 시각이나 비판적 접근과 병행하여 보다 현실적이고 통합적인 지역사회복지 실천 전략을 수립할 필요가 있다.

결론적으로 사회체계이론은 지역사회복지에서 발생하는 다양한 현상을 분석하고 개입 전략을 마련하는 데 유용한 이론적 기반을 제공하며, 지역사회의 복잡한 상호작용을 이해하고 효과적으로 개입하기 위한 통합적 관점을 제시한다.

### 2) 생태이론

생태이론(Ecological Theory)은 지역사회복지의 기초이론 중 하나로, 인간과 환경 간의 지속적이고 상호적인 관계에 초점을 맞추어 지역사회를 분석하고 이해하는 이론적 틀이다. 생태이론은 인간이 자신을 둘러싼 환경과 끊임없이 상호작용하며, 이 과정에서 환경에 영향을 주고 또 환경으로부터 영향을 받으며 적응과 변화를 겪는다는 기본 전제를 가진다(김범수 외, 2020; 염일열 외, 2022).

생태이론은 원래 생물학에서 시작된 개념으로 인간생태학(human ecology)이라는 용어로 도시사회학 분야에서 본격적으로 적용되었다. 특히 시카고학파의 로버트 파크(Robert Park)는 도시의 성장, 변화, 쇠퇴 과정을 설명하는 데 생태학적 관점을 도입하였다. 그는 인간 공동체가 생존을 위한 경쟁과 협력이라는 자연적이고 생물적인 욕구에 의해 형성된다고 보았으며, 이러한 생물적 질서하에서 지역사회는 비슷한 속성을 가진 구성원들이 협력하고 경쟁하면서 자연스럽게 형성된 '자연지역(natural area)'으로 개념화되었다(김욱진 외, 2023).

생태이론의 주요 개념 중 하나는 '환경 속의 인간(PIE : Person-in-Environment)'으로, 이는 개인과 환경의 관계를 일방향적인 것이 아닌 상호 호혜적인 교류

관계로 이해하며, 개인의 사회적 기능과 적응 문제를 분석할 때 개인적 요소와 환경적 요소 모두를 동시에 고려할 것을 강조한다(염일열 외, 2022). 이 관점에서 지역사회복지 실천가들은 클라이언트의 삶 전체에 적극적으로 개입하고, 개인적 원인뿐만 아니라 환경적이고 구조적인 요인까지 포괄적으로 분석해야 한다는 통합적 접근을 요구받는다.

이러한 상호교류적 관점에서 지역사회복지 실천의 목표는 개인과 환경 간 적응적이고 긍정적인 상호작용을 촉진하는 것이다. 상호교류는 인간은 환경과 지속적으로 순환적 교류를 통해 의사소통하면서 영향을 미친다는 개념이다. 인간이 주변 환경 조건에 또는 새로운 조건과 환경에 맞추어 변화하고 조절하는 능력을 '적응'이라고 하며, 인간의 적응 욕구와 환경 자원이 부합하는 정도, 개인 욕구와 사회적 욕구 사이의 조화와 균형 정도를 '적합성'이라고 한다(양정하 외, 2022).

지역사회에 대한 생태이론적 접근은 특히 지역사회의 공간적 분포와 역동성을 설명하는 데 유용하다. 이를 설명하기 위한 주요 개념으로는 경쟁(competition), 협동적 경쟁(cooperative competition), 중심화(centralization), 분산(decentralization), 집결(concentration), 분리(segregation), 침입(invasion), 계승(succession) 등으로 구체화된다(남일재 외, 2019; 양정하 외, 2022). 예를 들어, 경쟁은 한정된 자원과 공간을 확보하기 위한 사회 구성원 간의 상호작용을 의미하며, 특정 계층이나 집단이 우세한 자원을 차지하고 그렇지 못한 집단은 상대적으로 불리한 환경으로 밀려나는 현상을 설명한다(엄태영, 2024). 중심화와 분산은 지역 내 시설과 서비스의 집중과 그로 인한 인구의 외곽 이주 현상을 나타내며, 집결은 지역의 인구가 과도하게 혼잡하고 과밀하거나 또는 과소한 경향을 의미한다. 분리는 여러 집단 및 기관이 지역사회 안에서 분리되어 있고 특정 지역에 위치하는 경향을 말하며(함철호, 2019), 침입과 계승은 한 집단이 다른 집단의 생활공간에 들어와 결국 그 공간의 특성을 완전히 변화시키는 과정으로 설명된다(김욱진 외, 2023; 양정하 외, 2022).

지역사회복지 실천에서 생태이론은 몇 가지 중요한 실천적 함의를 제공한다.

첫째, 지역사회의 물리적 환경 변화가 주민들의 삶의 질에 직접적인 영향을 준다는 점을 명확히 하여, 사회적 불평등과 자원 배분의 문제를 적극적으로 분석할 수 있게 한다(김욱진 외, 2023). 이는 지역사회복지 실천가가 특정 지역사회 내에서 부족한 사회 인프라를 파악하고 이를 보완하기 위한 적극적인 개입 전략을 수립할 수 있도록 한다.

둘째, 생태이론은 환경 변화가 가져오는 다양한 사회적 결과를 파악하고 지역사회 구성원들이 이러한 변화에 적응하거나 환경을 변화시키도록 지원하는 실천적 개입의 필요성을 강조한다.

셋째, 지역사회 내에서 소외되거나 경쟁에서 밀려난 집단이 환경에 적응하도록 지원하는 것이 아니라, 그들이 처한 환경 조건 자체를 개선할 필요성을 강조한다. 즉, 지역사회 내에서 경쟁력 있는 집단이 희소자원을 장악하는 과정에서 사회적 약자가 배제되지 않도록 보호하고 지원하는 전략을 개발할 수 있도록 돕는다(엄태영, 2024).

그러나 생태이론은 환경에 대한 적극적인 변화보다는 적응과 순응을 강조한다는 한계가 있다(염일열 외, 2022). 즉, 사회구조적 불평등이나 불합리한 환경 조건을 근본적으로 바꾸기보다는 지금 현재 환경에의 적응을 중시하기 때문에, 구조적 변화나 적극적인 사회개혁을 지향하는 개입과 병행되어야 더욱 효과적일 수 있다.

결론적으로, 생태이론은 지역사회복지에서 지역사회와 환경, 인간과 사회적 관계의 상호작용을 종합적이고 역동적으로 분석할 수 있게 하며, 다양한 사회적 현상과 변화 과정을 명확히 이해할 수 있는 이론적 기반을 제공한다. 그러나 환경 변화에 대한 적극적인 개입보다는 적응에 초점을 맞추고 있어 보다 적극적이고 구조적인 사회변화를 위한 실천적 접근과 병행되어야 할 필요성을 제기한다.

## 2 구조기능론과 힘(권력)의존이론

### 1) 구조기능론

구조기능론(Structural Functionalism)은 사회를 유기적 체계로 간주하며, 각 하위체계가 고유의 기능을 수행함으로써 전체 사회의 통합과 안정이 유지된다는 전제에 기반한다. 이 이론은 콩트(A. Comte)의 사회통합 개념, 스펜서(H. Spencer)의 사회유기체론, 뒤르껭(E. Durkheim)의 사회실재론, 그리고 파슨스(T. Parsons)와 머튼(R. Merton)의 체계적 이론 정립을 통해 학문적으로 공고화되었다(남일재 외, 2019; 김흥주, 2023).

구조기능주의 이론의 핵심은 다음과 같다. 첫째, 사회적 세계는 체계로 구성되어 있고 체계를 구성하고 있는 부분들은 상호 연관되어 있으며, 둘째, 각각의 체계는 생존을 위하여 만족되어야 할 욕구가 있다. 셋째, 이러한 체계는 성장하고 발전하면서 정상적 상태와 병리적 상태를 가지고 있어 균형과 항상성을 지니고 있으며 균형과 항상성이 깨지거나 위협받으면 원래대로 돌아가려는 경향이 있다(남일재 외, 2019). 이러한 핵심 전제를 정리하면, 사회는 상호 연관된 하위체계들로 구성된 하나의 유기적 전체이며, 각 하위체계는 고유한 사회적 기능을 수행함으로써 전체의 균형을 유지한다. 그리고 사회문제는 이러한 기능 수행의 실패 또는 기능 불균형으로 인해 발생하는 개념이다.

이와 같이 구조기능론에 입각한 지역사회 문제는 결국 기능적 실패에서 나타난다고 본다. 즉, 사회문제를 구조적 모순보다는 하위체계의 기능 미비 또는 역기능적 작동에서 기인한 것으로 해석한다. 예컨대, 가족체계의 해체는 아동의 사회화 실패를 야기하며, 이는 청소년 비행 등 사회적 일탈로 이어진다. 이때 문제의 해결은 가족 기능의 회복, 즉 일차적 사회화 기능의 강화에 있다고 본다. 이러한 관점은 지역사회복지 실천에서 다음과 같은 실천적 접근을 유도한다.

① 가족복지, 교육복지, 경제적 자립지원 등을 통한 하위체계 기능 회복
② 개인의 사회적응력 증진 및 사회화 교육 강화
③ 사회복지제도의 강화로 하위체계의 역기능 보완

구조기능론은 지역사회를 정부, 경제, 교육, 가족, 종교 등의 상호의존적 하위체계로 구성된 통합적 사회시스템으로 본다. 이때 복지는 개별 하위체계가 수행하지 못한 사회통합과 적응 기능을 보완하는 보충적 기능을 수행한다. 실제로 지역사회복지의 제도적 실천은 지역사회 각 하위체계의 균형적 발전 도모, 지역 주민 간의 연대 및 공동체 의식 함양, 지역사회의 통합과 기능적 질서 유지라는 목적성을 가진다.

지역사회복지 실천과 관련하여 구조기능론이 갖는 함의로는 다음 네 가지를 들 수 있다(김흥주, 2023).

첫째, 지역행정가나 지역사회복지 전문가들이 중앙정부 및 정부정책과 같은 상위 수준의 체계가 실제로 지역사회의 생활에 어떠한 영향을 미치는지를 분석하는 데 도움을 준다.

둘째, 전체 지역사회체계에 대해 지역사회 내 하위체계들이 가지는 영향력을 이해하는 데 도움을 준다.

셋째, 지역사회의 주요 기능과 각각의 기능수행을 위한 하위체계와의 관계 및 구조를 이해하는 데 도움을 준다.

넷째, 지역사회 조직의 중요한 목적은 주민들의 참여를 통해 각 체계들의 기능이 조화를 이룬 안정된 지역사회 건설에 있음을 강조한다.

그러나 구조기능론은 이러한 함의에도 불구하고 지역사회복지 실천에서 몇 가지 한계와 보완적 이론의 필요성이 제기된다.

첫째, 구조기능론은 본질적으로 질서 유지와 균형 회복에 중점을 두기에 지역사회 내의 불평등, 권력 갈등, 구조적 억압에 대한 분석이 부족하다. 예컨대 빈곤문제를 개인의 부적응이나 사회화의 실패로 환원시킴으로써, 구조적 불평등과 자원의 불균형 배분을 간과하는 경향이 있다.

둘째, 구조기능론은 현 상태의 유지를 전제하므로, 지배체계 또는 엘리트 중심의 사회구조를 정당화할 위험이 있다. 이는 특히 사회운동, 저항, 급진적 정책 요구 등 지역사회 변화 요구를 수용하는 데 한계를 보인다.

이러한 한계를 보완하기 위해서 자원 및 권력의 불평등 분배와 계층 간 갈등을 분석하는 갈등이론이 등장했으며, 다양한 사회세력 간의 협치와 참여를 강조하는 다원주의와 지역문제의 담론적 형성과 인식의 전환을 강조하는 사회구성론 등의 이론이 주목을 받고 있다.

정리하면, 구조기능론은 지역사회를 유기적 통합체로 바라보며, 각 하위체계의 기능 정상화를 통해 전체 사회의 안정과 발전을 도모하려는 이론이다. 지역사회복지 실천에서 구조기능론은 개인 적응력 향상, 제도적 기능 보완, 체계 간 조화 강조라는 측면에서 실천적 유용성을 가진다. 그러나 변화와 갈등을 수용하는 능력이 부족하다는 점에서 비판을 받으며, 현대 지역사회복지에서는 다차원적 관점과 이론적 복합성을 필요로 한다. 따라서 지역사회복지 현장에서는 구조기능론의 질서·통합 지향적 관점과 함께, 갈등과 변화, 권력구조의 분석까지 포괄하는 통합적 시각을 통해 지역사회의 복합적 문제에 대응하는 것이 요구된다.

### 2) 힘의존이론

힘의존이론(Power Dependence Theory)은 에머슨(Emerson, 1972)의 사회적 교환이론에서 출발하여, "A의 힘(power)은 B의 A에 대한 의존(dependence)과 동일한 개념"이라는 상호의존 관계의 논리를 핵심으로 한다(이원주, 2020). 사회적 관계 속에서 힘이란 단지 물리적 강제력이 아니라, 자원의 편중 분포에 따른 권력 불균형의 산물로서 나타나며, 이는 조직 간 상호작용, 특히 재정·정책·서비스 지원 체계에서 극명하게 드러난다. 예컨대, 중앙정부와 지방정부 간의 관계가 대표적인 힘의존이론의 사례라 볼 수 있다. 즉, 중앙정부는 지방정부에 비해 많은 자원을 보유하고 있기 때문에 지방정부는 자원획득을 위해 중앙정부의 힘에 의존할 수밖에 없다(엄태영, 2024). 이러한 구조적 종속 관계는 사회복지 서비스 조직들에게도 동일하게 적용된다고 본다. 실제 지역사회의 많은 사회복지기관들이 정부나 지방자치단체의 보조금에 의존하여 조직을 운영하고 있으며, 이로 인해 사회복지기관들은 정부의 요구를 수용할 수밖에 없게 되고 정부조직의 문제점이나 서비스 · 프로그램에 대한 비판을 자제하게 된다(양정하 외, 2022).

힘의존이론의 핵심 계념은 힘과 의존의 상호관계 및 자원의 통제와 종속으로 설명된다.

블라우(Blau, 1964)에 따르면, 힘(power)은 자원이 풍부한 사람과 자원이 빈약해 도움을 받아야 하는 사람들 사이의 돕는 관계에 내재해 있다(이원주, 2020). 이는 지역사회 내에서 나타나는 민간 조직과 정부 간의 관계, 또는 클라이언트와 서비스 제공자 간의 관계에서도 동일하게 적용된다. 또한 지역사회복지 조직들은 생존을 위한 자원을 외부의 재정적 지원에 의존할 수밖에 없다(남일재 외, 2019)는 전제는 힘의존이론이 지역사회복지 실천에 미치는 본질적인 영향력을 말해준다. 이와 같은 의존 구조는 조직의 자율성과 정체성을 위협하며, 때로는 사회정의나 시민참여적 개입이 억제되는 결과로 이어질 수 있다.

특정한 재정지원자에게 지나치게 의존하지 않기 위해서 지역사회복지 실천에서의 다음과 같은 전략이 필요하다(이원주, 2020).

첫째, 재정지원에 대한 동일한 가치의 대가를 재정지원자에게도 제공한다.

둘째, 여러 다른 재원들을 확보하여 서비스를 제공한다.

셋째, 서비스의 지원 없이 생존하는 방법을 클라이언트에게 교육한다.

넷째. 재정지원자들이 직접 클라이언트에게 서비스를 제공하도록 만든다.

이러한 전략은 민간복지기관이 단순한 종속적 대행자가 아니라, 공공복지의 동등한 협력자로서 기능하기 위한 힘의 균형(power balanace) 회복 노력이라 할 수 있다.

힘의존이론이 지역사회복지 실천에 미치는 함의는 다음과 같다(지은구 외, 2010).

첫째, 균형적인 자원의 투입은 지역사회조직이 생존하기 위해서 반드시 필요한 생존 원천일 수 있다. 균형적 자원 확보는 지역조직의 생존과 자율성 유지의 핵심이다.

둘째, 외부 자원과 연관된 요구는 사회변화를 위해 노력하는 지역사회조직의 능력을 제한시킬 수 있다. 이는 조직이 단기적인 사업성과보다 구조적 변화를 추구하는 데 있어 제약을 가하는 요소가 된다.

셋째, 지역사회복지 조직으로부터 무상으로 서비스를 받는 사람은 사회서비스를 못 받을 수도 있다고 믿기 때문에 자신을 위해 지지하는 행동을 주저할 수 있다.

넷째, 사회변화는 자원의 교환이 가능한 분위기에서 일어날 수 있다.

힘의존이론은 외부 자원에 대한 의존이 불가피한 조건임을 전제하는 동시에 그것이 사회복지조직의 정체성과 자율성을 어떻게 제약하는지를 설명해주는 비판적 도구이다. 그러나 지나치게 구조 결정론적이며, 내부 자원개발 및 지역사회 역량강화의 가능성을 간과할 수 있다는 비판도 존재한다. 지역사회복지조직은 힘의 균형적인 배분을 위해 자원의 다원화 전략과 참여적 거버넌스를 기반으로 힘의 비대칭 구조를 해소하려는 실천적 방안을 모색해야 한다.

## 3 사회교환이론과 사회구성론

### 1) 사회교환이론

교환이론(Exchange Theory)은 인간의 사회적 행동을 이해하는 주요 이론 중 하나로, 사람들 사이의 상호작용이 본질적으로 보상과 비용의 교환과정이라는 전제에서 출발한다. 이는 경제학의 공리주의, 심리학의 행동주의, 사회학의 기능주의 전통에서 영향을 받아 발전한 이론으로서, 인간은 가능한 한 최소의 비용으로 최대의 보상을 얻고자 하는 합리적인 존재라고 전제한다.

호만스(George Homans, 1974)는 인간은 이윤을 추구하는 존재로서, 사회관계는 적어도 두 사람 사이에서 일어나는 교환적인 활동을 통하여 자신에게 이익이나 보상이 주어질 때 유지된다고 보았다(김영란 외, 2024). 그는 교환이론을 친구나 이웃 간의 관계 등 작은 단위의 인간관계인 미시적 차원에서 설명하며, 사회적 상호작용은 기대되는 보상과 지불해야 할 비용의 비교 분석 속에서 이루어진다고 보았다. 블라우(Peter Blau, 1964)는 교환이론을 사회구조적 관점으로 확장하며, 사회적 교환이 지속적으로 반복될 경우 권력과 지위의 분화가 발생하고, 이는 사회적 조직과 지위 구조를 형성하게 된다고 설명하였다. 사회적 교환은 즉각적인 보상을 수반하지 않으며, 따라서 신뢰와 유대, 그리고 공동체적 연대를 통해 사회적 관계가 유지된다.

교환이론의 주요 개념으로는 보상과 비용, 호혜성, 권력과 의존 등이 있다.

보상(reward)은 개인에게 주는 만족감, 사회적 인정, 정보, 정서적 지지, 물질적 이득 등 가치 있다고 여겨지는 요소를 의미하며, 비용(cost)은 시간을 포함한 노력, 자원 소모, 심리적 스트레스 등 교환행위에서 지불해야 할 대가를 의미한다.

호혜성(reciprocity)은 교환이 지속되기 위한 핵심 원리로, 주고받는 행위가 상호 유익할 때 관계가 지속된다. 블라우는 사회적 교환은 경제적 교환처럼 명확한 반대급부가 없으며, 신뢰와 시간에 기반한 유연한 보상 구조를 가진다고 설명한다(김영란 외, 2024).

권력과 의존에 관해 에머슨(Emerson, 1976)은 자원의 통제 여부가 권력의 원천이 되며, 상호의존성이 불균형할 경우 권력관계가 형성된다고 보았다. 즉, 한 집단이 특정 자원을 독점할 때 타 집단은 해당 자원에 의존하게 되며, 이는 사회적 불평등과 갈등으로 이어질 수 있다.

교환이론은 지역사회복지에서 다음과 같은 방식으로 실천적 적용이 가능하다.

첫째, 지역사회는 상담, 기부, 서비스, 정치적 지지, 사회적 연대 등의 자원이 지역 구성원 간에 교환되는 장으로서 기능한다. 예를 들어, 지역 주민이 기부한 재정 자원은 복지기관을 통해 저소득층에게 서비스로 전해지고, 기부자는 '보람'이나 '명예'라는 비물질적 보상을 받게 된다.

둘째, 지역사회에서 자원 교환이 불균형할 경우 사회문제가 발생하며, 사회복지사는 이러한 구조를 재조정하여 균형을 추구하는 역할을 수행한다. 예를 들어, 봉사활동을 열심히 했는데 아무런 보상이나 인정을 받지 못하면 참여자는 다음 활동에 소극적일 수 있다. 이때 사회복지사는 불균형을 조정하고 중재하는 역할을 해야 한다.

셋째, 지역 주민 간의 정서적 · 상징적 자원 교환은 공동체성 강화와 지속가능한 사회적 자본 형성에 기여한다. 예를 들어, 오래된 마을에서 주민들이 물건을 나누고, 서로 아이를 돌봐주는 관계는 신뢰와 호혜성을 바탕으로 유지되며, 이러한 교환관계는 공동체 정신을 강화하고, 지역사회 문제를 함께 해결하는 기반이 된다.

교환 과정에서의 지속적인 불균형은 사람들의 관계나 조직의 해체를 가져온다(김흥주, 2023). 하드캐슬(Hardcastle)과 그의 동료들은 이러한 권력 불균형을 시정하고 다른 집단이나 사람이 장악하고 있는 자원을 얻기 위해 이해당사자들이 채택하게 되는 다섯 가지 전략들을 제시하였다(백종만 외, 2015). 이는 교환 관계에서 발생하는 권력 불균형을 해소하기 위한 전략을 말한다.

① **경쟁**(competition) : B의 자원이 독점적일 때, A가 C, D와의 교환을 통해 B와의 종속관계를 탈피

② **재평가**(revaluation) : B의 자원에 대한 A의 가치인식을 재조정하여 의존도 감소

③ **호혜성**(reciprocity) : A도 B가 필요로 하는 자원을 제공하여 상호 이익 창출

④ **연합**(coalition) : A가 비슷한 처지의 집단(C, D)과 연대하여 협상력을 강화

⑤ **강압**(coercion) : 물리적 · 제도적 힘을 통해 자원을 확보(비윤리적 전략)

이러한 전략들은 지역사회복지 실천 현장에서 다양한 자원의 재분배, 권력 구조의 민주화, 참여적 거버넌스를 가능하게 하는 실천 지침이 될 수 있다.

그러나 교환이론은 사회적 관계를 효율성과 합리성이라는 틀로만 설명하는 경향이 있어, 다음과 같은 한계가 지적된다.

첫째, 인간 관계를 모두 계산적 교환으로 환원함으로써 이타성, 공동체성, 상징성 등의 비계산적 관계 요소를 소홀히 할 수 있다. 둘째, 자원 소유의 불균형, 정보 격차, 정책적 배경 등의 비대칭 교환의 현실성을 고려하지 않으면 실천적 적용에 오차가 발생할 수 있다. 셋째, 상호성 개념은 문화에 따라 다르게 해석될 수 있음에도 보편적 전제처럼 간주될 수 있어 문화적 다양성을 무시한다.

이상과 같이 교환이론은 지역사회복지의 실천현장을 이해하고 개입하는 데 있어 매우 유용한 분석 틀을 제공한다. 인간을 보상과 비용의 합리적 계산자라고 보는 관점은 자원관리와 관계 형성에 실천적 통찰을 제공하며, 특히 권력의 불균형 해소 전략은 실천현장에서 구조적 개입의 근거가 된다. 그러나 동시에 이론이 갖는 경제주의적 환원주의에 대한 비판적 성찰과 사회복지의 가치 중심적 접근과의 조화를 위한 탐색도 필요하다.

### 2) 사회구성론

사회구성론(Social Constructionism)은 사회적 현실이 개인과 집단 간의 상호작용과 의사소통을 통해 사회적으로 구성된다는 관점에 기반하고 있다. 이 이론은 특히 지식이 객관적인 실체가 아니라 역사적, 문화적, 사회적 맥락 속에서 만들어지는 주관적 구성물이라고 강조한다(최선희, 2020; 양정하 외, 2022).

사회구성론은 기존 사회과학 이론들이 주류 사회의 관점에서 주로 발전해 왔다는 점을 비판하면서 출발하였다. 즉, 사회에서 일반적으로 받아들여지는 지식이나 규범들이 특정 권력층의 이해와 이익을 반영하여 형성되고 유지된다는 것이다(김범수 외, 2020; 남일재 외, 2019). 예를 들어, 빈곤이나 장애를 바라보는 시각은 사회적으로 구성된 것으로, 빈곤을 개인의 게으름 때문이라고 보는 시각과 사회적 구조의 문제로 보는 시각이 상충할 수 있다. 이는 사회적 권력 관계에 따라 어떤 시각이 지배적인 것으로 채택되는지를 보여준다(염일열 외, 2022).

이러한 관점에서 사회문제는 객관적 실체로 존재하는 것이 아니라, 특정 집단이 특정 현상을 문제로 규정하고 의미를 부여함으로써 비로소 사회적 문제가 된다고 본다. 예를 들어, 아동학대나 가정폭력 문제는 사회구성론적 관점에서 볼 때 사회적 합의와 권력 관계의 산물로 해석된다(김범수 외, 2020). 즉, 아동학대나 가정폭력이 과거에는 개인적인 문제로 여겨져 심각한 사회문제라 인식하지 못했으나 최근 들어 사회적 문제로 인식되면서 이에 대한 법적 · 정책적 대응이 이루어지고 있다. 이에 따라 지역사회복지 실천에서는 문제의 발생 원인을 이해할 때 클라이언트와 지역사회의 맥락을 적극적으로 고려하며, 다양한 참여자들 간의 대화와 협상을 통한 의미구성 과정에 주목한다.

사회구성론의 이론적 근거는 상징적 상호작용주의(symbolic interactionism)와 포스트모더니즘(postmodernism)에 기반한다. 상징적 상호작용주의는 사람들이 일상생활에서 경험하는 사건과 행동들에 대해 문화적 상징과 언어를 통해 의미를 부여한다고 보며, 포스트모더니즘은 기존의 중심적이고 획일적인 사고에서 벗어나 다원성과 다양성을 중시하는 이론적 접근이다(최선희, 2020).

사회구성론의 지역사회복지 실천 적용은 다음과 같은 함의를 가진다.

첫째, 사회복지사는 클라이언트의 주관적인 경험과 그들이 속한 사회적 맥락을 깊이 이해해야 한다. 즉, 클라이언트가 경험하는 문제를 단순히 외부에서 정의된 기준으로 판단하지 않고 클라이언트의 입장에서 해석하고 접근해야 한다. 이를 통해 클라이언트의 문제를 보다 심층적으로 이해하고 효과적으로 개입할 수 있게 된다(최선희, 2020).

둘째, 사회구성론은 전문가 중심의 일방적인 개입을 비판하며, 클라이언트의 주체성을 존중하고 클라이언트가 스스로 문제해결에 적극적으로 참여하도록 지원하는 실천 방식을 촉진한다. 사회복지사는 클라이언트가 처한 문제를 자신의 선입견이나 편견이 아닌 클라이언트의 관점에서 해석하고 접근해야 한다. 이를 통해 클라이언트의 주체성을 존중하고 그들의 자율적 참여를 촉진하게 된다(남일재 외, 2019).

셋째, 지역사회복지 실천에서는 다양한 참여자들이 함께 지역사회의 문제를 정의하고 해결 방안을 모색하는 과정이 중요하다. 이는 클라이언트뿐만 아니라 사회복지사, 전문가, 관료, 정치인 등 지역사회 내 다양한 주체들이 참여하는 소통과 협상의 과정을 의미하며, 이러한 협력적 과정을 통해 지역사회 문제에 대한 새로운 의미와 합의를 도출할 수 있다(양정하 외, 2022).

넷째, 사회구성론은 권력 관계와 사회적 불평등 문제에 민감한 접근을 요구한다. 지역사회 내에서 억압받는 소수집단의 목소리를 적극적으로 반영하고, 사회적 힘과 권력 구조가 클라이언트에게 미치는 영향을 분석하여 불평등한 구조를 개선하려는 노력이 필요하다. 예를 들어, 이주민이나 소수자 집단이 겪는 차별 문제를 사회적 권력구조의 문제로 보고 이를 개선하기 위한 구체적인 정책적 개입을 제안하는 접근이 사회구성론적 실천의 중요한 부분이다(Hardina, 2002).

결론적으로 사회구성론은 지역사회복지의 이론적 기초로서, 사회적 현실과 문제를 다양한 참여자들의 상호작용과 의미부여 과정에서 형성되는 것으로 이해하고, 보다 민주적이고 포용적인 지역사회복지 실천을 지향하게 한다. 사회복지사는 이를 통해 클라이언트와 지역사회가 가진 강점과 자원을 최대한 활용하며, 협력적이고 혁신적인 해결책을 도출할 수 있다.

## 4 갈등이론

갈등이론(conflict theory)은 지역사회복지 실천을 이해하고 실천하는 데 필수적인 이론적 기반으로, 사회의 본질적 현상으로 간주되는 갈등을 중심으로 지역사회 내 불평등 문제를 다룬다. 갈등이론은 재화는 한정되어 있고,

소유욕은 무한하기 때문에 인간은 한정된 재화를 두고 경쟁하고 갈등하는 존재라는 인간관을 가지고 있고, 사회는 그런 인간들로 인해 끊임없는 경쟁과 갈등, 지배자의 압제와 피지배자의 저항, 이로 인한 불안정과 변동이 끊임없이 일어나는 속성을 가지고 있다고 본다(김신일, 2010).

갈등이론은 마르크스(Karl Marx)의 경제적 계급갈등이론과 베버(Max Weber)의 권력갈등론에 그 뿌리를 두고 있다. 마르크스는 경제 요인을 중시하며 계급 갈등론을 주장했고, 베버는 사회적 지위와 권력에 초점을 맞추고 사회적 관계를 권력관계로 보고 권력 갈등론을 주장하였다(최선희, 2020). 이론적으로는 다렌도르프(Ralf Dahrendorf)의 변증법적 접근과 짐멜(Georg Simmel)의 사회적 기능주의적 접근이 현대적 갈등이론을 구성하는 주요 축이 되고 있다.

마르크스와 다렌도르프는 사회에 대해 다음과 같은 기본적 가정들을 공유하였다(Hardcastle, Power & Wenocur, 2004, 최선희, 2020 재인용).

첫째, 사회체계는 체계적으로 갈등을 발생시키기 때문에 갈등은 사회의 보편적인 특징이다.

둘째, 갈등은 반대되는 이해관계로 인해 발생하는데, 그것은 피할 수 없는 사회구조의 일부이다.

셋째, 반대되는 이해관계는 지배집단과 피지배집단 간에 한정된 자원과 권력의 불평등한 배분으로부터 생기게 된다. 따라서 모든 사회는 다른 사람들로부터 이루어지는 일부 구성원에 대한 제약의 토대 위에 있다.

넷째, 서로 다른 이해관계는 두 개의 갈등집단으로 나뉘게 되는 경향이 있다.

다섯째, 갈등은 변증법적이어서 하나의 갈등 해결은 새로운 서로 다른 이해관계를 만들어 내고 이는 어떤 조건하에서 또 다른 갈등을 발생시킨다.

여섯째, 계속되는 갈등의 결과로 인하여 사회변화가 이루어지기 때문에 사회변화는 사회의 보편적인 특징이다.

갈등이론은 사회를 서로 다른 이해관계를 가진 집단들이 경쟁과 대립을 반복하는 공간으로 정의하며, 이 과정에서 불평등한 자원 배분과 권력구조가 사회적 갈등을 지속적으로 재생산한다고 본다. 특히 지역사회는 소수의 자원 독점 집단과 다수의 자원 박탈 집단으로 나누어지며, 불평등과 갈등의 연쇄적 구조가 심화된다고 간주한다. 갈등이론가들은 자원과 권력의 배분 문제를 단지 경제적 차원으로 제한하지 않고 사회적 지위, 권력 관계, 정치적 자원 등 다차원적으로 접근한다.

지역사회복지 실천에서 갈등이론의 적용은 크게 세 가지 측면에서 이루어진다. 첫째, 억압받고 소외된 집단이 조직적이고 집단적인 대응을 통해 자원과 권력에 접근할 수 있도록 역량을 강화하는 데 있다. 이는 개인적 박탈 상태를 사회구조적 차원에서 인식하고 대응할 수 있도록 지역주민을 교육하고 옹호 활동을 강화하는 형태로 나타난다.

둘째, 갈등이론은 사회행동적 실천 전략을 강조한다. 갈등 상황을 '일단 정지'시키거나 기존 권력 구조에 직접 도전하는 방식으로 사회변화를 촉진할 수 있다고 주장한다. 이 전략은 의도적 사회적 소음을 만들어 현존하는 불평등한 구조를 변화시키기 위한 구체적인 실천기술로 묵비권 행사, 반대 집회 개최, 의도적 불법행위 등 다양한 형태로 구현될 수 있다(김욱진 외, 2023).

셋째, 갈등을 긍정적이고 건설적인 사회변화의 동력으로 활용하는 접근을 취한다. 갈등의 해결이 새로운 갈등을 유발하며 사회변화를 가져오는 변증법적 특성을 강조하면서, 지속적인 갈등 해결 과정을 통해 지역사회가 보다 역동적이고 민주적인 구조로 발전할 수 있다고 본다.

이러한 이론적 접근은 실천 현장에서 주민조직화, 권리 옹호, 사회적 연대 강화 등을 통해 구체화된다. 대표적인 사례로 사울 알린스키(Saul Alinsky)의 주민조직화 운동과 존 로스만(John Rothman)의 사회행동 모델이 있으며, 이는 지역사회 내 권력과 자원의 재분배를 통해 평등한 사회적 조건을 구축하는 것을 목표로 한다.

그러나 갈등이론의 실천적 적용에는 신중함이 요구된다. 지나친 갈등 조장이나 폭력적이고 급진적인 전술의 사용은 지역사회의 안정과 결속을 저해할 수 있기 때문이다. 따라서 지역사회복지 실천가는 갈등 전략을 채택하기

전에 그 효과와 부작용을 면밀히 평가하여 주민과 지역사회의 전반적인 발전을 고려한 균형 잡힌 접근을 취해야 한다.

이상과 같이 갈등이론은 지역사회복지 실천가에게 지역사회 내 불평등의 본질적 구조를 이해하고 이를 실질적으로 변화시키기 위한 실천적 도구와 철학적 기초를 제공한다. 사회복지사는 이를 바탕으로 지역사회의 다양한 갈등을 효과적으로 관리하며, 주민들의 삶의 질 향상과 사회적 정의 구현에 기여할 수 있다.

## 5 사회네트워크이론

사회네트워크이론(Social Network Theory)은 지역사회복지 실천에서 필수적인 기초이론으로, 지역사회 내 개인, 집단, 기관 등 사회적 행위자들 간의 관계 구조와 상호작용을 중심으로 사회적 구조를 분석하고 이해하는 이론이다. 특히 이 이론은 자원의 효율적 활용, 상호의존적 협력구조, 사회적 자원의 교환을 통해 복합적인 사회문제를 효과적으로 해결하는 데 초점을 맞추고 있다(김홍주, 2023; 양정하 외, 2022).

사회네트워크는 개인이나 조직이 상호 간 필요한 자원, 기술, 지식, 신뢰 등을 공유하거나 도움을 주고받는 협력적 관계망을 의미한다. 이러한 네트워크는 서비스 제공기관들 사이에서 자원을 효율적으로 사용하고 중복을 방지하며, 다양한 지역사회 문제를 해결하는 데 필수적이다. 특히 사회네트워크 관점에서는 네트워크 조직의 호혜적이고 상호의존적인 관계구조를 강조한다(양정하 외, 2022). 예컨대, 지역사회에서 발달장애인의 건강, 여가, 정서, 자립 등의 서비스 제공을 위한 기관들이 중복이나 누락 없이 효율적으로 서비스를 제공하기 위해 네트워크를 통해 협력함으로써 자원의 낭비를 최소화하고 서비스의 효과성을 극대화할 수 있다.

사회네트워크의 주요 속성 중 하나는 관계론적 접근이다. 이는 개인이나 조직의 정체성이 고정된 실체가 아니라 관계의 연속성과 맥락 속에서 지속적으로 형성되고 변화한다고 보는 관점이다. 따라서 개인의 정체성은 그 개인이 참여하는 사회적 관계망에 의해 역동적으로 구성되고 재구성된다(김흥주, 2023). 이러한 관계론적 접근을 통한 사회네트워크 분석은 지역사회 내 영향력 있는 개인이나 조직 및 그들 간의 관계 패턴을 규명하고, 이를 통해 사회적 영향력이 큰 주요 행위자들을 파악하여 효과적인 지역사회복지 전략을 수립하는 데 활용된다.

사회네트워크이론은 다양한 분석적 이론과 결합하여 이해된다. 네트워크의 속성을 어떤 측면으로 부각하느냐에 따라 사회교환이론, 자원의존이론, 사회자본이론으로 구분할 수 있다(권진숙 외, 2014). 사회교환이론은 개인이나 조직 간의 자원 교환과 호혜적 관계에 중점을 두고 있으며, 자원의존이론은 조직이 생존과 발전을 위해 외부 자원에 얼마나 의존하고 있는지를 분석한다. 또한 사회자본이론은 사회네트워크를 통해 형성된 신뢰와 협력을 사회적 자본으로 간주하여, 지역사회의 통합과 발전을 위한 필수적 요소로 인식한다.

지역사회복지 실천에서 사회네트워크이론의 적용은 매우 실용적이며 중요하다. 현대의 복합적이고 다양한 욕구를 충족시키기 위해서는 단일 기관의 자원과 역량만으로는 한계가 있다. 이에 따라 지역사회복지 실천가는 지역 내 다양한 기관 및 단체와 협력하고 연계하여 자원을 공유하고 서비스의 질을 높이도록 노력한다. 이는 특히 통합적 서비스 제공과 다양한 욕구를 가진 클라이언트에 대한 효과적인 접근을 가능하게 한다(김흥주, 2023). 일례로, 서울시의 마을공동체 지원 사업에서는 네트워크 접근을 통해 다양한 기관과 주민들이 협력하여 마을 내 공동육아, 노인돌봄, 환경개선 등 다양한 문제를 효과적으로 대응하고 있다. 네트워크 구축은 각 기관의 자원을 최대한 활용하고 서비스의 품질을 향상시키는 데 기여하며, 지역사회 구성원들의 사회적 지지를 증진시킨다.

사회네트워크이론의 실천적 함의로는 첫째, 지역사회복지 서비스 제공의 효율성이 증대한다. 네트워크를 통해 서비스의 중복을 방지하고 자원의 공유를 촉진하여 효율성을 높일 수 있다. 둘째, 복합적 욕구를 가진 클라이언트에 대한 효과적 대응이 가능하다. 이는 다양한 기관 간 연계와 협력을 통해 이루어진다. 예컨대, 지역의 복지관과 병원, 교육기관이 협력하여 장애인을 위한 특화된 교육 프로그램, 건강 관리 프로그램, 재활 치료 등을 제공하는 것처럼 복합적 욕구를 충족시키기 위한 협력적 접근이 가능해진다. 셋째, 사회적 지지체계로서의 기능을 수행한다. 네트워크는 정서적 지지뿐 아니라 정보 및 물질적 자원을 제공하여 사회적 지지를 강화한다(양정하 외, 2022; 김흥주, 2023).

그러나 사회네트워크이론의 한계로는 네트워크 형성과 유지에 드는 시간과 비용이 상당할 수 있으며, 네트워크 내 권력 불균형으로 인해 특정 행위자나 집단이 네트워크의 자원을 독점할 가능성도 있다는 점이다. 이에 따라 사회복지 실천에서는 네트워크 내 공정성과 형평성을 유지하기 위한 지속적인 모니터링과 조정이 요구된다.

이와 같이 사회네트워크이론은 지역사회 내에서 발생하는 다양한 문제를 해결하고 복지 서비스를 효과적으로 제공하기 위한 이론적 틀과 실천적 도구를 제공한다. 지역사회복지사들은 이 이론을 통해 지역사회의 자원을 효율적으로 활용하고 다양한 행위자 간의 협력을 촉진하여 통합적이고 지속가능한 지역사회복지 실천을 구현할 수 있다.

## 6 엘리트주의이론과 다원주의이론

### 1) 엘리트주의이론

엘리트주의이론(Elite Theory)은 소수의 지배 엘리트 집단이 국가정책을 좌우하고 권력을 장악하고 있다고 보는 견해로, 공공정책결정 과정에서 국민대중이 아닌 소수 관료나 저명인사 등 사회의 지배적 소수 엘리트의 가치가 반영되어 어떤 문제의 의사결정이 이루어진다고 주장한다(김광희, 2011). 이 이론은 사회가 본질적으로 권력을 가진 소수의 엘리트 집단과 그렇지 못한 다수의 일반 대중으로 나누어진다는 전제를 가지고 있다(남일재 외, 2019). 즉, 공동체 내의 소수 엘리트 집단의 가치관이 우선 반영되어 그들의 이익을 위한 사회 정책이 실행됨으로써 일반 대중은 사회적 자원의 분배 과정에서 소외된다는 것이다. 이 이론은 특히 지역사회복지의 정책 결정 과정에서 중요한 함의를 가진다.

엘리트주의이론의 대표적 연구자인 헌터(Hunter, 1953)는 미국 조지아주 애틀랜타시의 권력 구조를 분석하며, 지역사회의 주요 정책이 "소수 특권계층의 이익을 위해 조작"되는 경향이 있다고 지적하였다(함철호, 2019). 헌터는 지역사회의 의사결정이 비공식적이고 수직적 구조의 형태를 띠고 있으며, 이러한 구조는 상위의 소수 엘리트들이 하부의 다수 대중을 지배하는 피라미드 형태를 보인다고 설명하였다.

또한 밀즈(Mills, 1956)는 미국 사회 전체의 권력구조를 파악하면서 정치지도자, 기업가, 군부지도자 집단의 세 가지 엘리트 집단이 상호 연결된 '파워 엘리트(power elite)'가 사회 전반에 걸쳐 막강한 영향력을 행사하면서 사회적 권력을 독점한다고 분석하였다(김영란 외, 2024). 이러한 엘리트 집단은 사회적 출신 배경, 교육 환경 등이 매우 유사하여 강력한 응집력을 형성하고 있다.

엘리트주의 관점은 지역사회의 정책 결정이 공식적 또는 비공식적 엘리트에 의해 이루어진다고 본다. 공식적 엘리트는 법적·제도적으로 정책결정 과정에 참여할 권한을 가진 사람들을 의미하며, 비공식적 엘리트는 특정 정책 과정에서 여론 형성과 압력 행사 등을 통해 간접적으로 영향을 미치는 전문가, 언론인, 경제인 등을 포함한다(양정하 외, 2022). 이러한 엘리트 집단은 주로 자신들의 가치와 이익을 정책에 반영하는 반면, 일반 대중은 정책결정 과정에서 배제되거나 소극적 참여자로 제한되는 현상이 나타난다.

한편 엘리트 계층은 고정되지 않고 순환한다고 보았는데, 파레토(Vilfredo Pareto)는 사회적 지위가 높은 엘리트들은 자신들의 지위를 유지하려는 반면,

하층 계급의 유능한 개인들은 끊임없이 엘리트 지위를 목표로 도전하면서 '엘리트 순환' 현상을 만든다고 설명하였다(남일재 외, 2019).

이러한 엘리트주의이론이 지역사회복지 실천에 시사하는 바는 다음과 같다.

첫째, 엘리트 지배의 영향력을 평가하여 지역사회문제 해결을 위한 의제 선정과 정책결정 과정을 준비하도록 한다. 지역사회복지 실천 과정에서 엘리트주의의 영향력을 정확히 이해하고 분석하는 것은 지역사회의 문제를 효과적으로 해결하는 데 필수적인 요소이다. 지역사회복지 실천가는 엘리트 집단의 구성, 권력 구조 및 관계를 파악하여 적절한 소통 전략과 정책적 접근을 모색해야 한다(양정하 외, 2022).

둘째, 엘리트 집단을 효과적으로 활용한다면 막강한 권력으로 많은 자원을 동원할 수 있으므로 지역사회복지 실천과정을 보다 효과적·효율적으로 추진할 수 있다(김용환 외, 2014).

그러나 엘리트주의는 소수의 특권층에 의한 지배 구조라는 점에서 민주주의적 가치와 원칙을 위협할 수 있으며, 일반 대중의 의견을 충분히 반영하지 못하는 문제점이 있다. 또한 엘리트 집단의 권력 독점은 정책의 점진적이고 보수적인 변화를 초래하기 쉽고, 사회 전반의 혁신적인 변화가 어려워질 가능성이 크다.

결국, 엘리트주의이론은 사회적 권력의 구조와 운영 방식에 대한 심층적 이해를 제공하지만, 실제 지역사회 문제 해결을 위해서는 이 이론을 비판적으로 수용하면서 민주적 의사소통과 다원적 참여를 촉진하는 방안이 병행되어야 할 것이다.

### 2) 다원주의이론

다원주의이론(Pluralism Theory)은 사회의 권력 구조와 정책 결정이 특정 소수의 엘리트가 아닌 다양한 이익집단들 간의 경쟁과 협상 과정을 통해 이루어진다고 보는 관점이다. 지역사회의 권력관계를 다수의 이익집단들 간의 영향 속에서 인식하고, 다양한 전문성을 갖춘 집단들의 참여와 경쟁을 통해 정책결정이 이루어지기 때문에 절차를 무시하고 지역사회 내 소수권력의 결합으로 공공정책을 결정할 수 없다고 주장한다(양정하 외, 2022). 즉, 다원주의 이론은 정치 및 사회적 의사결정이 특정 엘리트 집단에 의해 독점되지 않으며, 다양한 이익집단들의 경쟁과 협력에 의해 민주주의적으로 이루어진다고 강조한다.

다원주의이론의 관점은 사회가 국가의 중심이라는 전제하에 시민사회(이익집단)의 내부구조나 변동을 설명의 중심에 둔다(남일재 외, 2019). 사회를 구성하는 이익집단들을 각자의 이익을 위해 공공정책에 영향을 미치려 노력하는 조직체로 인식한다. 따라서 사회복지정책은 개개인과 집단의 이익 대결과 갈등을 정부가 공정하고 종합적인 입장에서 조정한 결과로서 균형을 의미한다(현외성, 2001).

다원주의적 접근은 사회복지정책을 이익집단 간의 갈등과 타협의 산물로 이해하며, 권력이 특정한 집단에 집중되지 않고 여러 집단들 간의 협상을 통해 분산된다는 점을 강조한다. 달(Dahl, 1968)은 뉴헤븐(New Haven) 연구를 통해 지역사회 지배구조가 역사적으로 과두정치에서 다원적 구조로 변화했다고 주장하며, 정치적 의사결정이 전문화된 공직자와 그들을 지지하는 하위지도자 집단의 영향하에서 민주적 통제를 받으며 이루어진다고 제시했다(함철호, 2019). 달에 따르면 지역사회의 권력 구조는 단일한 피라미드가 아니라 각 전문 영역별로 별도의 권력 중심이 존재하고, 각 영역은 자체적으로 계층화된 지도자 집단과 추종자 집단을 구성한다.

다원주의적 관점에서 지역사회의 기본 속성을 살펴보면 다음과 같다(염일열 외, 2022).

첫째, 지역사회의 권력이 집중되는 형태를 갖기보다는 전문성에 기반을 둔 다양한 사람들이 이익집단을 형성하여 지역사회 의사결정에 참여하고 있다.

둘째, 정치적 영향력 및 권력이 지역사회 내 각 계층에 골고루 분산되어 있으며, 지역사회는 항상 경쟁과 타협, 협상을 통해 변화한다.

셋째, 이익집단들의 상대적 영향력의 정도에 따라 정책의 내용과 형태는 달라진다.

이러한 다원주의적 접근은 지역사회복지 실천에 중요한 함의를 제공한다. 지역사회복지 실천가는 지역사회의 이익집단들 간 상호작용과 경쟁적 관계를 이해함으로써 보다 민주적인 정책결정 과정을 촉진할 수 있다. 특히 사회복지정책이 특정 집단에 의해 일방적으로 결정되는 것이 아니라 다양한 집단들의 참여를 통해 균형 있게 형성되어야 함을 강조한다(강철희 외, 2006). 다만, 다원주의는 다양한 이익집단 간의 이해관계가 충돌할 경우 효과적인 정책결정이 어려워질 수 있으며, 강력한 이익집단이 과도한 영향력을 행사하여 지역사회 내 갈등을 심화시킬 가능성이 있다는 한계를 지적하기도 한다(양정하 외, 2022). 따라서 지역사회복지 실천가는 이익집단 간의 힘의 균형을 조정하고 갈등을 관리할 수 있는 능력을 갖추어야 하며, 정책결정 과정이 민주적 합의로 이루어질 수 있도록 적극적인 역할을 수행해야 한다.

## 7 사회자본이론

사회자본(social capital)은 개인 간의 관계망(network)과 상호작용을 통해 형성되며, 이러한 관계망은 사회 내의 생산성을 증진시키고 공동의 목표를 달성하는 데 기여하는 중요한 사회적 자원이다. 이는 특히 지역사회복지 분야에서 다양한 실천적 함의를 가진다.

사회자본의 개념 정의에 있어서 학자들은 조금씩 다른 강조점을 가지고 있다. 부르디외(Bourdieu, 1986)는 사회자본을 “서로 알고 지내는 사이에 지속적으로 존재하는 관계의 네트워크를 통하여 얻을 수 있는 실제적이고 잠재적인 자원의 총합”으로 정의하였다(유석춘 · 장미혜, 2003 재인용). 콜먼(Coleman, 1988)은 사회자본을 “집합적 행동을 촉진시키는 정보채널, 제도, 그리고 사회적 구조로 특히 생산성을 향상시키기 위해 경제주체들에 의해 사용되는 자원"으로 설명하였다(김민주 · 지은구, 2015 재인용). 반면 퍼트남(Putnam, 1993)은 사회자본을 "구성원들로 하여금 공동의 목표를 효과적으로 달성할 수 있도록 해주는 공통된 네트워크, 규범, 사회적 신뢰와 같은 사회조직의 특성"이라고 정의하며 집단적 특성을 강조하였다(홍현미라 외, 2010 재인용).

사회자본은 물적 자본이나 인적 자본과 달리 공공재적 성격을 지닌다. 즉, 사회자본은 개인의 소유가 아니라 공동체 내 구성원들이 함께 공유하는 자산으로서, 지속적인 관계유지 노력이 요구되며 사용될수록 그 양이 증가하는 특성이 있다(남궁근, 2007; 김범수 외, 2020).

사회자본의 구성요소로는 구조적 차원(structural dimension), 관계적 차원(relational dimension), 인지적 차원(cognitive dimension)이 제시된다(Tsai & Ghoshal, 1998). 구조적 차원은 주로 행위자들 간 관계망의 형태와 밀도에 초점을 두며, 네트워크가 가장 핵심적인 개념이 된다. 이때 네트워크는 개인이나 집단 등 행위자들 간의 전체적인 연계 형태를 의미하며, 누가 누구에게서 어떻게 접근하는가에 관한 관계 구조를 의미한다. 관계적 차원은 구성원 간의 신뢰를 핵심으로 하며, 구성원들 간의 관계 특성이 이익이나 가치 창출에 기여할 수 있는가에 초점을 둔다. 신뢰는 정보 교환과 협력의 원활성을 높이고 사회적 비용을 줄이며 조직의 효율성을 제고하는 데 기여한다. 마지막으로 인지적 차원은 자원에 대한 표현, 해석, 의미 시스템의 공유를 말하는데 이는 구성원들이 공유하는 신념과 가치, 의미체계를 의미하며 공동의 목표달성을 위한 기반이 된다(남일재 외, 2019).

사회자본이론은 지역사회복지 실천에 있어 다음과 같은 중요한 함의를 제공한다.

첫째, 사회자본은 주민 조직화나 자원봉사 활동, 공동모금, 풀뿌리 운동과 같은 지역사회 내 자발적 행동의 이론적 토대를 제공한다. 즉, 네트워크와 신뢰가 형성된 지역사회에서는 공동의 이익을 위해 자발적 참여가 활성화된다(김범수 외, 2020; 엄태영, 2024).

둘째, 사회자본이론은 지역사회 문제를 해결하기 위한 대안적 접근방식을 제시한다. 이는 주민 간의 신뢰와 협력을 바탕으로 한 공동의 노력을 강조하며, 이를 통해 지역사회 문제해결 및 복지 증진을 가능하게 한다. 따라서 지역사회복지 실천가들은 네트워크와 신뢰를 중심으로 한 사회자본의 증진을 목표로 설정할 수 있다(김민주 · 지은구, 2015).

셋째, 사회자본은 지역사회 내 정치적, 경제적, 정책적 효과를 가져올 수 있다. 예를 들어, 사회자본이 높은 지역에서는 시민참여와 민주주의 발전이 촉진되며, 경제적 성과가 증가하고 사회 문제 해결이 용이해지는 것으로 나타났다(김범수 외, 2020). 하지만 사회자본이 과도하게 강조될 경우 외부자 배제나 개인적 자유 제한 등의 부정적 결과가 발생할 수 있다는 비판도 제기되므로 주의가 필요하다(홍현미라 외, 2010).

이상과 같이 사회자본이론은 네트워크, 신뢰, 규범 등 공동체 중심의 접근법을 강조하며 지역사회복지 실천의 효과성을 높이는 데 중요한 이론적 기반을 제공한다. 지역사회복지 실천가들은 지속적인 네트워크 형성 및 신뢰 구축을 위한 노력을 통해 사회자본을 확장하고 이를 통해 지역사회 전체의 복지 증진에 기여할 수 있을 것이다.

# 05 CHAPTER

# 지역사회복지 실천모델

1. 지역사회복지 실천모델의 이해와 분류
2. 전통적 실천모델 - 로스만의 3가지 접근
3. 현대적 실천모델 - 웨일과 갬블의 8가지 접근
4. 비판적 · 포용적 실천모델 - 포플의 이론적 틀
5. 현대 지역사회복지 실천에서의 적용 방식

05 CHAPTER

# 지역사회복지 실천모델

지역사회복지 실천은 주민의 삶의 질을 향상시키고 지역사회의 문제를 해결하기 위한 전략적이고 통합적인 개입 과정이다. 특히 현대 사회에서 지역문제는 점차 다층화되고 복잡해지고 있으며, 복지 수요 역시 세분화·다양화되고 있다. 이러한 현실은 단편적인 서비스 제공만으로는 대응할 수 없으며, 실천가가 지역사회 전체를 구조적으로 이해하고, 다양한 개입 전략을 설계할 수 있는 체계적 틀을 필요로 한다.

바로 이러한 필요성 속에서 실천모델은 실천가가 가치에 기반한 실천을 수행하고, 현장의 복잡성을 해석하며, 지역에 적합한 개입 방안을 선택하는 데 기준이 되는 이론적이자 전략적인 도구로 작동한다. 실천모델은 단순한 실행 절차나 기술의 조합이 아니라, 지역문제의 정의, 주민과의 관계, 자원 연계, 정책 제안에 이르는 전 과정에 적용되는 실천의 설계도이며, 윤리적 판단과 전략적 선택을 동시에 가능하게 하는 구조적 틀이라 할 수 있다.

본 장에서는 먼저 실천모델의 개념과 분류 기준을 정리하고, 이어서 로스만(Rothman)의 전통적 실천모델, 웨일과 갬블(Weil & Gamble)의 현대적 접근, 비판적·포용적 관점의 포플(Popple) 모델을 중심으로 지역사회복지 실천모델의 전개 양상을 살펴본다. 마지막으로 다양한 모델의 비교와 융합 전략을 통해 실천가가 현장에서 어떻게 전략적 판단을 내릴 수 있는지에 대한 함의를 정리하고자 한다.

# 1 지역사회복지 실천모델의 이해와 분류

지역사회복지실천모델은 특정 이론과 가치체계를 기반으로 지역사회 내 개인, 집단, 조직, 환경 간의 상호작용을 통해 사회문제를 해결하고 주민의 삶의 질을 향상시키는 실천적 틀이다. 실천모델은 단순한 방법론이 아니라, 실천가가 지역사회의 사회·경제적 조건과 주민의 조직화 수준, 정책 환경 등을 종합적으로 고려하여 개입 전략을 선택하는 데 활용된다. 본 절에서는 실천모델의 개념과 구조를 설명하고, 다양한 분류 기준에 따라 실천모델 유형을 체계적으로 정리함으로써 이후 제시될 구체적 실천모델에 대한 이해 기반을 제공하고자 한다.

## 1) 실천모델의 개념과 구조

지역사회복지 실천모델이란 지역사회에서 발생하는 복잡한 사회문제를 실천가가 구조적으로 분석하고, 이에 적절한 개입 전략을 설계하며 실행하기 위해 사용하는 이론적·전략적 틀이다. 이는 문제 정의, 개입 대상의 선정, 자원 연계, 정책 설계 등 실천 전 과정에 적용되는 통합적 구조로서 기능한다. 로스만(Rothman, 1986)은 실천모델이 실천가가 복잡한 지역 문제에 전략적으로 접근할 수 있도록 돕는 실천의 설계도이며, 단일한 방법론보다는 다양한 가치와 전략이 결합된 판단 체계라고 강조하였다. 또한 네팅 등(Netting, et al., 2017)은 실천모델이 복지현장의 의사결정을 체계화하고, 전문성과 윤리성을 동시에 확보하는 데 핵심 도구가 된다고 설명한다.

## 2) 실천모델의 기능과 실천적 의의

실천모델은 다음과 같은 기능을 수행하며, 지역사회복지 실천 현장에서 중요한 역할을 한다.

- 실천가의 가치 판단과 실천 방향 설정 기준 제공
- 주민 참여와 실천 과정의 구조화를 위한 전략 제시
- 정책과 제도 설계를 위한 전략적 도구로 기능
- 조직의 정체성과 실천 철학 정립에 기여

이러한 기능은 실천가가 일관성 있게 실천을 계획하고, 윤리성과 전문성을 유지하며, 정책과 지역사회 현실을 효과적으로 연결하는 데 기초가 된다. 실천모델은 특히 복잡한 상황에서의 선택과 집중을 가능하게 하는 실천적 의사결정의 틀로서 작동한다.

### 3) 실천모델의 분류 기준과 유형

실천모델은 다양한 기준에 따라 유형화되며, 이는 실천 현장에서의 적용 가능성을 높이는 데 중요한 판단 기준이 된다. 주요 분류 기준은 다음과 같다.

#### (1) 접근 방식에 따른 분류

- **기능주의적 모델** : 서비스 전달과 계획 중심의 개입을 강조하며, 기술적 해결과 효율성을 중시함(예 사회계획모델)
- **비판적 모델** : 구조적 불평등과 권리 옹호를 중심으로 하며, 사회정의 실현을 목표로 함(예 사회행동모델, 포플 모델)

#### (2) 개입 주체에 따른 분류

- **주민 주도형** : 주민의 자조 역량과 조직화를 강조하며, 주민이 실천의 주체가 됨
- **전문가 주도형** : 실천가가 분석과 설계를 주도하며, 기술적 개입을 중심으로 구성
- **협력형** : 실천가와 주민이 공동으로 개입 전략을 수립하는 방식

### (3) 전략적 접근 방식에 따른 분류

- 협력 중심 : 다양한 이해관계자 간 중재와 합의를 통한 연합 형성
- 계획 중심 : 데이터 분석을 기반으로 전략과 정책을 수립
- 갈등 중심 : 구조 변화와 권리 확보를 위한 집단 조직화와 저항

### (4) 적용 영역에 따른 분류

- 서비스 중심 모델 : 프로그램 개발과 전달체계 구축 중심
- 조직화 중심 모델 : 주민협의체 구성, 자조모임 형성 등 공동체 역량 강화 중심
- 권익옹호 중심 모델 : 인권 운동과 제도 개선 활동 중심

이러한 분류는 이후 다룰 로스만(Rothman), 웨일과 갬블(Weil & Gamble), 포플(Popple)의 실천모델들과 직접적으로 연결된다. 각 모델은 해당 분류 기준에 따라 고유한 전략과 실천 구조를 갖추고 있으며, 실천 현장의 조건과 목적에 따라 적절히 선택하거나 융합되어 활용될 수 있다. 실천가는 이 분류체계를 이해함으로써 복잡한 문제 상황에서의 전략적 선택과 실천 설계가 가능하게 된다.

## 2 전통적 실천모델 – 로스만의 3가지 접근

지역사회복지 실천에 구조적 접근을 체계화한 대표적인 시도는 로스만(Jack Rothman)이 제시한 세 가지 실천모델이다. 그는 1960년대 미국의 사회개혁 운동과 복지체계 확장의 흐름 속에서, 지역사회 내 다양한 실천 방식을 유형화하고 체계화함으로써 실천가가 지역 상황에 따라 전략적으로 개입할 수 있도록 실천모델의 개념 틀을 구성하였다(Rothman, 1968).

그의 세 가지 모델인 지역사회개발(Locality Development), 사회계획(Social Planning), 사회행동(Social Action) 접근은 이후 다양한 지역사회복지론 교재와 현장 실천 전략의 기초로 자리 잡았으며, 오늘날에도 실천모델의 이론적 기반과 분류 체계로서 여전히 유효한 의미를 지닌다.

본 절에서는 로스만의 전통적 실천모델 세 가지를 중심으로 각 모델의 이론적 특징과 적용 방식, 실천 현장에서의 함의를 살펴보고자 한다.

### 1) 로스만 실천모델의 이론적 배경

로스만(Jack Rothman, 1968)은 지역사회복지 실천을 구조화하고 전략화하기 위한 시도로, 세 가지 전통적 실천모델을 제시하였다. 이는 지역사회개발(Locality Development), 사회계획(Social Planning), 사회행동(Social Action)으로 구분되며, 각각 주민의 자발적 참여를 통한 공동체 역량 강화, 전문가 주도의 합리적 문제 해결, 그리고 소외계층의 권리 옹호와 사회변화를 목적으로 한다.

- 지역사회개발모델은 주민의 자발적 참여를 통해 공동체 의식과 자조 역량을 강화하고자 하는 전략으로, 실천가는 촉진자 또는 교육자의 역할을 수행한다.
- 사회계획모델은 객관적인 데이터와 전문지식을 바탕으로 문제를 분석하고 정책을 수립하여, 계획적인 개입을 통해 문제를 해결하고자 한다. 이 모델에서는 실천가가 분석가이자 계획가로서 기능한다.
- 사회행동모델은 사회 구조 내의 불평등과 권력의 불균형을 문제의 핵심으로 보고, 이를 변화시키기 위해 대중 조직화와 권리 옹호를 전략적으로 활용한다. 실천가는 조직가나 행동가로서 갈등을 조정하고 집단행동을 이끈다.

로스만은 이후의 연구(Rothman, 1995; Rothman, et al., 2001)를 통해 이 세 가지 모델이 상호 배타적인 접근이 아니라, 지역의 특성과 문제의 성격에 따라 융합적으로 적용될 수 있음을 강조하였다. 이러한 융합적 접근은 다양한 사회

문제에 효과적으로 대응할 수 있도록 실천가의 전략적 유연성을 제고하는 데 기여한다.

로스만의 실천모델은 지역사회복지 실천 교육과 정책 실행 현장에서 핵심 이론 틀로 지속적으로 활용되고 있다. 정무성과 강철희(2013)의 『지역사회복지실천론』은 이 모델을 지역사회복지 실천교육의 기초 틀로 소개하고 있으며, 김동배(2020)의 『지역사회복지론』에서는 로스만 모델의 이론적 기반과 정책 적용 사례를 구체적으로 설명하고 있다.

### 2) 실천모델과 실천전략

로스만이 제시한 세 가지 실천모델은 지역사회 문제에 대한 접근 관점, 개입 방식, 실천가의 역할 측면에서 뚜렷한 차이를 지닌다. 이들 모델은 실천 현장의 조건에 따라 독립적으로 적용되거나, 필요에 따라 융합적으로 활용될 수 있으며, 실천가의 전략적 판단에 따라 적절한 조합이 요구된다.

#### (1) 지역사회개발모델(locality development model)

이 모델은 주민의 자발적 참여와 공동 의사결정을 중시하며, 지역사회의 집단 역량을 강화하고 공동체 정체성을 확립하는 것을 목표로 한다. 상향식(bottom-up) 접근 방식을 채택하며, 실천가는 주민과 협력하여 문제를 정의하고 해결책을 함께 도출하는 촉진자(facilitator) 및 동기유발자(motivator) 역할을 수행한다. 주민 간 상호작용, 협력, 자조의식 형성이 핵심 전략이며, 지역축제 기획, 주민참여 프로그램, 자조모임 조직 등에서 효과적으로 활용된다.

#### (2) 사회계획모델(social planning model)

사회계획모델은 체계적이고 분석적인 계획 수립을 통해 문제를 해결하려는 전략으로, 전문가 주도의 하향식(top-down) 접근이 특징이다. 실천가는 계획가(planner), 분석가(analyst), 관리자(manager)로서 지역사회의 자료를 수집·분석하고, 정책 및 서비스 체계를 설계하여 실행한다. 인구 변화에 따른 복지 수요 분석, 지역복지계획 수립, 전달체계 재편성 등에서 주로 적용되며, 객관적인 자료와 정책적 논거를 기반으로 실천이 이루어진다.

#### (3) 사회행동모델(social action model)

이 모델은 사회 구조 속 불평등과 억압을 문제의 핵심으로 간주하고, 이를 변화시키기 위한 집단적 조직화와 권리 옹호 활동을 중시한다. 실천가는 조직가(organizer), 옹호자(advocate), 집단행동 지도자(leader)로서 활동하며, 사회적 갈등을 인식시키고 주민을 조직화하여 집단적 행동을 통해 사회 변화를 유도한다. 하향식과 상향식이 혼합된 전략을 사용하며, 사회적 소수자의 권리운동, 인권캠페인, 반차별 입법 활동 등에 자주 적용된다(예 장애인 이동권 보장 운동, 노숙인 정책 촉구, 생활보장제도 개혁운동 등).

이 세 모델은 실천 현장의 맥락에 따라 단독으로 또는 융합적으로 적용될 수 있으며, 실천가는 대상 집단의 특성과 지역사회의 정책 환경, 자원 조건 등을 고려하여 전략적으로 조합할 필요가 있다.

### 3) 모델 간 비교와 적용 유의점

로스만의 세 가지 실천모델은 각각 고유한 철학과 개입 전략, 실천가의 역할을 전제로 하며, 실천 현장에서의 적용 가능성도 상이하다.

지역사회개발모델은 주민 주도성과 공동체 역량 강화를 중시하며, 사회계획모델은 과학적 분석과 정책 설계에 기반한 전문가 주도의 계획 개입을 특징으로 한다. 사회행동모델은 구조적 불평등 해소와 권리 옹호를 실현하기 위한 집단행동과 갈등 전략에 중점을 둔다.

이들 모델은 다음 기준에 따라 비교될 수 있다.

① 주민참여의 수준과 주체성

② 실천가의 개입 방식과 역할

③ 문제에 대한 정의 및 개입 목적
④ 실천 전략의 방향성과 접근 방식

실천가는 이들 모델을 엄격하게 구분하여 적용하기보다는, 실천 현장의 목적과 조건에 따라 유연하고 융합적으로 활용할 필요가 있다. 예컨대, 지역주민의 역량을 강화하는 지역사회개발 접근을 기반으로 하면서도, 정책 수립이 필요한 경우 사회계획적 요소를 보완하고, 구조적 불평등에 대응할 필요가 있다면 사회행동 전략을 병행할 수 있다.

로스만(1986)은 실제 실천에서 모델 간 경계는 유동적이며, 통합적 접근이 실천의 현실성과 효과성을 높일 수 있음을 강조하였다. 따라서 실천가는 대상 집단의 특성, 정책 환경, 자원의 가용성 등을 종합적으로 고려하여 각 모델의 장점을 적절히 결합하는 전략적 사고가 요구된다.

다만, 로스만 모델은 실천전략의 구분에는 유용하나, 실제 현장에서는 모델 간 경계가 뚜렷하지 않거나 제도 환경에 따라 흡수·제한되는 사례도 적지 않다. 특히 사회계획모델은 주민 참여보다는 행정 효율성에 치우쳐 구조적 불평등을 간과할 수 있다는 한계가 있으며, 주민주도적 접근이 제약되는 경우 지역 내 권력 구조와 이해관계 조정이 실천의 걸림돌이 되기도 한다.

### 4) 요약 및 시사점

로스만의 실천모델은 지역사회복지 실천의 핵심 이론 틀로, 상이한 실천 철학과 개입 전략을 제공함으로써 실천가가 다양한 상황에서 전략적으로 접근할 수 있는 선택지를 마련해 준다. 이 세 가지 모델은 상호 보완적으로 활용될 수 있으며, 실천 현장의 맥락에 따라 통합적으로 적용될 때 더욱 효과적인 개입이 가능하다.

실천가는 각 모델의 개념과 전략을 명확히 이해하고, 지역사회 문제의 특성과 현장 조건에 부합하는 실천 설계를 수립함으로써 효과적인 해결을 도모해야 한다. 이를 위해 실천가는 분석적 사고력, 윤리적 판단 기준, 주민과의 협력 능력을 균형 있게 갖추어야 하며, 복합적이고 유동적인 실천 환경에 능동적으로 대응할 수 있는 통합적 역량을 함양해야 한다.

다음 표는 로스만이 제시한 세 가지 지역사회복지 실천모델의 주요 전략과 실천가의 역할을 비교 정리한 것이다. 각 모델의 개입 방식과 실천가의 기능적 특성을 시각적으로 비교함으로써, 실천모델 간 차이와 적용 방식을 효과적으로 이해할 수 있다.

〈표 5-1〉 로스만(Rothman)의 실천모델별 개입 전략 및 실천가의 역할 비교

| 모델명 | 주요 전략 | 실천가의 역할 |
|---|---|---|
| 지역사회개발모델 | 주민 참여 촉진, 공동체 조직화, 지역사회 역량 강화 | 촉진자, 동기유발자, 협상자 · 중재자 |
| 사회계획모델 | 데이터 기반 문제 분석, 정책 설계, 서비스 전달체계 조정 | 계획가, 분석가, 관리자 |
| 사회행동모델 | 권리 옹호, 사회운동, 제도 개혁을 위한 대중 조직화 및 갈등 전략 | 조직가, 옹호자, 집단행동 지도자 |

출처 : Rothman(1968, 1986); 김영란 외(2019)를 바탕으로 재구성.

## 3 현대적 실천모델 - 웨일과 갬블의 8가지 접근

### 1) 웨일과 갬블 실천모델의 이론적 배경

웨일과 갬블(Weil & Gamble, 2005)은 지역사회복지 실천에서 보다 체계적이고 전략적인 개입 구조를 마련하기 위해, 다양한 지역사회 문제의 특성과 개입 목적에 따라 여덟 가지 실천모델을 제시하였다. 웨일과 갬블이 제시한 모델은 단일한 접근에 머무르지 않고, 복잡한 사회문제에 실천가가 유연하게 대응할 수 있도록 다양한 전략의 조합을 가능하게 하는 이론적 구조를 마련하였다.

특히 이 모델들은 2000년대 이후 미국의 사회복지교육 현장에서 적극적으로 활용되었으며, 복합적 상황 분석 및 전략 수립을 위한 교육적 틀로 자리잡았다. 국내에서도 장정윤(2018), 윤현숙(2021) 등의 연구를 통해 실천교육, 지역정책, 주민조직화, 사회적경제 등 다양한 분야에서 실천 적용 사례가 축적되고 있다.

본 절은 실천가의 전략적 사고를 지원하고자 여덟 가지 실천모델을 기능별 특성에 따라 세 가지 유형으로 재구성하여 제시한다.

## 2) 기능별 실천모델 유형

### (1) 조직화 및 참여 기반 모델

이 범주는 주민이 스스로 조직화하고 참여하는 과정을 통해 문제를 해결해 나가는 실천방식을 포함한다. 대표적으로는 근린지역사회조직화(Neighborhood Organizing)와 기능적 지역조직화(Functionally Specific Organizing)가 이에 속한다. 실천가는 촉진자, 교육자, 조직가로서의 역할을 수행하며, 지역의 과업을 중심으로 주민 간의 집단 형성과 공동체 역량을 강화한다. 최근의 마을계획 수립, 주민자치회 운영, 생활권 복지협의체 등은 이러한 모델의 실천적 응용에 해당한다.

### (2) 정책 및 시스템 개입 모델

이 유형은 제도 개선, 정책 설계, 서비스 연계를 중심으로 하는 구조적 개입 전략이다. 여기에는 정책 및 입법 개혁(Policy & Legislative Advocacy), 프로그램 개발 및 연계(Program Development & Coordination), 연합 및 네트워크 구축(Coalition Building) 모델이 포함된다. 실천가는 정책분석가, 로비스트, 자원조정자, 협상가 등의 역할을 수행하며, 다양한 이해당사자와 협력해 제도적 변화를 도모한다. 실제로 복지조례 제정, 지역복지계획 수립, 민관거버넌스 구성 등이 해당 모델에 기반한 실천이다.

### (3) 사회경제 및 행동 개입 모델

이 범주는 구조적 불평등을 해소하거나 지역 내 경제기반을 재구성하려는 접근으로 구성된다. 사회경제개발(Socio-Economic Development), 정치사회행동(Political Action), 사회행동(Social Action) 모델이 여기에 포함되며, 실천가는 권리옹호자, 운동조직가, 대중동원가 등의 정체성을 가진다. 예를 들어, 지역 순환경제 기반의 사회적 기업 운영, 장애인 이동권 운동, 청년 기본소득 정책 캠페인 등은 이러한 모델의 대표적 사례로 볼 수 있다.

이 여덟 가지 모델은 각기 독립적인 실천 전략을 담고 있지만, 현장에서는 복합적으로 결합하여 사용되는 경우가 많다. 실천가는 지역의 맥락과 문제의 성격에 따라 적절한 모델을 선택하거나 조합함으로써 보다 효과적이고 전략적인 지역사회 개입이 가능하다.

웨일과 갬블의 여덟 가지 실천모델은 각기 다른 목적과 전략을 지니며, 실천가의 역할 또한 그에 따라 구분된다. 다음 표는 이들 모델을 유형별로 구분하고, 각 모델의 주요 전략 및 실천가의 중심적 기능을 요약한 것이다.

〈표 5-2〉 기능별 분류 및 실천 전략과 실천가 역할 비교

| 기능별 분류 | 모델명 | 주요 전략 | 실천가의 역할 |
|---|---|---|---|
| ① 조직화 및 참여 기반 | 근린지역사회조직화 | 주민조직화, 자조집단 형성, 공동체의식 강화 | 촉진자, 교육자, 참여 유도자 |
| | 기능적 지역사회조직화 | 이슈 중심 조직화, 공통 관심사 기반 연대 형성 | 연대 조직가, 이슈 중심 동원가 |
| ② 정책 및 시스템 개입 | 정책 및 입법 개혁 | 입법 청원, 정책 분석, 공공 캠페인 기획 | 정책전문가, 옹호자, 로비스트 |
| | 프로그램 개발 및 연계 | 서비스 기획, 자원 연계, 전달체계 구축 | 자원조정자, 프로그램 관리자 |
| | 연합 및 네트워크 구축 | 협의체 구성, 공동 목표 설정, 네트워크 형성 | 협상가, 연합 설계자, 중재자 |

| | | | |
|---|---|---|---|
| ③ 사회경제 및 행동 개입 | 사회경제개발 | 지역 자산 활용,<br>사회적 기업 운영, 고용 창출 | 개발 전략가,<br>경제기획자,<br>실행 촉진자 |
| | 정치사회행동 | 집단 저항, 캠페인,<br>권력구조 개입 | 행동 조직가,<br>교육자, 대중 동원가 |
| | 사회행동 | 권리옹호 운동, 제도 개선,<br>사회구조 변혁 지향 | 변혁가, 권리옹호자,<br>구조 개입 활동가 |

출처 : Weil & Gamble(2005); 장정윤(2018); 윤현숙(2021)을 바탕으로 재구성.

### 3) 모델 간 비교와 실천 적용 시 유의점

웨일과 갬블이 제시한 여덟 가지 실천모델은 지역사회 여건과 실천의 목적에 따라 독립적 또는 융합적 방식으로 전략적으로 선택될 수 있다. 예를 들어, 근린지역사회조직화 모델은 이웃 간 관계 형성과 공동체 회복이 중요한 상황에서 효과적인 접근이 될 수 있으며, 주민의 자발적 참여를 기반으로 한다. 반면 사회경제개발 모델은 지역 자산을 활용한 경제 활성화, 특히 사회적 기업 육성이나 고용 창출을 위한 실천 전략에 적합하다.

프로그램 개발 및 연계 모델은 공공과 민간 자원을 통합적으로 연계하여 서비스 기획과 운영을 지원하는 데 중점을 두며, 지역 내 복지기관 간 협업 체계가 요구되는 상황에서 강점을 가진다. 이에 비해 정책 및 입법 개혁 모델은 실천가가 제도와 정책의 분석 및 개선에 중심을 두고 활동하는 방식으로, 중장기적 관점에서의 제도적 변화와 정책 개선에 유리한 전략이다.

또한 정치사회행동 모델과 사회행동 모델은 주민조직화와 집단행동을 통해 구조적 변화를 유도하는 접근이다. 이러한 모델을 효과적으로 적용하기 위해서는 실천가의 조직화 능력, 갈등관리 역량, 참여 촉진 기술이 필수적으로 요구된다. 특히 갈등 상황이 예상되는 개입에서는 윤리적 기준과 법적 한계를 고려한 전략적 판단이 선행되어야 한다.

윤현숙(2021)은 이러한 실천모델들이 실제 현장에서는 개별적으로 사용되기보다는 복합 문제 해결을 위해 융합적으로 활용되는 경우가 일반적이라고 분석하였다. 예컨대, 정책 개선을 목표로 하는 실천에서는 정책 및 입법 개혁 모델과 연합 및 네트워크 구축 모델이 병행되어야 하며, 주민참여 기반 실천에서는 근린지역사회조직화 모델과 사회행동 모델의 유기적 연계가 효과적이라는 점을 지적하였다.

### 4) 요약 및 시사점

웨일과 갬블의 실천모델은 지역사회복지 실천 현장에서 실천가가 다양하고 복합적인 사회문제에 전략적으로 대응할 수 있도록 이론적 틀과 개입 전략을 동시에 제공한다. 각 모델은 고유한 전제와 전략을 가지고 있으나, 실제 현장에서는 상호 보완적으로 작동하며 복합문제에 대한 통합적 접근이 필요하다.

실천가는 단순한 서비스 전달자 역할을 넘어, 문제 해결자, 조직가, 교육자, 정책 옹호자로서 다중적 전문 기능을 수행해야 한다. 이를 위해서는 다음과 같은 실천적 역량이 요구된다.

첫째, 지역사회 문제를 구성하는 구조적 요인을 분석할 수 있는 능력이 필요하다. 이는 단순한 욕구 충족을 넘어서, 권력 분포, 제도적 불평등, 자원 배분의 왜곡 구조에 대한 통찰을 포함해야 한다.

둘째, 실천가는 조정자이자 설계자, 참여 촉진자로서의 복합 역할을 동시에 수행해야 하며, 주민과 정책, 지역조직을 연결하는 통합적 실천 설계 능력을 갖추어야 한다.

셋째, 웨일과 갬블의 실천모델은 국내 지역사회복지 환경에 맞게 재구성될 필요가 있다. 특히 실제 지역사업, 민관협력, 주민자치 영역 등에서 실천 가능한 방식으로 맥락화 · 현장화하는 노력이 요구된다.

장정윤(2018)은 주민자치센터, 청년 커뮤니티, 민관협력 사업 등 다양한 한국형 지역실천 사례에서 웨일과 갬블 모델이 실질적으로 응용되고 있음을 제시하였으며, 이론과 실천의 연계 확보가 실효성 있는 복지 실천을 가능하게 한다고 강조하였다. 그러나 실제 적용 과정에서는 모델 간 경계가 불분명하거나, 갈등 조정과 제도적 접근 역량의 한계로 인해 혼합 적용의 어려움을 겪는 사례도 존재한다. 따라서 실천가는 각 모델의 이론적 장점뿐 아니라, 실천 과정에서 나타날 수 있는 한계와 현실적 제약도 함께 고려해야 한다.

결론적으로, 웨일과 갬블의 실천모델은 단순한 이론체계가 아닌, 실천가에게 필요한 지역사회복지의 전략 설계도이자 실행 지침서로서 기능하며, 다양한 지역문제에 능동적으로 대응하려는 실천가에게 필수적인 개입 프레임을 제공한다.

## 4 비판적 · 포용적 실천모델 – 포플의 이론적 틀

포플(Michael Popple)은 지역사회복지 실천이 표면적인 문제 해결에 머무르기보다, 사회구조 내 권력관계와 배제 구조를 중심에 두고 실천의 지향점을 재설정해야 한다고 보았다. 기존의 행정 중심적 실용주의 실천은 사회적 불평등을 재생산할 위험이 있으므로, 실천가는 권력 분석자이자 사회변화 촉진자로서 기능해야 한다는 관점을 제시하였다.

이러한 관점에서 포플은 실천가가 억압받는 집단과 연대하며, 구조적 불평등에 적극 개입할 수 있어야 한다고 강조한다. 그의 모델은 고정된 단일 이론이 아니라, 문화적 다양성, 사회적 정체성, 권리 기반 접근, 인권 감수성 등 다양한 억압 요인에 맞서기 위한 여섯 가지 실천유형을 중심으로 구성되며, 복지실천의 목적을 보다 근본적인 사회 변화를 지향하는 방향으로 확장한다.

이와 같은 접근은 단순히 실천기술을 재정의하는 데 그치지 않고, 오늘날 사회복지사가 마주하는 복합적인 사회 현실을 비판적으로 성찰하고 대응할 수 있도록 돕는 이론적 기반을 제공한다.

### 1) 포플 실천모델의 이론적 배경

포플은 지역사회복지 실천이 표면적인 문제 해결에 머무를 것이 아니라, 사회구조 내 권력관계와 배제 구조를 중심에 두고 실천의 지향점을 재설정해야 한다고 보았다. 기존의 행정 중심적, 실용주의적 실천은 사회적 불평등을 재생산할 위험이 있다는 점에서, 실천가의 역할은 권력 분석자이자 변화의 촉진자로 확장되어야 한다.

그는 실천가가 사회적 약자의 삶에 개입할 때, 단순한 보호나 전달의 역할을 넘어 권리 기반의 해방적 실천을 수행해야 한다고 강조하였다. 이를 위해 포플은 사회정의, 권리, 해방, 참여, 다양성과 같은 핵심 가치를 중심으로 한 비판적 실천 접근을 제시하며, 여섯 가지 실천모델을 통해 다양한 사회적 억압에 맞서는 구체적 전략을 구성하였다.

국내 학계에서도 이러한 포플의 접근은 점차 주목을 받고 있다. 김영란(2015)은 비판적 사회복지실천이 실천가의 윤리성과 구조 변화를 연결하는 중요한 토대임을 강조하였으며, 이은경(2017)은 다문화 환경에서의 실천이 문화적 이해와 다양성 존중을 중심으로 재설계되어야 함을 지적한 바 있다. 이러한 논의는 포플의 이론이 한국 지역사회복지 실천에서도 현실적 적용 가능성이 있음을 보여준다.

### 2) 포플의 여섯 가지 비판적 실천모델 유형

포플은 지역사회복지 실천에서 사회 구조 내 억압과 차별의 양상을 중심에 두어야 한다는 관점에서, 다양한 억압 구조에 대응할 수 있도록 여섯 가지 비판적 실천모델을 제안하였다. 이 모델들은 실천가가 대상 집단의 사회적 위치와 억압 경험을 고려하여 보다 적극적이고 구조적인 실천 전략을 설계할 수 있도록 구성되어 있으며, 각각 고유한 가치와 접근 원리를 내포한다.

### (1) 여성주의 실천모델

이 접근은 성별 권력관계에 주목하며, 여성이 경험하는 구조적 억압과 일상 속 차별을 실천의 핵심 과제로 삼는다. 실천가는 여성의 삶과 목소리를 존중하고, 젠더 불평등을 드러내며, 성평등을 증진하기 위한 프로그램과 정책을 설계하는 역할을 수행한다. 자율성, 안전, 자원접근권 확보 등의 가치를 중심으로 성인지적 실천을 수행한다.

### (2) 반억압 · 반차별 실천모델

이 모델은 인종, 계급, 성적 지향, 장애, 종교 등 다양한 정체성에 기반한 사회적 억압에 맞서기 위한 실천이다. 실천가는 대상자의 정체성과 경험을 중심으로 사회 담론을 재구성하고, 사회적 낙인을 해체하며 권리 주체로서의 지위를 회복할 수 있도록 개입한다. 특히 자기표현의 기회를 확대하고, 참여 기반을 조성하는 것이 핵심 전략이다.

### (3) 급진적 실천모델

자본주의 체제가 낳은 구조적 불평등에 대한 근본적 문제 제기를 바탕으로 한다. 실천가는 개인의 문제를 사회적 구조의 산물로 인식하고, 자원 분배의 재구성, 권력의 민주화, 집단행동을 통한 제도 전환을 지향한다. 공동체 조직화, 자조 집단 육성, 정책 비판 활동이 대표적인 전략이다.

### (4) 문화다양성 실천모델

이 모델은 다문화 환경에서 발생하는 문화적 편견과 차별에 대응하기 위한 실천 전략을 제시한다. 실천가는 다양한 문화적 배경을 가진 주민들과 신뢰를 구축하고, 문화 간 이해와 조정을 바탕으로 한 맞춤형 개입을 수행한다. 통역, 문화 중재, 다문화 교육 등이 주요 실천 영역이다.

#### (5) 인권기반 실천모델

인권을 실천의 출발점으로 삼으며, 개입 전 과정에서 권리 보장을 최우선의 기준으로 설정한다. 실천가는 사회 구성원 개개인의 권리가 존중받을 수 있도록 제도 개선을 추구하고, 국가와 지역사회가 책임 주체로서 기능할 수 있도록 감시하고 개입한다. 인권 캠페인, 공공감시 활동, 제도적 보호 장치 마련이 주요 전략이다.

#### (6) 생태학적 실천모델

인간과 환경, 사회구조 간의 상호작용에 주목하는 접근이다. 실천가는 지역 환경의 지속가능성과 생태적 안전권을 보호하기 위한 전략을 구성하며, 환경정의 실현을 사회복지의 과제로 확대한다. 기후 위기 대응 활동, 생태복지마을 설계, 에너지 자립 프로젝트 등이 이에 포함된다.

이 여섯 가지 모델은 각각 다른 억압 조건과 사회문제 유형에 맞추어 선택적으로 적용될 수 있으며, 실제 실천 현장에서는 융합적으로 사용되는 경우도 많다. 특히 대상자가 다중적 정체성과 복합적 불평등을 경험하는 경우, 실천가는 여러 모델을 결합하여 보다 세밀하고 전략적인 개입을 설계해야 한다.

### 3) 모델별 전략과 실천가의 역할 비교

다음 표는 포플이 제시한 여섯 가지 비판적 실천모델을 전략적 접근 방식과 실천가의 중심 역할 측면에서 비교한 것이다. 이를 통해 실천가가 각 모델에서 수행해야 할 기능적 차이와 개입의 방향성을 보다 체계적으로 파악할 수 있다.

〈표 5-3〉 포플의 비판적 실천모델 유형별 전략과 실천가의 역할

| 모델 유형 | 주요 전략 및 핵심 가치 | 실천가의 역할 |
|---|---|---|
| 여성주의 실천모델 | 젠더 권력 해체, 성평등 증진, 여성의 경험 중심 개입 | 성인지 설계자, 페미니즘 교육자, 권리옹호자 |
| 반억압 · 반차별 실천모델 | 사회적 낙인 해소, 자기표현 촉진, 정체성 존중 기반 개입 | 연대 촉진자, 담론 비판가, 참여 촉진자 |
| 급진적 실천모델 | 자본주의 비판, 권력 재분배, 집단행동 기반 체제 전환 | 구조 분석가, 공동체 조직가, 사회운동 기획자 |
| 문화다양성 실천모델 | 문화 간 이해 증진, 다문화 조정, 문화적 감수성 기반 서비스 조율 | 문화통역자, 다양성 실천가, 중재자 |
| 인권기반 실천모델 | 권리 중심 접근, 제도 감시, 국가 책임 촉구 | 인권 모니터, 정책 옹호자, 법제도 개혁가 |
| 생태학적 실천모델 | 환경정의 실현, 생태적 지속가능성 확보, 공동체 생태보전 | 환경 실천가, 생태 정책 제안자, 지역조직가 |

출처 : Popple & Stepney(2008); Netting, et al.(2017); 김영란(2015); 이은경(2017)을 바탕으로 재구성.

### 4) 요약 및 시사점

포플의 실천모델은 지역사회복지의 실천 방향을 단순한 서비스 제공이나 조직화 전략을 넘어, 사회구조의 억압과 불평등을 중심에 둔 실천으로 전환하고자 한 대표적 비판이론 기반 접근이다.

그는 사회정의, 해방, 권리, 다양성, 참여 등의 가치를 중심으로 여섯 가지 실천모델을 제시하며, 복지실천이 기존 제도와의 조화를 넘어서 기득권 체계에 대한 비판과 구조적 전환을 목표로 해야 함을 주장하였다.

포플의 관점은 사회적 소수자, 억압받는 집단, 문화적 소외계층을 중심으로 한 권리옹호적 실천에 큰 의의를 가지며, 실천가가 중립적 전달자를 넘어 변화의 주체로서 자각하고 개입할 수 있도록 이론적 기반을 제공한다. 이는

특히 다문화 사회, 젠더 기반 차별, 장애인의 자립권 보장, 이주민 인권 등 현대 지역사회에서의 실천 과제에 유의미한 함의를 제공한다.

그러나 이와 같은 비판적 접근은 다음과 같은 한계도 내포하고 있다.

첫째, 여섯 가지 모델 간 구분이 이념적 목적을 중심으로 제시되다 보니, 실천 전략 측면에서 구체성이 부족하며, 모델 간 실천 내용이 중첩되는 구조적 모호성이 존재한다.

둘째, 포플이 전제한 제도 환경은 영국의 복지권 기반 체계에 뿌리를 두고 있어, 제도적 보장이 약한 한국 사회에 그대로 적용하기에는 한계가 따른다. 특히 권리기반 접근이나 제도변화 중심의 실천은 정책 결정권으로부터 실천가가 얼마나 접근 가능한지에 따라 실효성이 크게 달라진다.

셋째, 포플의 모델은 실천가 개인의 비판의식과 윤리적 책임을 강조하지만, 구체적인 조직 운영 전략이나 제도 설계 방식에 대한 제언은 부족하다는 점에서, 현장의 실천가가 실제로 어떤 방식으로 개입을 조직화할지에 대한 지침이 다소 추상적일 수 있다.

이러한 점에서 포플 모델은 실천가의 비판적 인식 틀과 사회정의 감수성을 강화하는 데 매우 유용하지만, 실천전략 도구로서의 명료성과 제도적 연계 전략이 함께 보완되어야 한다. 국내에서는 이를 바탕으로 현장에 적용 가능한 실천 지침서 개발이나 한국형 비판실천 사례 정립이 중요한 과제가 된다.

결론적으로 포플의 실천모델은 지역사회복지 실천을 가치 중심의 구조 개입 실천으로 확장할 수 있는 이론적 가능성을 보여주며, 실천가가 단순한 프로그램 전달자가 아닌 사회변화의 능동적 주체로 성장하는 데 기여하는 중요한 기반을 제공한다.

다만, 이론적 이상과 실천 현장의 제약 사이의 간극을 인식하고, 실천가의 윤리적 · 전략적 역량 강화, 제도적 조건을 고려한 적용 전략의 모색이 병행되어야 할 것이다.

## 5 현대 지역사회복지 실천에서의 적용 방식

지역사회복지 실천모델은 단순한 이론이 아니라, 실제 정책과 제도, 주민 활동 등을 통해 현장에서 다양하게 실천되고 있다. 대표적으로는 로스만의 3분류, 웨일과 갬블의 8가지 전략모델, 그리고 포플의 비판적 접근이 각기 다른 실천 배경에 따라 적용되고 있다.

### 1) 로스만 모델의 국내 적용 사례

지역사회개발모델은 마을계획, 주민자치회, 주민참여 예산제 등 주민 주도 활동에서 나타난다. 사회계획모델은 지역복지계획의 수립이나 지역통합돌봄과 같은 정부 주도의 계획 실천에서 활용되고 있다. 사회행동모델은 주거권 운동, 이동권 확보 시위, 복지제도 개혁 캠페인 등에서 구조적 변화를 지향한다.

### 2) 웨일과 갬블 모델의 국내 적용 사례

이 모델은 복합적인 사회문제에 융합적으로 적용된다. 근린지역사회조직화는 골목회의, 복지협의체, 도시재생 등 주민 자조 기반 활동에 활용되며, 정책 및 입법 개혁 모델은 조례 제정, 기본소득 실험 등에서 실천가가 정책옹호자로 참여한다. 사회경제개발 모델은 사회적경제, 자활기업, 지역 순환경제 사업에서 구현된다.

### 3) 포플 모델의 국내 적용 사례

비판적 실천모델은 권리 중심 개입에서 두드러진다. 여성주의 모델은 해바라기센터 운영, 젠더폭력 예방 교육 등에서 확인된다. 반억압 모델은 탈시설 운동, 성소수자 권리 보호, 이주민 네트워크에서 실천되고 있다. 인권기반 모델은 난민 보호, 아동권리, 공익소송 등 법 제도 개선에 기여하며, 생태학적 모델은 기후위기 대응, 녹색복지마을, 에너지 전환 활동에서 나타난다.

이처럼 각 모델은 지역적 조건과 대상 특성에 따라 조합적으로 활용되며, 실천가는 이론과 현장 상황을 종합적으로 고려해 전략을 설계해야 한다.

06
CHAPTER

# 지역사회복지의 실천원칙과 과정

1. 실천원칙의 개념과 기초 구조
2. 실천원칙의 핵심 유형
3. 실천원칙의 적용 전략과 실제
4. 실천원칙 간 갈등과 조정의 실제
5. 실천가 학습 정리와 실천 계획 안내

06
CHAPTER

# 지역사회복지의 실천원칙과 과정

지역사회복지 실천은 단순한 행위의 반복이 아니라, 명확한 가치와 원칙에 근거한 일관된 실천 철학을 필요로 한다.

지역사회는 끊임없이 변화하고 있고, 주민의 욕구는 점점 더 복합적이고 다층적인 양상을 띠고 있으며, 실천 현장은 다양한 이해관계자와 제도적 조건 속에서 끊임없이 선택과 판단을 요구받는다. 이러한 상황에서 실천가가 따라야 할 방향성과 판단 기준, 실천의 질적 기준으로 작용하는 것이 바로 실천원칙이다.

실천원칙은 단순한 이상적 선언이 아니라, 실천가가 주민을 만나는 순간부터 프로그램을 설계하고, 기관 및 지역사회와 협력하며, 갈등 상황을 조정하는 전 과정에 적용되어야 하는 실천의 철학이자 전략이다. 특히 오늘날과 같이 윤리적 딜레마와 정책적 압박이 교차하는 복지환경에서는 실천원칙이야말로 실천가가 가치를 기반으로 실천을 지속할 수 있는 기준점이 된다.

본 장에서는 이러한 실천원칙의 개념과 구조를 정리하고, 참여 · 역량강화 · 권리 · 관계 · 과정이라는 핵심 원칙의 내용을 구체적으로 분석하며, 그것이 실제 지역사회복지 실천에 어떻게 적용되고 있는지를 다양한 사례와 전략을 통해 설명하고자 한다.

또한 실천원칙 간 충돌과 조정, 실천가의 학습과 성찰 활동을 통해 원칙이 살아 숨 쉬는 실천의 힘이 될 수 있는 조건을 함께 탐색할 것이다.

## 1 실천원칙의 개념과 기초 구조

지역사회복지 실천은 다양한 주체와 구조가 얽힌 복잡한 환경에서 이루어진다. 이 과정에서 실천가는 가치에 기반한 일관된 판단과 방향 설정이 요구되며, 이를 가능하게 하는 핵심 기준이 실천원칙이다. 실천원칙은 실천의 가치 판단 틀일 뿐 아니라, 전략 설계와 윤리적 판단의 기준으로 작동한다.

본 절에서는 실천원칙의 개념과 필요성, 국내외 비교, 그리고 제도적 기반과 윤리적 연계까지를 정리한다. 이를 통해 학습자는 실천원칙을 개념적 이해에 그치지 않고, 실제 실천의 출발점으로 인식할 수 있는 기반을 마련하게 될 것이다.

### 1) 실천원칙의 개념

실천원칙은 지역사회복지 실천의 핵심 가치를 실천 전 과정에 일관되게 적용할 수 있도록 하는 철학적 기반이다. 실천가가 지역사회 문제에 개입할 때 가치 판단의 기준을 제공하며, 복잡한 상황 속에서도 실천의 방향성과 정당성을 유지하게 하는 근본 틀로 작동한다. 실천원칙은 실천기술이나 절차와는 구별되며, 실천가의 윤리성 · 전문성 · 공공성을 유지하도록 하는 핵심 가치 구조라 할 수 있다.

실천원칙은 단순한 행동 지침을 넘어, 실천 현장에서 이루어지는 문제 정의, 개입 설계, 관계 형성, 결과 평가 등 모든 과정에서 작동하며, 실천가 개인뿐 아니라 조직 운영방식, 지역사회복지계획, 정책 실행 등 제도적 차원에도 영향을 미친다. 이를 통해 실천원칙은 복지 실천이 일관성 있고 윤리적으로 수행되도록 하는 기준으로 기능한다.

송아영과 김아래미(2017)는 지역사회기반 참여연구(CBPR)의 원칙으로 주민주도성, 상호 협력, 권리 기반 접근, 생태학적 관점을 제시하면서, 실천원칙이 주민 중심 지역복지를 실현하는 핵심 요소임을 강조하였다. 지역복지관의 조직화 실천에서 실천원칙은 단순한 전략이 아니라, 조직의 운영방식과 정체성을 반영하는 기준으로 기능할 수 있다.

## 2) 실천원칙의 필요성과 기능

### (1) 실천원칙의 필요성

실천원칙은 지역사회복지 실천의 복잡성과 다양성 속에서 실천가가 중심 가치를 유지하고, 일관성 있게 개입할 수 있도록 돕는 기준이다. 다양한 주민, 제도, 정책 환경에서 실천가가 방향성을 잃지 않고 판단할 수 있는 틀로 작동하며, 실천현장의 혼란을 최소화하고 지역 특성과 주민 욕구에 부합하는 실천이 가능하게 한다.

또한 실천원칙은 지역사회복지의 철학과 목적을 명확히 하여 실천가와 조직, 주민이 함께 공유할 수 있는 공통의 가치 기준을 제공한다. 이는 실천의 정당성과 공공성을 확보하고, 실천가의 윤리적 책무성과 사회적 신뢰를 높이는 기반이 된다.

### (2) 실천원칙의 기능

#### ① 실천의 일관성과 통합성 제공

실천현장은 다양한 주민, 이해관계자, 행정조직이 얽혀 있는 복잡한 구조를 가진다. 실천원칙은 이러한 환경 속에서도 실천가가 중심 가치를 유지하고 일관된 실천 방향을 설정하도록 돕는다.

#### ② 실천가의 윤리성과 전문성 강화

실천원칙은 실천가가 공공성과 전문성을 동시에 실현할 수 있도록 한다. 특히 주민과의 관계 형성, 자기결정권 존중, 정보제공, 책임성과 투명성 확보 등 실천윤리를 구체화하는 기준이 된다.

**③ 주민참여와 역량강화 촉진**

실천원칙은 주민을 수동적 대상이 아닌 공동의 문제 해결 주체로 인식하게 하며, 주민참여와 역량강화(empowerment)를 제도화하는 실천적 장치가 된다.

**④ 프로그램 및 정책 설계의 기준 제공**

기관의 사업 기획과 지역사회복지계획 수립에서 실천원칙은 핵심적인 의사결정 기준이 된다. 예컨대 '참여' 원칙은 마을계획단 운영, '권리' 원칙은 인권영향평가 제도를 통해 구현될 수 있다.

**⑤ 평가와 성찰 도구로서의 기능**

실천원칙은 실천가가 자신의 개입 내용을 점검하고 평가하며, 슈퍼비전이나 사례회의에서 반성적 실천을 가능하게 하는 기준으로 작동한다. 이는 반복학습과 자기성찰을 유도하며 실천가의 전문성 향상에 기여한다.

### 3) 국내외 실천원칙 비교

국제사회에서는 실천원칙을 민주성, 형평성, 주민참여, 권리 존중, 파트너십 등 다양한 가치 중심으로 정의해 왔다. 네팅 등(Netting, et al., 2011)은 지역사회복지 거시실천의 원칙으로 관계성, 문화적 민감성, 반영적 실천, 권한분산, 공동 책임성 등을 제시하며, 실천가가 단일 주체가 아닌 공동 실천자로서의 역할을 수행해야 함을 강조하였다.

국내에서는 김범수 등(2019)이 한국적 제도와 실천 맥락을 반영하여 주민참여, 권리 기반 접근, 지속성, 책무성, 문화적 적합성 등을 실천원칙으로 체계화하였다. 이들은 한국형 지역사회복지 실천의 제도적 · 문화적 여건을 반영하며, 주민 중심성과 협력 기반 실천을 강조한다.

〈표 6-1〉 국내외 실천원칙 비교

| 구 분 | 실천원칙 주요 가치 | 특 징 |
|---|---|---|
| Netting 외(2011) | 관계성, 권한 분산, 반영성 | 복잡한 정책 · 조직 환경에 유연한 실천 강조 |
| 김범수 외(2019) | 참여, 권리, 책무성, 문화 적합성 | 한국형 전달체계와 주민 중심 실천 강조 |

출처 : Netting, et al.(2011); 김범수 외(2019).

### 4) 실천원칙의 제도적 기반과 윤리강령 연계

실천원칙은 이론적 원칙을 넘어서 정책과 제도, 윤리 기준과 연결될 때 실질적 효력을 갖는다. 우리나라의 「지역사회복지계획 수립 및 시행지침」(보건복지부, 2023)은 주민참여, 민관협력, 지속성 등을 명시하여 실천원칙이 실제 행정과 정책 수립의 기준으로 기능할 수 있도록 하고 있다.

또한 한국사회복지사협회(2023)의 「사회복지사 윤리강령」에서는 사회복지사의 전문성과 공공성을 보장하기 위한 기준으로 '사회 정의의 실현', '클라이언트의 자율성 존중', '정보의 투명성과 책임성' 등을 명시하고 있다. 이는 실천원칙으로 제시된 권리, 자기결정권, 책무성과 직접 연결된다.

실천가는 실천원칙을 단지 이상적 가치로 인식하는 데 그치지 않고, 이를 실천 현장과 제도적 틀 속에서 적용하고 실현하는 능력을 갖추어야 한다. 실천원칙은 곧 실천가의 윤리적 행위와 정책 실행의 정당성을 연결하는 기준이 된다.

## 2 실천원칙의 핵심 유형

지역사회복지 실천은 다양한 이해관계가 교차하는 복잡한 환경에서 이루어진다. 이러한 실천 현장에서는 일관된 가치 판단과 윤리적 기준이 요구되며, 이를 가능하게 하는 것이 실천원칙이다. 실천원칙은 실천의 방향성을 제시하고, 주민과의 관계 형성, 조직 운영, 정책 실행 등 복지 실천의 전 영역에 영향을 미친다.

본 절에서는 지역사회복지 실천에서 핵심적으로 적용되는 다섯 가지 실천원칙—참여 기반, 역량강화, 권리와 사회정의, 관계 기반, 과정 중심—을 중심으로 그 개념, 전략, 실제 사례를 간결하게 정리한다. 이를 통해 실천가가 현장에서 실천원칙을 보다 구체적이고 통합적으로 적용할 수 있는 기초를 마련하고자 한다.

### 1) 참여 기반 원칙

#### (1) 주민참여의 개념과 구조

참여 기반 실천원칙은 지역사회 주민이 단순한 복지 수혜자가 아닌 문제해결의 주체로서 실천 전 과정에 참여해야 한다는 원칙이다. 이 원칙은 실천의 민주성과 정당성을 높이고, 주민이 정책 형성과 실행, 평가에 실질적으로 개입할 수 있도록 한다. 주민참여란 주민이 자신의 삶과 지역사회의 문제를 정의하고 해결하는 과정에 자발적이고 주체적으로 관여하는 행위로 정의된다.

아른스테인(Arnstein, 1969)은 주민참여의 수준을 정보 제공에서부터 권한위임, 주민통제에 이르는 8단계로 구분하고, 실질적 권한이 보장되는 참여만이 진정한 참여임을 강조하였다. 김범수 등(2019)은 주민참여를 지역사회복지계획 수립과 주민조직화의 핵심 가치로 제시하며, 참여의 제도화와 생활밀착형 실천이 병행되어야 실효성이 높아진다고 보았다.

#### (2) 실천 전략과 제도적 참여

주민참여를 실천적으로 구현하기 위한 전략은 다음과 같다.

- 주민욕구조사, 생활권 인터뷰 등 다양한 참여 채널 확보

- 마을계획단, 주민총회, 주민협의체 등 제도적 참여 구조 운영
- 주민참여예산제, 주민 제안제도 등 정책 반영 창구 마련
- 주민의견 수렴 결과를 사업계획과 평가체계에 반영하는 구조화

이러한 전략은 주민이 단순한 피동적 대상이 아닌 공동 실행자로 자리매김할 수 있는 기초가 된다.

#### (3) 서울시 · 남원시 사례

서울시는 동 단위 마을계획단을 통해 주민이 지역의제를 발굴하고 실행계획을 수립하였으며, 자치구 예산과 연계해 실질적 권한을 부여하였다. 남원시는 주민참여예산제를 운영하여 시민 제안사업을 예산에 반영함으로써 참여의 제도화를 실현하였다.

#### (4) 시사점 및 과제

참여 기반 실천원칙은 다음과 같은 시사점과 과제를 가진다.

- 참여의 형식화를 방지하고 실질적 영향력 보장 필요
- 다양한 계층의 참여를 위한 대표성 확보 장치 마련
- 피드백과 제안 반영 여부에 대한 설명 책임 강화
- 참여과정의 지속성을 위한 제도적 유인과 교육 필요

### 2) 역량강화 원칙

#### (1) 역량강화(empowerment) 개념과 이론적 배경

역량강화(empowerment) 원칙은 주민이 자신과 지역사회의 문제를 인식하고, 이를 해결할 수 있는 능력과 자원을 획득하도록 지원하는 실천 접근이다. 이는 주민을 수동적인 서비스 수혜자가 아니라 문제 해결의 주체로 인식하며, 실천가는 조력자의 역할을 수행한다. 라파포트(Rappaport, 1987)는 역량

강화를 "자기 삶에 영향력을 행사하는 능력을 갖는 과정"으로 정의하였으며, 김은정 등(2015)은 지역사회 주민이 의사결정과 실행에 참여하는 경험을 통해 자신감을 회복하는 구조를 강조하였다.

### (2) 실천 전략과 주민역량 강화 방식

역량강화를 실현하기 위한 전략은 다음과 같다.

- 자조모임, 주민동아리 등 자발적 집단 형성 지원
- 리더십 훈련, 주민기획단 운영 등 능력 향상 교육
- 정보 접근성과 권리 인식 제고를 위한 생활밀착형 교육자료 개발
- 공공회의, 협의체 등 참여 구조에 주민 주도적 역할 부여

### (3) 성북구 자조모임 · 전주시 사례

성북구 ○○복지관은 저소득 여성 가장을 중심으로 한 자조모임을 조직하여, 정보 공유, 상호 돌봄, 마을봉사 등의 활동을 통해 주민의 주체성과 지역 내 활동성을 높이는 성과를 보였다. 전주시는 마을복지학교를 통해 주민 스스로 지역 문제를 탐색하고 의제를 기획하는 역량을 키웠으며, 이들이 이후 지역복지 네트워크의 중심 활동가로 성장하도록 지원하였다.

### (4) 시사점 및 과제

역량강화 원칙은 다음과 같은 시사점과 과제를 가진다.

- 주민의 참여가 형식적이 되지 않도록 권한 이양 장치 필요
- 역량 차이에 따른 접근 불균형 해소 방안 마련 필요
- 주민 활동의 지속성 확보를 위한 제도적 인센티브 설계 필요
- 실천가가 '통제자'가 아니라 '조력자'로서의 인식 전환 필요

### 3) 권리와 사회정의 원칙

#### (1) 권리와 정의의 개념과 이론적 배경

권리와 사회정의 원칙은 복지 실천이 단순한 서비스 제공을 넘어서, 인간의 존엄성과 평등, 공정한 자원 분배를 실현하는 데 기초해야 함을 강조한다. '권리'는 복지 수요자가 사회적 약자라 하더라도 동등한 주체로서 서비스를 누릴 자격을 갖는다는 의미이며, '사회정의'는 개인 간의 차이를 고려한 공정한 기회 제공과 구조적 불평등 해소를 포함한다.

롤스(Rawls, 1971)는 정의의 원칙으로 "기회의 평등"과 "최소 수혜자에게 최대 이익이 돌아가야 한다"는 차등의 원칙을 제시하였으며, 오혜경 등(2013)은 지역복지 실천에서 주민을 '권리의 주체'로 인식해야 한다고 강조하였다.

#### (2) 인권 기반 접근의 실천 전략

권리 기반 실천을 위한 전략은 다음과 같다.

- 인권 감수성 교육과 권리의식 고취 활동 운영
- 주민 중심 인권헌장 제정 및 실천지침 수립
- 인권영향평가와 권익옹호 제도 활용
- 소수자 접근성 보장을 위한 물리적 · 정보적 환경 개선

#### (3) 국내 인권 실천 사례

서울 ○○복지관은 이용자의 프라이버시와 자기결정권을 보장하기 위해 '복지관 인권헌장'을 제정하고, 정기적인 인권교육과 모니터링을 실시하였다. 부산 ○○여성복지센터는 이주여성과 한부모 여성을 대상으로 권리 기반 생활지원 프로그램을 운영하였으며, 법률 자문과 노동권 교육 등을 병행하였다.

#### (4) 시사점 및 과제

권리와 사회정의 원칙은 다음과 같은 시사점을 가진다.

- 시혜적 접근에서 권리 기반 인식으로의 전환 필요
- 인권 실천이 특정 기관에 한정되지 않도록 정책적 제도화 강화 필요
- 권리 실현 과정에서 발생하는 이해충돌 조정 체계 마련 필요
- 권리 주체인 주민의 실천 참여와 권리 인식 교육 병행 필요

### 4) 관계 기반 원칙

#### (1) 파트너십, 신뢰, 지속성의 개념

관계 기반 실천원칙은 지역사회복지 실천이 다양한 주체들 간의 협력적 관계 위에서 이루어져야 함을 강조한다. 여기서의 관계는 단순한 협조를 넘어서, 신뢰를 기반으로 한 장기적이고 대등한 파트너십을 의미하며, 그 관계가 지속적으로 유지될 수 있는 제도적 조건과 문화적 기반이 함께 요구된다.

#### (2) 실천 전략과 협력 구조 설계

관계 기반 실천을 위해서는 다음과 같은 전략이 필요하다.

- 민관 협력 거버넌스 체계 구축 및 정례 운영
- 사례관리 회의, 실무자 간 정보 공유 및 공동 계획 수립
- 기관 간 협약 체결, 역할 조정 및 조정자(중재자) 배치
- 신뢰 구축을 위한 실천가 간 교류 및 슈퍼비전 체계 강화

#### (3) 민관협력 및 사례관리 회의 사례

○○시 지역사회보장협의체는 공공과 민간이 정기적으로 참여하는 실무분과 회의를 통해 지역 복지의제를 발굴하고 자원을 조정하는 역할을 수행한다. 성남시 ○○복지관은 통합사례관리 대상자를 중심으로 지역 보건소, 의료기관, 정신건강센터와 협력하여 공동 사례회의를 운영하며, 다기관 연계 개입을 통해 실천 성과를 높였다.

#### (4) 시사점 및 과제

관계 기반 실천의 시사점과 과제는 다음과 같다.

- 협력 관계를 유지하기 위한 시간과 인력 자원 확보 필요
- 기관 간 권한 불균형이나 정보 비대칭 해소를 위한 중재 메커니즘 필요
- 관계 중심 실천이 특정 인물 중심이 되지 않도록 조직 차원의 시스템화 필요
- 파트너십 유지를 위한 신뢰 형성과 피드백 구조 마련 필요

### 5) 과정 중심 원칙

#### (1) 순환적 · 반영적 실천의 개념

과정 중심 실천원칙은 지역사회복지 실천이 고정된 절차나 일회적 개입이 아니라, 주민의 욕구 변화와 상황에 따라 반복적으로 점검되고 조정되는 순환적이고 반영적인 구조를 가져야 한다는 원칙이다. 순환적 실천은 계획-실행-평가-보완의 흐름을 반복하며, 반영적 실천은 실천가가 자신의 개입과 결과를 성찰하고 개선하는 태도를 포함한다.

#### (2) 욕구 기반 실천의 전략과 방식

이 원칙을 구현하기 위한 전략은 다음과 같다.

- 주민욕구 기반 조사와 실천 목표 공동 설정
- 중간 점검을 통한 개입 조정 및 실천 기록 공유
- 실행 후 피드백 회의와 주민 의견 반영 절차 확보
- 평가 결과를 다음 단계 계획 수립에 활용하는 구조화

#### (3) 복지 현장 내 적용 사례

서울 ○○구 통합돌봄 선도사업에서는 사전 조사 - 개입 - 성과 측정 - 보완의 절차가 체계화되었으며, 마을단위에서의 반영적 실천 사례가 보고되었

다. 광주 ○○복지관은 아동 돌봄 서비스 제공 과정에서 주민 참여 점검회를 운영하고, 그 결과를 바탕으로 기존 프로그램을 조정하였다.

#### (4) 시사점 및 과제

과정 중심 실천은 다음과 같은 과제를 내포한다.

- 연차계획 중심의 행정체계와의 조정 필요
- 실천의 반영성과 기록성을 담보할 수 있는 조직문화 조성
- 주민의 참여와 피드백이 반복되도록 장기적 실천 구조 설계
- 중간 성찰과 유연한 개입조정이 가능한 인력과 자원 확보

## 3 실천원칙의 적용 전략과 실제

실천원칙은 지역사회복지 실천 전 과정에 반영되어야 할 기준이자 실행 지침이다. 그러나 실제 현장에서는 이를 추상적으로만 이해하거나, 실천가나 조직의 철학에 따라 달리 해석되는 경우가 많다. 실천원칙은 단순한 가치 선언이 아니라, 개입 설계, 조직 운영, 실천 기술, 정책 실행 등 실천 구조 전반에 걸쳐 구체적으로 작동해야 한다.

이 절에서는 실천원칙이 지역사회복지 실천 과정에서 어떻게 현실적으로 적용되는지를 다룬다. 실천 설계, 조직과 제도의 운영 방식, 사례관리와 실천 기술의 연계, 국내 정책 적용 사례, 그리고 실천 현장에서 마주치는 한계와 조건들을 중심으로 실천원칙의 작동 방식을 구체적으로 살펴본다.

### 1) 실천 설계와 주민 중심 개입

실천원칙은 지역사회복지 실천의 초기 설계 단계에서부터 주민 중심의 개입이 이루어지도록 방향을 제시하는 기능을 한다. 특히 참여, 권리, 역량강

화, 관계, 과정 중심의 원칙들은 주민이 주체가 되는 실천 구조를 가능하게 하며, 실천 설계 전 과정에 통합적으로 반영되어야 한다. 주민 중심 개입이란 실천가 중심의 전문가 개입에서 벗어나, 주민의 욕구, 언어, 생활환경에 기반한 맞춤형 실천을 설계하고 실행하는 것을 의미한다.

이를 위한 핵심 실천 설계 전략은 다음과 같다.

- 문제 정의 단계에서 주민 주도 의사결정 구조 설계
- 개입 목표와 자원의 우선순위 설정에 주민 의견 반영
- 실천 대상자와의 협약서 및 공동 실천 계획 수립
- 중간 점검 및 수정 가능성이 열려 있는 실천계획 수립
- 실천 종료 후에도 지속가능한 주민 네트워크 설계 포함

이러한 구조는 주민의 수용성과 실행 가능성을 높일 뿐 아니라, 실천가의 윤리성과 책임성을 강화하며 실천의 효과성을 뒷받침한다.

### 2) 조직 운영과 정책 체계 내 실천원칙 적용

지역사회복지 실천원칙은 단지 개인 실천가의 행동지침을 넘어서, 복지기관의 조직 운영, 지방자치단체의 행정 절차, 지역복지 정책 수립 전반에 적용되는 규범 체계로 기능해야 한다.

조직 차원에서 실천원칙은 다음과 같이 적용된다.

- 기관의 비전, 미션, 운영 규정에 실천원칙 명시
- 실무자 교육훈련 및 내부 매뉴얼에 실천원칙 포함
- 사례관리, 서비스 제공 시 실천원칙 점검 항목 반영

정책 및 제도 차원에서는 다음과 같은 구조화가 요구된다.

- 지역사회복지계획 수립 시 주민참여, 권리, 책무성 지표 포함
- 지방자치단체 복지사업 지침에 실천원칙 반영
- 성과 평가 기준에 윤리성, 주민만족도, 관계 지속성 등을 포함

예를 들어, 서울시의 지역사회복지계획 수립 지침(2023)은 '주민 주도성'과 '지속가능한 협력체계'를 핵심 원칙으로 제시하였고, 이를 바탕으로 복지관과 행정조직이 협력적 실천을 설계·운영하고 있다. 이는 실천원칙이 제도화되고 실천 설계에 내재화된 대표 사례이다.

### 3) 사례관리와 실천 기술의 연계

사례관리는 지역사회복지 실천의 핵심 기술로서, 개별 사례를 중심으로 한 종합적 개입 과정이다. 실천원칙은 사례관리 전 과정에서 실천가가 윤리성과 책임성을 갖고, 주민 중심성과 협력적 접근을 유지할 수 있도록 안내하는 역할을 한다. 특히 참여 기반과 관계 중심, 권리 기반 실천원칙은 사례관리의 가치 기준이 된다.

구체적으로 실천원칙은 다음과 같이 사례관리 기술과 연결된다.

- **초기 사정 단계** : 주민욕구를 중심으로 문제를 정의하고, 자기결정권을 존중하여 목표를 공동 설정함
- **개입 계획 수립** : 민관 협력을 바탕으로 통합서비스를 설계하고, 파트너십 기반의 자원 연계를 고려함
- **사례회의 운영** : 협력 구조 내에서 정보 공유와 의사결정이 이루어지고, 신뢰를 기반으로 조정됨
- **종결 및 평가** : 실천 전 과정을 반영적으로 평가하고, 피드백을 통해 주민 역량강화와 관계 지속을 도모함

이러한 실천은 개입의 기술이 원칙에 기초해야 함을 보여주며, 실천가의 기술 역량만큼 가치 기반 사고가 중요함을 시사한다.

### 4) 국내 정책 및 사례 적용

실천원칙은 각종 지역복지 정책과 프로그램 내에서 구체적으로 구현된다.

실제로 다음과 같은 국내 정책 사례가 실천원칙을 적용한 구조를 보여준다.

- 경기도 '찾아가는 복지서비스' : 주민 욕구를 기반으로 한 개별 맞춤형 서비스 제공. 이러한 구조를 통해 '과정 중심'과 '참여 기반'의 실천 원칙을 구현함
- 하남시 통합사례관리 운영체계 : 민관협력을 기반으로 한 사례회의 및 공동 개입계획 수립을 통해 '관계 중심'과 '책무성' 원칙을 강조함
- 서울시 주민참여형 복지계획 수립 : 정책 기획 단계부터 주민 참여 워크숍, 제안서 공모 등을 통해 '참여'와 '권리' 원칙을 적용함

이러한 사례들은 실천원칙이 지역 수준에서 제도화되고 있음을 보여주며, 정책의 수립 및 집행 과정에 실질적인 영향을 미치고 있음을 시사한다.

### 5) 실천 현장 적용의 과제와 조건

실천원칙은 이상적인 지침이지만, 실제 지역사회복지 현장에서 다음과 같은 과제와 적용 조건이 존재한다.

- 형식화된 참여 구조의 위험 : 제도화된 참여 구조가 실질적 권한 없이 형식적으로 운영될 경우, 참여의 실효성이 저하될 수 있음
- 인력과 자원의 부족 : 관계 중심 실천, 반영적 실천 등은 시간과 전문성을 요구하므로, 인력과 자원이 부족할 경우 실천의 지속성이 약화됨
- 조직 문화와 리더십의 영향 : 실천가 개인의 태도뿐 아니라, 조직의 가치 지향성과 리더십은 실천원칙 정착에 핵심적인 영향을 미침
- 성과 중심 행정과의 긴장 : 정량적 성과 중심의 행정 구조는 실천의 과정성과 질적 가치를 저해할 수 있음

따라서 실천원칙이 현장에서 안정적으로 작동하기 위해서는 정책적 유연성 확보, 실천가에 대한 체계적 교육, 지역사회 내 자율성과 신뢰의 구축이 함께 이루어져야 한다.

## 4 실천원칙 간 갈등과 조정의 실제

지역사회복지 실천에서는 실천원칙 간 충돌이나 상충 상황이 자주 발생한다. 주민의 자기결정권과 보호, 참여와 행정 효율성, 관계 유지와 자원 배분의 균형 등 다양한 가치들이 실천 현장에서 긴장 관계를 형성한다. 실천가는 이러한 상황에서 조화롭고 윤리적인 판단을 내려야 하며, 이를 위해 구조화된 사고 틀과 실제 조정 전략이 필요하다.

이 절에서는 실천원칙 간 갈등의 유형, 윤리적 판단 구조, 실제 조정 사례를 통해 갈등 상황에서 실천가가 적용할 수 있는 판단과 조정의 틀을 제시한다. 이를 통해 학습자는 복잡한 현장에서 실천원칙을 균형 있게 적용하고, 반영적 태도로 조정할 수 있는 역량을 기를 수 있을 것이다.

### 1) 실천원칙 간 충돌의 유형

실천원칙은 상호보완적인 관계이지만, 복수의 원칙이 동시에 적용되는 상황에서는 충돌 가능성이 존재한다. 다음은 실제 현장에서 자주 나타나는 실천원칙 간 갈등 유형이다.

- **자기결정권**(권리 기반) vs **보호주의**(전문가 개입 중심) : 정신건강 또는 치매 사례에서 클라이언트의 자율성과 안전 보호 간 충돌
- **참여 기반 vs 행정 효율성 중심 원칙** : 주민참여 확대가 행정 절차의 복잡성과 속도 저하로 이어지는 경우
- **관계 기반 vs 중립성 · 공정성 원칙** : 지속적 관계 형성이 특정 집단에 대한 편의제공으로 해석되는 경우
- **권리 기반 vs 조직의 재정적 제약** : 권리 실현이 기관 예산이나 행정 규정과 충돌하는 상황

### 2) 갈등 상황에서의 조정과 판단 구조

실천원칙 간 갈등은 단순한 실무적 판단을 넘어서, 윤리적 가치 선택의 문제로 접근되어야 한다. 실천가는 다음과 같은 단계적 판단 틀에 따라 상황을 분석하고 조정 전략을 도출할 수 있다.

- 충돌하는 원칙 식별
- 이해관계자별 영향 분석
- 핵심 가치의 우선순위 설정
- 양립 가능한 대안 탐색
- 피드백 및 반영적 성찰 수행

### 3) 갈등 조정의 실제 사례

A지역 사례관리회의에서는 치매 어르신의 자기결정권(집에 혼자 살고 싶다는 의사)과 보호주의(시설 입소 필요성)가 충돌하였다. 실천가는 윤리강령에 근거하여 어르신의 자율성을 우선 고려하되, 이웃 모니터링과 방문 간호를 결합한 공동체 돌봄 방식을 제시함으로써 양 원칙을 조율하였다.

또한 B복지관에서는 주민참여예산제 운영 시 참여 기반 원칙과 행정 효율성 간 충돌이 발생하였다. 이를 해결하기 위해 주민 참여 절차를 사전에 시각화하여 안내하고, 회의 단계를 이원화하여 의견 수렴과 의사결정을 분리함으로써 조정하였다.

이처럼 실천원칙 간 갈등은 윤리적 판단 체계와 실천적 조정 전략을 병행함으로써 현장에서 조화롭게 해결될 수 있으며, 실천가의 성찰 능력과 조직의 조정 구조가 핵심 요소로 작용한다.

## 5 실천가 학습 정리와 실천 계획 안내

실천원칙은 단순한 이론이 아니라, 실천가가 지역사회복지 현장에서 판단하고 행동하는 데 적용할 수 있는 실행 기준이다. 이를 위해 실천가는 자신의 태도를 점검하고, 실제 사례를 분석하며, 현장에 맞는 실천 계획을 수립하는 훈련이 필요하다.

이 절에서는 실천원칙을 점검하고 적용하는 자기 진단 도구, 사례 기반 학습 활동, 실천계획 수립을 위한 제안 등 실천가 역량 강화를 위한 구성 요소를 간결하게 정리한다.

### 1) 실천가 자기 점검 체크리스트

지역사회복지 실천에서 실천원칙을 효과적으로 적용하기 위해서는 실천가 스스로의 가치 인식과 실천 태도를 정기적으로 점검할 필요가 있다. 다음은 실천원칙별로 실천가가 스스로 점검해볼 수 있는 항목이다.

- 나는 개입과정에서 주민의 자율성과 자기결정권을 충분히 존중하고 있는가?
- 주민이 실천 전 과정에 참여할 수 있도록 구조를 설계하고 있는가?
- 내가 속한 조직은 파트너십과 신뢰를 기반으로 타 기관과 협력하고 있는가?
- 실천 대상자의 권리와 사회적 약자의 관점을 고려하고 있는가?
- 실천 과정에서 발생한 문제를 반영적으로 점검하고 조정하고 있는가?
- 갈등 상황에서 윤리적 판단 기준을 적용하여 결정하고 있는가?

### 2) 사례 기반 학습 활동

학습자는 다음에 제시된 사례를 바탕으로 실천원칙을 어떻게 적용하고, 어떤 갈등을 예상하며, 어떠한 실천적 결정을 내릴지 토의할 수 있다.

**사 례**

지역사회복지관에서 한 어르신이 돌봄서비스 이용을 거부하고 독거 생활을 원하고 있다. 그러나 최근 치매 초기 증상이 의심되며, 인근 주민과 자녀는 시설 입소를 권유하고 있다. 실천가는 이 상황에서 어떻게 판단하고 개입해야 할까?

**학습 질문**

- 어떤 실천원칙이 충돌하는가?
- 주민의 자기결정권과 보호의 필요를 어떻게 조정할 수 있는가?
- 내가 실천가로서 이 사례를 해결한다면, 어떤 윤리적 판단 구조를 활용할 것인가?

### 3) 실천 계획 수립 유도 문단

실천가로서 지역사회복지의 원칙을 실제로 구현하기 위해서는 단순한 이론 이해를 넘어 실천 계획을 구체화하는 훈련이 병행되어야 한다. 학습자는 자신이 속한 기관 또는 가상의 조직을 설정하여 다음의 과제를 수행해 보자.

- 기관의 비전 또는 미션에 실천원칙 중 2가지를 구체적으로 반영해 보자.
- 실천과정 중 주민참여 구조를 어떻게 설계할지 계획해 보자.
- 갈등 상황이 발생했을 때 사용할 판단 기준과 조정 전략을 서술해 보자.

이러한 연습은 실천원칙을 단순한 선언적 가치가 아니라, 실제 실천과 연결된 문제해결형 도구로 체득하는 데 기여할 것이다.

07
CHAPTER

# 지역사회복지 실천기술 I

1. 지역사회사정 기술
2. 지역사회복지 프로그램 기획과 평가
3. 지역사회 네트워크 기술
4. 자원동원 · 개발 기술

# 07 CHAPTER 지역사회복지 실천기술 I

## 1 지역사회사정 기술

지역사회사정(community assessment)은 계획 또는 조사의 수단, 정보교환의 도구, 공식적인 문제 해결의 일부, 서비스의 필요주체에 대한 결정방법으로 사용할 수 있다. 사정은 개인적, 환경적, 문화적 요인이 상호 관련되어 있으며, 조직이나 지역사회의 실천 수준에 활용되면서 개인, 상황 그리고 환경에 대한 지속적인 감시와 직접적인 분석을 포함한다. 클라이언트의 상황이나 지역사회 주민의 상황을 관찰하는 경우 무엇보다도 관련된 변수를 확인하여야 한다. 지역사회사정은 현재의 상황을 진단하기 위한 체계적 과정이며, 지역사회의 제반 요소를 확인하는 과정으로 정의할 수 있다(오정수 · 류진석, 2024). 사회복지사들은 지역사회사정 과정에서 지역주민, 서비스 전문가, 기업가, 지도자 등을 참여시키기 위한 조사기법 및 상호관계의 다양성을 활용해야 한다. 그리고 질적 또는 양적 접근방법들을 사용하여 집단의 문화, 관점, 특성을 이해하고 다양한 관점에 따른 다양한 방법들을 강구해야 한다.

지역사회사정 유형으로 첫째 포괄적 사정이 있다. 포괄적 사정은 철저한 방법론에 기초하고 1차 자료의 생성과 함께 전체 지역사회를 포함하는 사정을 의미한다. 둘째, 문제중심 사정이다. 문제중심 사정은 지역사회 내에 발생하는 문제(빈곤, 폭력, 범죄 등)를 중심으로 현황을 파악하고 원인 및 해결방안을 모색하는 사정이다. 셋째, 하위체계 사정이다. 하위체계 사정은 전체 지역사회를 사정하는 것이 아닌 지역의 특정 부분이나 일면을 조사하는 것을 의미한다. 즉, 지역사회의 복잡한 구조를 주요 영역(교육, 보건, 경제, 복지 등)으로 구분하고, 각 하위체계의 현황과 상호작용을 평가하여 전체적인 문제 해결 또는 개발 전략을 수립하는 과정을 의미한다. 넷째, 자원 사정이다. 자원 사정은 지역사회에서 이용할 수 있는 권력, 전문기술, 재정, 서비스라는 자원 영역을 검토하여 이루어지는 방법이다. 자원 사정은 지역사회 내 존재하는 다양한 자원의 양적 · 질적 상태, 접근 가능성, 활용도 등을 체계적으로 파악하여, 지역 문제 해결 또는 개발전략 수립에 활용하기 위한 방법이다. 다섯째, 협력 사정이다. 협력 사정은 지역사회 참여자가 완전한 파트너로서 조사계획, 참여관찰, 분석과 실행 국면 등에 관계되면서 지역사회에 의해 수행되는 사정이다. 협력 사정은 지역사회 내 다양한 참여자들이 함께 의견을 나누고, 자원을 공유하며, 공동의 문제 해결 전략을 세우기 위해 실시하는 사정 방이다.

지역사회사정 시 고려사항으로는 정보와 이용 가능한 자원에 대한 파악, 현재 이용 가능한 서비스가 지역사회 문제에 포괄되어 있는가 판단, 자료수집 방법 및 욕구사정의 내용과 관련하여 지역사회가 어느 수준에서 허용할 수 있는가 고려, 자료수집과 분석을 통한 공식적이고 체계적인 접근, 문제분석을 위해 다양한 관점에서 접근방법론 적용, 사정 방법의 선택에 있어 조사방법 및 수행시간, 실제 수행하는 데 필요한 자원, 지역사회 구성원 포함 여부에 대한 실천가의 정향(orientation) 등이 있다.

## 2 지역사회복지 프로그램 기획과 평가

프로그램의 계획과 기획은 명확히 구분하여 쓰기보다는 구분 없이 섞어 쓰는 경우가 많다. 계획과 기획에 대하여 황성철(2005)은 "기획(planning)은 계획을 세워 나가는 활동과 과정을 가리키며 계속적 행동과정으로 이해되고, 계획(plan)은 이러한 과정을 통해 얻어진 결과의 의미로 해석된다"고 하였고, 지은구(2005)는 "planning은 계획을 수립하는 과정을 의미하기 때문에 하나의 계획을 의미할 때는 계획으로 그리고 계획을 수립하는 과정을 의미할 때는 기획으로 사용하도록 한다"라고 하였다.

### 1) 프로그램 기획과정

스키드모어(Skidmore, 1995)의 6단계에 근거한 정무성(2005)의 프로그램 기획과정을 구체적으로 살펴보고자 한다.

#### (1) 1단계 : 문제 정의 및 욕구 확인

프로그램 기획을 위한 첫 단계로 해결하고자 하는 문제를 정의하고 그 문제와 관련된 욕구를 확인하는 단계이다. 즉, 해당 사회문제의 심각성, 그 문제로 인한 피해계층 그리고 문제의 원인과 결과 간의 인과관계에 대해서 진술하고, 문제를 경험하는 대상자들의 욕구를 확인하는 작업을 거친다.

#### (2) 2단계 : 목표달성을 위한 정보 및 가용자원에 대한 정보 수집 · 검토

프로그램 기획의 대상과 구체적 목표에 대하여 조직 내부와 외부로부터 목표 달성을 위한 정보 및 가용자원에 대한 관련 정보를 수집하고 검토한다.

### (3) 3단계 : 해결대안 개발 및 평가

목표달성을 위한 다양한 대안적인 방법을 모색하고 각 대안에 대한 객관적인 분석이 이루어지는 단계이다. 각 대안별 실시조건 및 기대효과 등의 장·단점을 파악하고 각 대안의 성공 가능성을 예측해야 한다.

### (4) 4단계 : 최선의 대안 선택

대안 중 최선의 대안을 선택하는 단계이다. 이를 위해 대안적인 행동방침에 대한 자료를 수집하고, 명확한 기준에 따른 대안의 상대적 장·단점을 파악하고 각 대안의 성공 가능성을 예측해야 한다.

### (5) 5단계 : 최선의 대안 실행

선택된 최선의 대안을 실행하는 단계로, 이 단계에서는 이용 가능한 자원의 배분, 자원의 조직화, 성공적 해결에 필요한 활동 등 다양한 요인 들이 대안 실행에 영향을 미친다.

### (6) 6단계 : 환류

실행된 대안에 대한 평가가 이루어지는 환류단계로, 자원을 가장 효율적이고 효과적으로 사용하기 위해 지속적으로 사정하고, 선택된 대안이 목적달성에 어느 정도 기여했는지를 평가하는 작업 등이 포함된다.

## 2) 프로그램 평가

평가는 프로그램 수행 성과를 입증하는 객관적인 증명도구이다. 평가계획을 수립할 때는 평가목적, 평가내용, 평가의 주된 활용자, 평가를 위해 필요한 정보, 평가시점, 자료수집방법, 분석방법, 사업평가의 유형과 방법을 고려하여 평가계획을 수립하여야 한다.

평가는 목적과 평가 결과의 활용 측면에 따라 구분할 수 있는데, 논리적인 흐름에 따라 산출평가, 성가평가로 구분하고, 사업진행 단계에 따라 과정평가, 총괄평가로 구분한다. 그리고 측정방법에 따라 양적 평가, 질적 평가로 구분한다.

## 3 지역사회 네트워크 기술

지역사회 네트워크는 지역 내 다양한 조직, 기관, 개인들이 서로 협력하고 정보를 공유하며 공동의 목표를 달성하기 위해 형성하는 연결 구조를 의미한다. 이는 단순히 연결한다는 개념을 넘어서, 지역의 복지 향상과 공동체 강화에 핵심적인 역할을 수행한다.

일반적으로 네트워크는 개인이나 집단의 형태가 구조적으로 체계화되며 필수적인 관계가 요청되는 것이며, 연계(networking)는 실체적 행위로 네트워크를 구축하는 것으로 설명한다. 또한 네트워크는 체계적인 집합의 관계를 유지하는 것이며, 네트워크를 원활히 하기 위해 구성원들 간 신뢰를 통해 유대관계를 형성하며 가치 및 신념을 공유해야 한다(최종혁 외, 2010).

지역사회복지 네트워크는 지역사회의 다양한 자원을 조직하고 참여시킬 수 있으며, 지역사회복지 조직 간 고통의 목표나 문제 해결을 추구할 수 있기 때문에 지역사회조직화의 유용한 실천전략이 될 수 있고 지역사회의 결속력을 강화하는 데 도움이 된다(오정수 · 류진석, 2024). 대표적인 사례로 푸드뱅크 운동과 당근마켓을 들 수 있다.

지역사회복지 네트워크는 특정 개별기관이 독자적으로 수행하기 어려운 사업을 네트워킹을 통한 자원 동원을 가능하게 함으로써 보다 광범위하고 다차원적이며, 대량의 사회서비스 생산과 전달을 가능하게 한다. 또한 지역사회복지 서비스의 중복과 누락 문제를 해결하는 것이 가능해진다. 이러한 관점에서 사회복지사는 지역사회 및 클라이언트에 대한 이해도가 높아지고 기관 간 연계협력의 강화로 사회복지 연대의식이 증진되는 순기능이 창출될 수 있다.

결론적으로 네트워크(networking)는 서비스의 중복을 방지하고 자원을 효율적으로 관리하기 위하여 정기적인 모임 및 회의를 통하여 서비스 계획을 공공으로 수립한 후 개별기관들이 각각 서비스를 제공하는 것으로, 개별기관의 정체성은 유지하되 서비스 제공에 있어서 팀 접근을 시도해 나가는 것을 말한다(박태영, 2003 : 204).

지역사회복지 실천에서 네트워크는 제반 자원의 공유와 상호 교류를 위해, 또한 클라이언트를 원조하기 위해, 사회복지사 자신의 역량을 강화하기 위해 합당한 능력을 갖춘 둘 이상의 개인이나 기관 혹은 조직의 특성을 파악하여 이들을 한 체계로 엮어놓은 기술이라고 할 수 있다.

### 1) 지역사회복지 네트워킹

지역사회복지 네트워킹의 과정을 김만호(2009)는 7단계로 다음과 같이 제시하고 있다.

#### (1) 1단계 : 목표 설정

이 단계에서 지역사회복지를 실천하는 사회복지사는 지역사회 상황을 파악하여 지역사회복지 네트워크의 필요성을 확인한다. 이를 통해 사회복지사와 소속된 사회복지기관의 역량을 고려하여 연계망을 목록을 작성하는 단계이다.

#### (2) 2단계 : 성원 찾기

이 단계는 지역사회복지 네트워크를 구성하고 있는 각 주체의 욕구 및 여건을 파악하여 조사하는 것으로 경험, 인터뷰, 문헌조사 등의 다양한 정보를 활용한다.

### (3) 3단계 : 설득

이 단계는 네트워크의 각 주체들에게 각자의 지위와 역할, 활동, 연계 효과 등을 설명함으로써 네트워크에 참여하는 성원의 상생을 꾀하여 참여도를 높이는 과정이다.

### (4) 4단계 : 연계

이 단계에서 지역사회복지를 실천하는 사회복지사는 성원의 능력을 파악하여 하나의 조직체로 결합한다. 이 단계에서 중요한 것은 성원 간의 갈등을 최소화하여 일치와 화합을 높일 수 있는 전략을 추구하는 것이다.

### (5) 5단계 : 유지

이 단계에서는 지금까지의 작업으로 구성된 네트워크가 의도하는 기간 동안 추구하는 목표를 달성할 수 있는 능력을 유지하기 위하여 지속적인 설득 및 교육, 적절한 보상 등을 수행한다.

### (6) 6단계 : 활용

이 단계는 네트워크 참여 성원이 주체적으로 활동할 수 있는 환경을 조성한다.

### (7) 7단계 : 평가

이 단계는 구성원들과 함께 전체 과정을 평가하고 향후 개선 방안을 모색하는 것으로, 참여 구성원에 대한 결과보고와 결과에 대한 환류준비 등을 실시하는 단계이다.

또한 지역사회복지 네트워크를 강화하기 위하여 몇 가지 고려해야 할 사항들이 있다(오정수 · 류진석, 2024). 첫째, 네트워크 참여에 대한 동기부여가 요구된다. 서비스에 대한 기능적 차원의 협력을 넘어서 지역사회복지 발전의 비전, 공동체 형성, 지역혁신 관점에서의 목표 설정 등이 공동의 노력으로 이루어질 필요가 있다.

둘째, 협력 장애요인을 극복해야 한다. 지방정부의 행정적 요인, 기관의 내적 요인, 외적 제도적 요인 등으로 인해 각 기관들이 의도치 않은 갈등에 처할 수 있으므로 기관 상호 간 긴밀한 소통체계를 구축하는 것이 요구된다.

셋째, 네트워크 참여조직의 전략적 사업선정이 필요하다. 이는 기관 상호 간에 공통의 관심 사업을 중심으로 네트워크를 구축하는 것을 통해 가능해질 수 있다.

이러한 내용을 고려하여 지역사회복지 네트워크를 강화하기 위해서는 단순한 연결을 넘어서 지속가능한 협력 구조를 구축하고, 지역 주민의 참여와 신뢰를 기반으로 복지 서비스를 통합적으로 제공하는 데 초점을 두어야 할 것이다.

### 2) 네트워크 활용의 중요성

지역사회복지에서 지역문제에 대해 공동으로 대응하고 협력하기 위해 지역사회 내 자원을 동원하고 의사소통을 원활하게 하기 위하여 연계기술이 강조되고 있다. 연계기술이 중요한 이유는 다음과 같다(권오균, 2011 : 162).

첫째, 사회복지사는 연계기술을 활용함으로써 자신의 능력과 세력을 강화·확장할 수 있다. 이러한 연계를 통해 포함되어 있는 구성원들은 사회복지사의 개입에 있어 매우 중요한 자원이 된다.

둘째, 네트워크 기술은 클라이언트의 욕구에 초점을 두고 있다. 특별히 클라이언트의 욕구가 복합적이고 다양할수록 이러한 연계기술의 중요성은 더욱 커지게 된다. 이는 '환경 속의 개인(person in environment)'이라는 사회복지 실천의 기본 이념과 일치한다.

셋째, 네트워크 기술을 통해 사회복지 관련 기관과 시설의 중복된 서비스를 한층 효과적으로 통합·제공할 수 있다는 장점이 있다.

넷째, 네트워크 기술은 다수의 시민을 사회복지실천에 참여시킴으로써 시민의 연대의식을 강화시킬 수 있다.

### 3) 네트워크의 원칙

네트워크 기술은 지역사회복지 실천에서 중요한 의의를 가지고 있지만, 네트워크에 참여하는 여러 조직들의 내·외부 사정으로 인해 연계는 결코 쉬운 작업이 아니다. 따라서 네트워크 기술을 활용하는 데에 다음과 같은 원칙을 유의할 필요가 있다(최옥채, 2005 : 335-336; 김범수·신원우, 2015 : 155).

첫째, 사회복지사는 개입하고자 하는 사례의 특성에 합당한 연계의 목표를 분명히 설정해야 한다. 사회복지사 자신의 의욕을 앞세우기보다는 자신의 능력과 자원을 정확히 인지하여 클라이언트에게 필요한 네트워크를 구축해야 한다.

둘째, 사회복지사는 네트워크 체계의 원활한 구축과 활용을 위해 평소 특정 주요 인물, 기관, 조직과 긴밀한 관계를 형성하고 있어야 한다. 특히 네트워크는 참여하고 있는 성원 간의 상호 신뢰가 관건이기 때문에 상호 교류와 화합이 잘 이루어지도록 해야 한다.

셋째, 사회복지사는 성원들이 네트워크 체계가 추구하는 목표에 따른 역할과 책임을 완수하도록 유도해야 하며, 자발적이고 적극적인 참여를 호소할 수 있는 명분을 가져야 한다.

넷째, 사회복지사는 네트워크 체계의 목표, 자원, 성원들의 특성에 따라 융통성을 발휘해야 한다.

다섯째, 사회복지사는 기존 네트워크 체계를 다른 사회복지사와 서로 주고받아 활용할 수 있도록 해야 한다.

### 4) 네트워크의 유형

네트워크의 유형에는 여러 가지 형태가 있으며, 협력, 조정과 합작의 차원으로 나누어진다(양정하 외, 2017 : 169-170).

#### (1) 협력

협력(cooperation)은 서로 독자적으로 분리된 조직이 독립적인 프로그램을 기획하고 실행하고자 할 때 형성되는 형태이다. 정보를 공유하고 협력을 통해 조직의 이익과 불필요한 중복을 피하고자 하는 것이 협력의 목적이며, 이 차원에서 활동의 독창성을 인정하는 것이 기본이다. 협력 차원에서 연계의 형태는 정보공유와 역할분담을 통하여 최소한의 상호작용이 이루어진다.

#### (2) 조정

조정(coordination)은 분리된 조직이 불필요한 중복을 피하는 것은 물론, 조직 간 갈등과 낭비를 피하고자 하는 차원이다. 조정 차원은 함께 프로그램을 기획하고 자연스럽게 상호작용하는 상태를 말한다. 조직 간 조정의 목적은 서비스의 중복을 피하고 전문성의 결합을 통하여 서비스 전달체계의 경제적인 효율성을 제고함에 있다. 이를 위하여 정기적인 만남이 필요하며 많은 대화와 기획이 요구된다.

#### (3) 합작

합작(collaboration)은 분리된 각 조직이 단일한 프로그램이나 서비스에 참여하여 목적을 가지고 연계하되, 자신의 정체성을 유지하면서 자원을 공유하는 형태를 말한다. 합작을 통하여 각 조직은 자원을 최대로 만들며 서비스의 통합을 분배하고자 하는 차원이다. 합작 차원에서의 연계형태는 공통의 과제에 대하여 참여조직 간 각각의 조직 자치권을 유지하면서 권위와 책임에 있어서 횡적 · 종적인 구조 축을 가지고 특별한 취지와 명백한 결과를 위하여 함께 일하도록 서약한 독립적 집단이다. 기획과 의사소통에 관한 종합적인 대책이 수립되어 있으며 운영위원회 · 조정위원회가 리더십을 발휘한다.

## 4 자원동원 · 개발 기술

자원(resources)이란 지역사회복지 실천의 목적과 목표를 달성하는 데 도움이 되는 모든 것을 포함한다. 지역사회에서 동원할 수 있는 자원은 인적 자원, 물적 자원, 제도 자원, 정보 자원 등 다양하다

자원동원(resource mobilization) 기술은 지역주민의 욕구충족과 문제를 해결하는 데 현존하는 자원만으로는 불충분하여 자원이 필요한 경우 자원을 발굴하고 동원하는 기술이다. 지역사회 내의 문제해결을 위하여 현존하는 자원으로는 불충분하여 자원동원을 위한 외부의 극적인 이벤트가 요구되는 상황에서 활용된다. 다양한 자원동원의 기술은 기존에 존재하는 집단이나 조직체를 활용하는 방법, 다수의 개인으로 하여금 직접적인 참여를 촉진하는 방법, 개인으로 구성된 사회적 네트워크를 활용하는 방법이 있다.

여기에서는 인적 · 물적 자원의 개발과 동원의 기술에 관해 살펴보고자 한다.

### 1) 인적 자원의 동원기술

인적 자원은 사회복지전문인력 등 공공 인적 자원과 민간 복지시설에 종사하는 사회복지사, 자원봉사자 등 민간자원으로 구분되며, 물적 자원은 설비, 건물, 기자재, 후원금품 등을 뜻한다. 그리고 제도 자원에는 사회복지와 관련된 정책, 법, 행정 체계 등이 포함되며, 정보 자원에는 국내 · 외에서 제공되는 정보들이 있다.

① 조직체를 대상으로 그 조직체의 지도자로 하여금 구성원이 특정한 사회적 쟁점을 위한 활동에 참여하도록 요청한다. 기존 조직을 활용하는 것은 가장 빨리 사람들을 동원할 수 있는 방법의 하나로 사회복지사들은 지역사회의 여러 조직들을 면밀히 조사한 뒤에 참여 가능성이 높은 조직이나 집단의 지도자들과 접촉하여 지역사회복지 실천에 동참할 것을 권유하는 방법이다. 이때 각 조직들을 조직의 자율성을 지키면서 동등한 자격으로 참여시켜야 하며, 조직 간 갈등이 발생하지 않도록 공동의 목표를 강조하는 것이 중요하다(남진열 외, 2010 : 151).

② 개인과의 직접적인 접촉한다. 지역주민들을 개별적으로 접촉하여 지역사회복지 실천에 동참하도록 하는 방법이다. 개별적 접촉의 방법은 호별 방문, 우편물 발송, 간담회 등 다양하다. 잠재적 참여자를 실질적 참여자로 바꾸기 위해서는 그들의 힘을 토대로 변화를 가져올 수 있다는 확신을 강조하는 것이 효과적이다.

③ 직장, 혈연, 기타 사회적 활동 등을 통하여 이미 알고 있는 사람들의 연대 활용한다. 네트워크란 서로 이미 사회적으로 알고 있는 사람들 사이의 결속 관계를 의미하고, 이때 서로 상대방의 견해나 정서를 잘 이해하고 있는 내부의 동료를 통해 접촉하는 것이 더 효과적이다.

### 2) 물적 자원의 동원기술

다른 사업과 마찬가지로 지역사회복지 실천에서도 사람과 돈은 필수적 요소이다. 바람직한 현실은 아니지만, 지역사회복지 실천의 지속성도 돈에 의해 좌우되는 경우가 많은 점을 감안할 때, 물적 자원의 동원은 일정한 원칙에 따라 추진하되 가급적 다양한 방법과 원천을 사용하는 것이 좋다.

지역사회복지 실천조직의 모금 활동은 단순히 돈만 모으는 것이 아니라, 지역사회 구성원들의 관심과 참여를 이끌어 내는 과정이 되어야 한다. 다시 말해서 모금이 모금으로 그쳐서는 안 된다는 의미이다. 만일 모금의 목적이 단지 돈을 모으는 것이라면, 외부의 기부금이나 지원금을 모색하는 것이 훨씬 효과적이다. 그러나 외부 자금은 일정한 조건이 달려 있는 경우가 많다. 이러한 조건은 조직의 입지를 약화시키고 운신의 폭을 제한하기 쉽다. 다양한 모금원칙과 방법을 개발하는 것은 이와 같은 문제를 피하기 위함이다.

물적 자원의 개발 및 동원에서 중요한 것은 후원자에게 조직의 신뢰성을 보여주고 이를 유지하는 것이다. 이를 위해 무엇보다도 현금이나 물품의 사용에 대한 투명성을 확보해야 하며, 전문성과 사명감을 통해 후원자들이 바라는 좋은 성과를 보여주어야 한다.

자원봉사자를 모금에 활용하는 것은 자원동원의 의미와 가장 어울리는 방법이다. 이들의 모금활동 참여는 지역사회복지 실천에 대한 관심과 헌신을 강화하는 계기가 될 수 있다. 자원봉사자들의 호별 방문이나 우편물 발송과 같은 방법으로 지역사회 주민들의 기부와 후원을 요청한다.

물적 자원 동원방법으로 회비, 조직 홍보와 마케팅, 외부 지원금 신청, 모금을 위한 특별 이벤트 등이 있다.

08
CHAPTER

# 지역사회복지 실천기술 II

1. 옹호대변기술
2. 역량강화 기술
3. 조직화 기술
4. 지역사회 교육 기술
5. 협상(갈등조정) 기술

08
CHAPTER

# 지역사회복지 실천기술Ⅱ

## 1 옹호대변기술

옹호는 다양한 집단을 상대로 하는 활동일 뿐만 아니라 그들이 지닌 가치, 신념, 규칙 등과도 싸워야 하는 어려운 일이다. 효과적인 옹호활동을 펼치기 위해 지역사회 활동가들은 다음과 같은 원칙에 유의할 필요가 있다.

첫째, 옹호 활동은 합리적 수준을 유지하는 것이 좋다. 비록 클라이언트를 위하는 일이라 해도 무리한 요구를 고집하는 것은 아무런 도움이 되지 않는다.

둘째, 가능하면 '개인플레이'보다는 '팀워크'에 의존한다. 개별적인 옹호활동이 더 좋은 결과를 가져올 때도 있지만, 집단적인 옹호활동은 동원 가능한 자원이나 다양한 전술을 활용할 수 있다는 점에서 유리한 점이 많다.

셋째, 옹호 활동은 종종 적극적이고 단호한 태도를 요구한다. 타협적이거나 양보하는 태도는 상대방에게 약점으로 보일 가능성이 크기 때문에 클라이언트의 이익을 대변하고 상대방의 변화를 유도하기 위해서는 적극적이고 단호한 태도를 견지해야 한다.

넷째, 유연성을 강점으로 인식할 필요가 있다. 단호한 태도가 요구된다고 해서 매사에 경직된 모습을 유지해야 하는 것은 아니며, 상황에 따라 최선보다는 차선에 만족하는 법도 배워야 한다.

### 1) 옹호의 기술

사회복지사가 옹호활동을 펼치게 되는 상황이나 클라이언트 유형은 매우 다양하기 때문에 활용되는 옹호의 기술도 여러 가지 기술을 복합적으로 사용할 수 있는데, 자주 사용되는 기술 및 몇 가지를 중심으로 살펴본다.

#### (1) 설득

설득(persuasion)은 클라이언트 또는 어떤 명분에 대해 호의적인 해석을 얻어내기 위한 제반 활동이다. 또한 표적체계로 하여금 우리의 목적을 반영하는 쪽으로 의사결정을 변경하거나 방향을 바꾸게 하는 활동이다. 설득의 효과를 높이는 데는 개인적인 권위와 정확한 사실 파악이 필수적이다. 설득은 메시지 전달자, 전달형식, 전달할 메시지, 전달대상의 네 가지 요소로 이루어진다.

#### (2) 대변

대변(representation)은 다른 사람의 의견을 대신해서 표현 또는 전달하는 행위를 말한다. 대변행위의 원칙은 당사자 외에 제3자의 개입이 필요한지를 먼저 결정하고, 대변자는 자신의 지식을 클라이언트와 공유한다. 그리고 대변인은 클라이언트가 원하는 바를 찾아내 점검하고 대안을 제시하여 클라이언트로 하여금 바람직한 것을 선택하게 한다. 또한 매사에 서로 협조하는 원칙을 갖는다.

#### (3) 표적 흔들기

표적 흔들기(embarrassing the target)는 직접적인 도전이나 공격이 어려울 때 쓸 수 있는 효과적인 전술이다. 이것은 상대방이 과거 자신들의 공언과 다른 의사결정을 내릴 때 사용되는 옹호 전술로, 상대방의 일관되지 못한 견해를 대중매체를 통해 노출시킴으로써 상대방을 당혹스럽게 만드는 것이다.

### (4) 정치적 압력

정치적 압력(political pressure)은 정치적 권력을 이용하여 변화를 끌어내는 방법으로 정부의 지원을 받는 기관이나 선출직 공무원(시의원, 도의원, 국회의원)을 통해 기관에 압력을 행사할 수도 있다. 선출직 공무원은 유권자들에게 민감할 수밖에 없기 때문에 이들의 청원에 기민하게 반응한다.

## 2) 옹호의 유형

사회복지실천에서 사용되는 옹호는 문제상황과 기관의 여건에 따라 다양하게 활용된다. 어떤 수준의 옹호전략을 선택하는가는 결국 문제를 어떻게 규정하느냐에 따라 다르며, 옹호의 수준에 따라 사용되는 옹호방법과 기술이 다르다.

〈표 8-1〉 하드캐슬 옹호의 유형

| 유 형 | 개 념 | 사회복지사의 구체적 기술 |
|---|---|---|
| 자기옹호<br>(self-advocacy) | • 클라이언트 개인 및 집단이 스스로 자신을 옹호하는 활동, 때로는 자조집단 및 지지집단을 구성해서 활동 | • 행정적 및 기술적 지원(회의실 제공, 자원봉사자 공급)<br>• 격려 및 정보 제공 |
| 개인옹호<br>(individual advocacy) | • 클라이언트가 스스로 자신을 옹호할 수 없을 때 사회복지사가 개인이나 가족을 대신하여 옹호하는 활동 | • 개인 및 가족의 욕구 파악 및 사정기술 |
| 집단옹호<br>(group advocacy) | • 유사한 문제를 경험하는 클라이언트들로 구성된 집단의 공동문제를 해결하기 위한 옹호활동 | • 집단사회복지실천기술<br>• 의사소통기술 |
| 지역사회 옹호<br>(community advocacy) | • 소외된 혹은 공공의 문제를 경험하는 지역주민들을 위한 옹호활동<br>• 지역주민들이 스스로 지역사회를 옹호하기도 하고, 지역사회를 대신하여 다른 사람들이 옹호하기도 함 | • 주민들을 모으고 조직화하는 기술(일일캠프 개최, 건강달리기 모임 활용) |

| | | |
|---|---|---|
| 정치옹호<br>(political advocacy)<br>(정책적 옹호) | • 사회정의와 복지를 증진시키기 위해서 입법영역, 행정영역, 사법영역에서 다양한 형태로 전개되는 옹호활동 | • 특정 법안의 통과를 제안하거나 저지하기 위한 로비기술<br>• 사법과정에서 증인으로 나서는 클라이언트를 보호하고 정보를 제공하는 기술 |
| 체제변환적 옹호<br>(advocacy for systems change) | • 근본적인 제도상의 변화를 위해 구성원인 시민들과 사회체제 전체에 영향을 미치려는 옹호활동(양성평등을 위한 여성운동, 장애인 이동권보장을 위한 옹호활동 등) | • 캠페인 기술<br>• 조직화 기술<br>• 미디어 활용 기술 |

출처 : Hardcastle, et al.(1997), pp. 354-368; 김범수 · 신원우(2015), p. 153.

## 2 역량강화 기술

임파워먼트(empowerment)는 단어 그대로 해석하면 '파워(power)를 부여하는 것'이라고 말할 수 있다. 여기서 파워(power)는 권한과 능력이라는 두 가지 의미를 가지고 있다. 사전적 의미에서는 'empower'의 뜻을 '권한을 부여하다(give authority to)'와 '능력을 부여하다(give ability to)'의 두 가지로 설명하고 있다.

지역사회복지 실천에서 임파워먼트는 클라이언트의 잠재역량 및 자원을 인정하고 클라이언트 내외에 회복력이 있음을 전제로 하여 클라이언트 주체적으로 삶을 결정할 수 있도록 권한이나 힘을 부여하는 실천을 의미한다. 지역사회복지 실천 차원에서 임파워먼트는 지역사회 내 개인이나 조직들이 각각의 욕구를 충족시키기 위해 자신의 기술과 자원을 공동의 노력으로 이끌어 낼 수 있는 지역사회로 만드는 것을 의미한다(감정기 외, 2005 : 72). 임파워먼트는 매우 복합적이며 다차원적인 개념으로서 다음과 같은 특징을 가지고 있다(강철희 · 정무성, 2006 : 342).

첫째, 임파워먼트 개념의 이중성이다. 임파워먼트는 과정의 개념인 동시에 결과의 개념이다. 임파워먼트를 개입방법으로 설정하고자 할 때 임파워먼트는 대상자가 자신의 권한과 능력을 발견 · 획득해 나가는 과정으로 이해할 수 있고, 임파워먼트를 개입결과의 개념으로 간주할 때는 대상자가 자신의 권한과 능력을 획득한 결과로 파악한다.

둘째, 임파워먼트 개념은 이중 초점을 가진다. 임파워먼트가 개인과 환경 간의 상호작용 속에서 발생하는 문제(자원배분의 문제, 억압문제, 권리박탈 등)에 대한 이해와 이에 따른 개입을 필요로 하기 때문이며, 이론적으로 생태학적 관점과 강점 관점에 근거를 두기 때문이다.

셋째, 임파워먼트는 다양한 이론에 근거한다. 임파워먼트 접근방법의 이론적 배경이 될 수 있는 관점으로 역사적 관점, 생태학적 관점, 인종적 관점, 다원문화주의 관점, 여성주의 관점, 세계화 관점, 비판적 관점 등 매우 다양한 이론에 근거하고 있다.

넷째, 임파워먼트는 연속선상에 있는 개념이다. 임파워먼트 상태에 도달했다가 언제든지 이전의 상태로 떨어질 가능성이 상존한다는 것이다. 따라서 점진적이고 지속적인 임파워먼트를 강조한다.

### 1) 임파워먼트의 실천과정

밀리 등(Miley, et al., 1995)은 임파워먼트 실천과정을 대화과정, 발견과정, 발전과정으로 구분하였는데, 각 과정에서 행해져야 할 과업을 정리하면 다음과 같다.

#### (1) 대화과정

신뢰를 바탕으로 서로의 협조체계를 구축하는 단계로 각자의 역할을 규정하는데, 이때 클라이언트는 자신의 경험을 구체적으로 기술해야 한다.

#### (2) 발견과정

클라이언트로 하여금 도전이 되는 상황을 파악하고 이해하도록 해야 하며, 클라이언트의 도전 상황을 개인과 환경의 교류적 측면에서 파악하고 이해하며, 클라이언트와 관련 정보원에게서 상황을 이해하기 위한 관련 정보를 수집한다.

(3) 발전과정

서로가 설정한 목표를 달성하기 위해 구체적 목표를 설정하고, 목표달성을 위한 자원을 활용하며 추가자원을 발굴해 나간다.

이상의 과정들에서 이루어지는 구체적 과업을 제시하면 〈표 8-2〉와 같다.

〈표 8-2〉 임파워먼트 실천과정

| 과 정 | | 세부사항 |
|---|---|---|
| 대화과정 | 1. 공조체계 준비 | 클라이언트와 사회복지사의 원조체계에 영향을 끼치는 준거기준 마련 |
| | 2. 파트너십 형성 | 클라이언트와 사회복지사 간 파트너십 관계 창출 |
| | 3. 위험요소의 명료화 | 클라이언트 관점에서 도전적인 요소 탐색 |
| | 4. 강점발견 | 변화를 위한 강점 파악 |
| | 5. 방향설정 | 업무관계를 위한 사전목표의 명료화 및 즉각적 개입이 필요한 위기상황에 대한 조사 |
| 발견과정 | 6. 자원체계 탐색 | 개인, 가족, 집단, 기관, 지역사회, 사회적 · 정치적 체계 내 잠재적 자원 사정 |
| | 7. 자원 가능성 분석 | 수집된 정보의 의미와 효과적 변화를 위한 자원체계의 잠재력 평가 |
| | 8. 해결방법 구조화 | 결과의 확인, 가능한 해결계획의 구조화 작업 |
| 발전과정 | 9. 자원동원 | 개인, 가족, 이웃관계, 지역사회, 제도적 차원의 자원동원 |
| | 10. 기회확대 | 기회를 확장함으로써 새로운 자원 창출 |
| | 11. 성공확인 | 산출결과의 성공 여부 측정 및 과정의 효과성 평가 |
| | 12. 결과 통합화 | 과정 종결 |

출처 : Miley, K. K., O'Melia, & DuBois, B. L.(1995), p. 90.

### 2) 실천원칙

임파워먼트 실천에 있어 사회복지사의 실천원칙은 다음과 같다(김윤재 외, 2016 : 177).

첫째, 사회복지사는 클라이언트 스스로가 문제해결의 주체가 될 수 있도록 돕는다.

둘째, 클라이언트의 참여와 사회복지사의 헌신 원칙은 클라이언트 스스로가 자신을 임파워먼트할 수 있고, 능력을 배양할 수 있도록 돕는 것이다.

셋째, 클라이언트의 자발적 욕구표현의 원칙으로 클라이언트 스스로가 자신의 문제를 자신의 언어로 표현할 수 있도록 돕는다.

넷째, 사회복지사는 클라이언트를 둘러싼 외적인 환경에도 초점을 맞추고 노력해야 한다.

다섯째, 클라이언트가 그동안의 억압으로부터 탈피할 수 있도록 클라이언트 스스로 자신의 주변 현실을 재구조화할 수 있도록 돕는다.

여섯째, 사회복지사는 클라이언트를 상대로 일하면서 경험한 실천지식을 활용할 수 있어야 하며, 아울러 클라이언트가 제시하는 지식도 활용할 수 있어야 한다.

### 3) 임파워먼트의 증진 기술

지역사회실천가는 지역사회 구성원의 임파워먼트를 어떻게 강화할 수 있는가? 루빈과 루빈(Rubin & Rubin, 2001 : 89-96)은 지역사회의 임파워먼트를 높이기 위한 구체적인 기술 및 방법을 다음과 같이 제시하고 있다.

#### (1) 의식제고(consciousness raising)

무력감을 느끼는 개인들을 한데 모아 문제의 원인이 자신들에게 있는 것이 아니라는 점을 알게 한다. 이러한 과정을 거치면서 사람들은 자신들을 억압하는 사회구조에 대해 비판적 의식을 갖추게 한다.

### (2) 자기주장(self-assertion)

문제의 원인과 소재를 파악한 다음에는 공개적으로 자기의 목소리를 내어 자신의 주장을 전개해 나가는 것이다. 사회복지사는 이들이 공개적으로 자신의 주장을 전개하는 것에 대해 두려움을 갖거나 위축되지 않도록 도와준다.

### (3) 공공의제로 만들기(framing the agenda)

어떤 쟁점이 공공의제(public agenda)가 될 수 있도록 쟁점을 정리하고 시위나 대중매체 캠페인 등을 통해 대중의 관심을 확보한다. 어떤 쟁점을 공공의제로 형성하는 과정은 임파워먼트에 있어 두 가지 면에서 도움을 준다. 첫째, 대중으로 하여금 특정한 쟁점에 대해 긍정적인 태도를 갖게 하며, 둘째, 어떤 쟁점이 공공의제에 포함되는 것을 가로막는 제도적 편견과 싸움으로써 주민들로 하여금 가능성을 맛보게 한다.

### (4) 권력 키우기(building power)

자원동원과 조직화를 통해 주민들의 권력을 키우는 과정이다. 사람의 수와 열정이 가장 중요한 힘의 원천이며, 법적 행동, 전문성, 힘의 위협 등도 힘의 원천이 될 수 있다.

### (5) 역량 구축(capacity building)

클라이언트의 역량을 강화하기 위한 조직을 설립하고 자신들의 주장을 효과적으로 표명하기 위한 캠페인을 전개하는 과정을 포함한다. 이를 통해 목표완수라는 성공을 이루고 무력감을 극복하도록 한다.

### (6) 사회자본의 창출(creating social capital)

사회자본은 지역사회 구성원의 사회적 관계에 바탕을 둔 자원으로서 물리적 자본과는 상대적 개념으로 구성원 간의 협력과 연대감을 높이는 데 기여한다. 사회복지사는 사회자본의 창출을 도움으로써 주민연대와 책임의 공유 의식을 강화시켜야 한다.

## 3 조직화 기술

조직화(organizing)는 지역사회복지 실천에서 가장 기본적인 기술로서 말 그대로 사람들을 모으는(조직하는)작업으로부터 출발한다. 조직화 기술은 지역사회의 당면 문제를 해결하기 위해 지역주민들의 역량을 결집시켜 문제해결 능력을 향상시킴으로써 사회변화를 추구하는 것이다. 즉, 지역사회 조직화는 지역주민들을 세력화하고 주민조직을 만들어 지역사회 발전에 지속적으로 함께 일할 수 있도록 하는 것이라고 정의할 수 있다(남진열 외, 2010 : 143).

조직화의 목적은 첫째, 지역사회가 그들 자신의 욕구와 자원 간의 조정을 도모하고 유지함으로써 광범위한 문제를 해결시키고, 둘째, 주민참여 · 자기결정 · 협동 등의 능력을 발전시키고 강화 · 유지하도록 지원함으로써 그들 자신의 문제를 효과적으로 대처하도록 하며, 셋째, 지역사회 · 집단 간의 관계와 의사결정 능력의 배분 등에 변화를 일으키는 것이다(양정화 외, 2017 : 166).

### 1) 조직화의 원칙

효과적인 조직화를 이루기 위해서는 다음과 같은 원칙들에 유의할 필요가 있다(김종일, 2005 : 129-131).

#### (1) 사적 이익에 대한 관심을 조직화에 활용하라

사람은 자신의 이익과 무관한 일에는 관심을 보이지 않는다. 사익에 연연하는 사람을 지역사회의 공적인 이익을 추구하는 조직화에 참여시키는 것은 결코 쉬운 일이 아니다. 그러나 사익 추구에 전념하는 사람에게 조직화가 자신의 사익 추구와 상충하지 않는다는 점을 인식시킨다면, 이 사람이 조직화에 참여하는 것도 가능해진다. 조직화는 결국 사익과 공익의 공통 역역이 존재한다는 사실을 가르치는 과정이기도 하다. 바꾸어 말하면, 그것은 '나'와 '우리'의 개념을 다시 정립하는 과정이다.

#### (2) 조직화는 지속적인 관심과 노력을 요구하는 동적인 과정이다

조직화 과정에서 지역주민들은 협력의 필요성과 효과적인 실천을 배우며, 성장하지 않는 조직은 결국 해체된다는 점을 알게 한다. 조직의 성장이란 헌신적이고 활동적인 멤버들이 끊임없이 들어와서 조직에 활력을 불어넣는 현상이다.

#### (3) 갈등과 대결에 익숙해지는 법을 배워야 한다

조직가들은 사람들을 동원하는 과정에서 많은 문제와 직면하므로 이런 문제들을 해결하기 위해서는 갈등과 대결 그리고 협상에 익숙해져야 한다. 지역사회 문제가 항상 상대방의 선의에 의존해서 해결되는 것은 아니며, 오히려 그 반대의 경우가 더 많다. 상당히 많은 문제들이 기득권 세력의 권력과 탐욕에 뿌리를 두고 있으며, 구조적인 문제일수록 갈등과 대결을 내포하고 있다는 사실을 유념해야 한다.

#### (4) 이슈(issue)는 명확해야 한다

지역사회 조직화는 이슈를 중심으로 이루어지므로 조직가는 이슈를 구체적으로 명시할 필요가 있다. 이슈를 다시 정립할 때는 첫째, 시급한 문제부터 표현되어야 하며, 둘째, 문제를 구체적으로 표현해 내야 하고, 셋째, 이슈는 실현 가능한 것이어야 하며, 명분에 치우쳐서는 안 된다.

### 2) 조직화의 유형

조직화는 이념성의 정도에 따라 이념적 모델과 생산적 모델로 유형화될 수 있는데, 전자는 사회동원(social mobilization)모델로, 후자는 사회생산(social production)모델로 대표된다. 사회동원모델의 전략은 함께 행동하는 주민들의 수적 우위를 통해 의사결정의 권력을 획득하는 것이며, 사회생산모델의 목표는 어려운 주민들에게 필요한 재화와 서비스를 제공하는 것이다(남진열 외, 2010 : 145-146).

루빈과 루빈(Rubin & Rubin, 2001)은 지역사회조직화의 유형을 그 임무에 따라 다음의 네 가지로 분류하고 있다. 첫째, 사회형평 조직화는 구성원의 개인적 이익을 위하여 정부 등 공공기관에 압력을 행사한다. 둘째, 사회정의 조직화는 시민권 확대, 환경보호운동과 같이 광범위한 이슈를 다룬다. 셋째, 지역사회정체성 조직화는 주민들의 소속감과 자긍심을 고취하기 위하여 함께 일하는 것을 말한다. 넷째, 지역사회방어 조직화는 지리적 사회적 측면에서 정체성을 갖는 하나의 지역사회를 외부압력으로부터 보호하기 위한 것이다.

또한 조직화를 공간적 영역과의 관련성에 따라 쟁점 지향(issue-based)형과 공간토대(area-based)형으로, 정치 · 사회적 환경과의 관련성에 따라 자조(self-help)형, 협력(partnership)형, 공공사업(coproduction)형, 압력집단(pressure)형, 대항조직(protest organization)형의 다섯 개로 유형화한 바 있다.

쟁점 지향적 조직화는 주민들이 생활하거나 일하는 공간적 영역과는 무관하게 주민들이 표명하는 특정한 쟁점에 초점을 맞춘다. 반면 공간토대형 조직화는 근린지역과 특정 공간을 대상으로 그 공간영역에 영향을 미치는 다양한 문제들을 다룬다. 쟁점지향형 조직은 정신적인 위안을 제공하기 위해 형성된 집단을, 공간토대형 조직은 소외되지 않은 사회를 형성하기 위한 소지역자치공동체를 말한다.

자조형 조직은 문제를 인식하여 구성원을 선발하고, 외부기관으로부터 도움을 받아 서비스를 제공한다. 협력형 조직은 구성원들이 스스로 문제를 규정하고 대처하지만 외부의 재정지원을 받기도 한다. 공공사업 조직은 과거 정부기관에 의해서만 추진되었던 활동을 민·관 합동을 통해 수행하는 것이다. 압력집단 조직은 쟁점을 스스로 선택하지만, 정치인과 관료들을 설득하여 정책변화를 유도하기 위하여 정부의 관행 범위 내에서 행동하려고 노력한다. 대항조직은 경제적·정치적으로 체제의 변화를 추구하며 시가행진, 농성 등 관행적 규범을 벗어나는 활동을 전개한다.

### 3) 조직화의 과정

조직화의 단계는 크게 준비 단계, 계획화 단계, 조직화 단계, 지역활동 및 복지운동 단계, 평가 및 과제전환 단계 등 다섯 단계로 구분해 볼 수 있다(서울복지재단, 2005).

#### (1) 준비 단계

준비 단계는 인적·물적 자원 확보와 직원의 역할 분담 등 조직화를 위한 준비작업을 하는 단계이다. 이 단계에서는 전담팀(task force)을 구성해서 조직화 사업의 전체적인 밑그림을 그리고, 지역의 범주를 규정해 해당 지역 내의 인적·물적 자원의 탐색 활동을 하며, 기관 전체의 관심과 참여를 유도하기 위해 조직화 사업을 전체적으로 알 수 있는 기획 작업이 필요하다. 특히 여기서는 기관 내외의 자원동원 방법과 계획화 혹은 조직화의 전략이 개괄적으로 소개되어야 한다.

#### (2) 계획화 단계

계획화 단계에서는 주로 지역사회 및 주민욕구 사정, 지역사회 지원사정, 프로그램 개발과 평가계획 등이 이루어진다. 먼저 지역사회에 대한 사정은 지역의 인구학적 특성과 지역사회 내에 이미 구성된 주민조직의 분포와 그 특성에 관한 것이며, 주민욕구에 대한 사정은 지역주민의 일반적인 복지욕구를 파악하는 것과 복지욕구를 보다 구체적으로 조사하기 위한 방식으로 이루어진다. 자원사정은 준비 단계에서 탐색해 온 인적·물적 자원에 대해 주요 공공 또는 민간시설과 공·사조직 지도자들을 접촉함으로써 체계적으로 평가 작업을 진행하는 것이며, 프로그램 개발과 평가계획은 조직화의 과정과 과업목표를 완수하기 위해서 지역사회 자원을 효율적으로 활용해 프로그램이나 서비스를 개발하고 그 성과를 측정하기 위한 계획을 말한다.

### (3) 조직화 단계

조직화 단계는 계획화 단계에서 설계된 내용을 기초로 해서 모집, 정서강화형 소집단 구성, 문제해결형 소집단 구성 등이 이루어진다. 먼저 모집(recruitment)에서는 접촉, 자원봉사자 모집, 홍보 등 다양한 전략을 펼칠 수 있으며, 정서강화형 소집단 구성에서는 지역대표자를 중심으로 한 집단을 구성해 구성원 간의 관계 형성, 동기화, 의식화 사업 등을 진행한다. 그리고 문제해결형 소집단에서는 대표자를 포함한 임원을 구성하는 조직구조화, 지역 지도자로서 지역사회 업무를 추진해 나갈 수 있는 자질과 역량을 갖추도록 하는 교육 실시, 체험 활동에 참여케 하는 리더십 교육 실시, 그리고 기존의 계획에 지역 대자들의 의견이 충분히 반영될 수 있도록 조정하는 계획수정 작업 등이 포함된다.

### (4) 지역활동 및 복지운동 단계

지역활동 및 복지운동 단계는 조직화 단계에서의 개입 활동을 의미한다. 먼저 지역활동은 민주적 의사결정을 거치면서 주민들의 합의에 의하여 주민자치적으로 지역사회의 복리 향상을 위한 일체의 활동으로, 여기에는 주민역량강화, 민주적 합의 과정, 주민자치 활동 등이 포함된다. 이에 비해 복지운동은 사회운동의 일환으로 주민 복리의 불합리성을 전체 지역주민에게 알리고 주민들의 힘을 규합해 이를 개선하려는 활동으로, 여기에는 불합리한 제도 개선, 약자에 대한 옹호, 주민계몽활동 등이 포함된다.

### (5) 평가 및 과제전환 단계

평가 및 과제전환 단계는 지역사회 조직사업에 대한 평가와 사업 종결과 관련한 제반 과정으로, 평가 단계는 지역사회 조직사업의 성과를 공론화하기 위해서 양적 및 질적 방법으로 효율성에 대해 객관적이고 체계적으로 평가하는 것을 말한다. 과제전환 단계는 문제해결 및 사업 중단 등 사업의 종료, 새로운 과제 찾기, 실현 가능성 검토, 새로운 과제 선정 및 기획 등 새로운 사업 전환 그리고 상호 신뢰 속에서 독자적 조직 운영을 유지해 나가는 조직의 역량 강화 등을 포함한다.

## 4) 조직화의 내용

조직화의 내용은 사람과 자원을 끌어모으고(동원), 모인 사람이 조직의 목표와 방법을 논의하여(회의), 조직을 이끌 사람들을 찾아내는 일(리더십 개발) 등을 말한다(김종일, 2005 : 133-137).

### (1) 동원

동원의 핵심은 사람으로, 동원작업은 지역사회에서 활동하고 있는 기존 조직의 멤버들을 접촉하는 것으로부터 시작한다. 어떠한 형태의 조직이든 상관없이, 조직 활동을 이미 하고 있는 사람일수록 사회운동에 적극적일 가능성이 높기 때문이다. 동원을 위해 사람을 접촉할 때는 개별적이고 직접적으로 이루어지도록 노력해야 한다.

### (2) 회의

조직의 일상적인 운영은 회의를 통해 이루어지며 조직의 성패에 중대한 영향을 미친다. 그렇다면 조직을 성공으로 이끄는 양질의 회의는 과연 어떠한 것일까? 좋은 회의는 철저한 준비와 계획, 원활한 진행과 관리, 합리적인 의사결정 규칙, 회의참가자 모두에게 공정한 참여기회의 실제적 보장, 부득이한 경우를 제외한 정시종결 등의 특색을 지닌다.

### (3) 리더십 개발

리더십이란 특정 집단으로 하여금 리더와 추종자가 고유하는 목적을 추구하도록 설득하고 모범을 보이는 과정이라고 정의할 수 있다. 조직의 성패는 리더십에 의해 결정된다고 해도 지나치지 않다. 특히 지역사회복지 실천처럼 다양한 사람과 문제를 다루는 상황에서는 더욱 그러하다. 리더십 개발은 첫째, 기존 리더가 지닌 책임과 권한을 조직원들에게 나누어 주는 것으로부터 시작되며, 둘째, 잠재적 리더를 상당 기간 일대일로 가르치는 멘토링(mentoring), 셋째, 교환 프로그램에서 타 조직의 운영과 활동 방법을 배우거나 자신들의 조직이 지니지 못한 기술을 습득하는 것, 넷째, 워크숍을 통해 잠재적 리더를 파악하고 이들에게 리더십을 발휘할 수 있는 기회를 다양하게 제공하는 방법 등이 있다.

## 4 지역사회 교육 기술

지역사회 교육 기술은 지역 주민들에게 정보를 제공하고 자유민주주의 시민성을 함양하기 위한 변화를 학습시키는 시민교육(civic education, citizenship education) 개념이다. 지역사회에서 시민교육이 중요한 이유는, 지역사회는 시민의 참여를 실천할 수 있는 장일 뿐만 아니라 참여 유발이 용이하기 때문이다. 우리 사회가 기대하는 좋은 시민이란 민주시민이고 참여하는 시민일 뿐만 아니라 지역사회 시민임을 강조한다. 이를 효과적으로 수행하기 위해서는 지역사회에 대해 많이 알아야 하며, 정보를 명확하게 전달하고 이해시키기 위한 의사소통 능력이 요구된다.

암스트롱(Armstrong, 1981)은 지역사회 교육의 목표를 주민의 삶에 영향을 미치는 정치 및 경제구조에서 주민의 적극적 참여를 의미하는 참여(participation), 지역사회 행동 역량을 강화하기 위한 지역사회 행동(community action), 지역사회 전체에 유익하다고 생각되는 공익(general good), 다양한 소수민족 집단으로 구성된 지역사회와 관련된 지역사회 관계 개선(improvement of relations) 등 네 가지로 제시하였다(최항순 외, 2020 : 175).

지역사회 교육 기본기술은 지역 주민들이 일상적인 언어를 사용하여 자신의 의견을 명확하게 표현하는 능력, 타인의 의견 경청 능력, 다른 사람의 질문을 이해하고 다른 사람의 호감과 호기심에 대응하는 능력, 배우고 성장하기 위해 다른 사람과의 대화에 참여하는 능력, 주민들이 스스로의 의제와 교육목표를 세울 수 있도록 지원하는 능력이 있어야 한다.

지역사회 교육에서 사회복지사는 교육자 역할로서 의식향상, 정보제공, 훈련 기술을 활용할 수 있다(김용환 외, 2019 : 207-208).

### (1) 의식향상

의식향상은 지역 주민들에게 삶의 방식을 변화시킬 수 있다는 확신을 주고, 변화의 방법을 현실적으로 찾을 수 있도록 돕는 과정이다. 행동집단이나 운동, 캠페인에 참여시키는 것도 의식향상에 해당한다.

### (2) 정보제공

사회복지사가 지역 주민들에게 적절한 정보를 제공하는 것은 주민들이 욕구충족 방법을 기획하고 지역사회 개발 과정에 많은 주민들을 참여시킬 수 있는 방법들을 모색하는 데 중요하다.

그리고 주민들에게 다른 지역사회에서 어떤 프로그램이 진행되고 있는지 정보를 제공하므로 다른 지역사회의 성공과 실패로부터 배울 수 있도록 도움을 줄 수 있다.

#### (3) 훈련

훈련은 지역 주민들에게 무언가를 행하는 방법을 가르치는 것을 의미한다. 사회복지사는 다양한 훈련을 제공하기 위해서 적절한 자원과 전문지식을 찾아내는 역할을 수행해야 한다.

## 5 협상(갈등조정) 기술

협상은 지역사회복지 실천 과정에서 서로 다른 이해관계를 가진 둘 이상의 집단·조직 간 갈등을 해결하고 쌍방이 의도하는 최선의 목적을 달성하려고 할 때 사용하는 기술이다. 반면 갈등이란 관련 당사자 간 혹은 집단 간의 '상반된 행동'을 전제로 '상호 의존적인 두 사람 이상의 당사자(집단)들이 그들의 목표와 욕구를 충족시키려는 과정에서 서로 간의 입장 차이로 인해 방해를 받게 될 때 당사자들 간에 가해적 행위를 주고받는 것'이라고 정의할 수 있다(Donahue & Kolt, 1992).

### 1) 협상의 개념

협상이라는 사회현상을 구체적으로 규정하는 것은 매우 어려운 일이며 학문분야별, 접근방법별로 다양하다. 프루이트와 카니발(Pruitt & Carnevale)은 협상을 둘 이상의 집단이 사회적 충돌을 피하기 위해서 서로의 이해상반을 해결할 목적으로 토론하는 일이라고 정의하고 있다(Pruitt & Carnevale, 1993 : 2). 이달곤은 공동의 문제를 안고 있는 둘 이상의 의사결정 주체가 상반되는 가치를 대화를 통하여 이익을 교환하고 공동의 몫을 증대시키는 과정으로 정의하고 있다(이달곤, 1992 : 15).

이와 같이 협상 개념은 여러 가지로 정의될 수 있지만, 협상이라는 현상이 갈등해소를 전제로 하고 그러한 갈등을 순화, 해소하는 갈등당사자 간의 상호작용 과정이라는 점에서 공통점을 발견할 수 있다. 이러한 협상은 다음과 같은 특징적 요소들을 가진다(Rubin & Brown, 1975 : 5-18).

첫째, 협상은 둘 이상의 의사결정 주체나 당사자를 구성요소로 한다.

둘째, 상호 간의 가치, 이해, 요구 등의 사안들이 집단적으로 선택되어야 하는 성격을 갖는데, 보통 이해가 상반되는 것이 일반적이다.

셋째, 협상주체들은 협상이 진행되는 동안 자발적으로 협상상대와 잠정적인 협상관계를 이루게 된다.

넷째, 협상과정은 불완전한 정보 속에서 동시적으로나 순차적으로 대응의 입장을 탐색하는 상호 관계된 작용을 그 요소로 한다.

다섯째, 권력(힘)을 어떠한 자질이나 관계로만 보지 않고 인과관계에 관련된 능력으로 파악한다.

협상은 그 속성상 인간의 욕구에 바탕을 둔 상호 욕구 만족을 위한 교환행위에 관한 것이며, 둘 이상의 의사결정 주체 및 당사자를 구성요소로 하는 특징이 있다. 따라서 협상이 성립하기 위해서는 두 가지 전제조건이 충족되어야 한다. 하나는 협상으로부터 얻고자 하는 것이 밝혀져야 하고, 다른 하나는 욕구를 충족시킬 상대방이 있어야 한다.

일단 욕구가 밝혀지고 상대가 결정되고 나면 협상은 제안이나 제의, 요구와 같은 질문(ask)으로부터 시작된다. 이러한 질문에 대한 대답이 긍정(yes)일 경우 바로 욕구가 충족됨으로써 협상을 필요 없게 된다. 또한 부정(no)일 때도 협상은 막다른 골목길(deadlock)로 들어서게 되어 협상이 시작되지 않는다. 그렇지만 가능성 있는 대답(maybe)을 얻었을 경우에는 본격적인 협상에 들어서게 되고 협상 내용에 따라 협상결렬이나 부분적 혹은 완전한 욕구충족을 얻을 수 있다.

그런데 부정의 대답이 언제나 상황의 종결을 의미하는 것이 아니고, 부정의 대답 속에는 '제한된 가능성'이 포함되어 있기 때문에 이를 협상으로 연결한다면 욕구의 충족이 가능할 수 있다(Schatzki, 1981 : 29-30).

### 2) 협상의 과정

협상은 다음과 같은 일련의 과정으로 진행할 수 있다(최옥채, 2012 : 283-284).

① **협상목표와 전략 수립** : 상대방을 파악한 후 교섭을 위한 전략회의를 통해 협상목표와 전략을 수립하며 관련 지식, 정보를 다른 전문가나 기관으로부터 입수하고, 상대방에게 양보할 것과 얻어낼 것을 마련한다.
② **교섭** : 상대와 대화를 시작하고 상대가 하는 말을 주의 깊게 경청하며, 특히 그 안에 깔린 의도를 잘 파악한다.
③ **설득** : 상대의 표정을 주시하면서 그의 마음을 읽고, 상대에게 제시하는 나의 내용뿐만 아니라 나를 지원하는 이의 주장까지도 일관되게 전개해 나간다.
④ **절충** : 상대를 온전히 설득하지 못할 상황에서는 서로 양보하여 절충을 시도한다. 이때 절충안을 분명히 하고, 상황에 따라서는 문서로 작성한다.
⑤ **합의 결정** : 최종안을 서로 합의하고, 상황에 따라 문서를 작성한다.

### 3) 협상의 기술

협상의 목적이 자신의 욕구를 최대한 관철시키는 것이라면 이를 위해 여러 가지 구체적인 기술이 필요하다. 프루이트(Pruitt, 1981)가 제시한 기술을 살펴보면 다음과 같다(염일열 · 이승현 · 박용호, 2022).

#### (1) 협상에 시한(deadline)을 두어야 한다

협상에 있어서 어느 때까지 타협이 이루어지지 못하면 쌍방에게 피해가 될 수 있다는 것을 보여줄 수 있는 시한을 정해야 한다.

### (2) 무엇을 요구하는지 입장을 확고히 해야 한다

상대방에게 요구의 관철을 위해 철저히 행동에 옮길 것이라는 인상을 확고히 해야 하며 그러기 위해서는 요구가 적절해야 한다.

### (3) 언제 어떻게 양보해야 할 것인가를 배워야 한다

양보는 협상에서 가장 핵심적인 기술로 너무 성급하게 타협하거나 너무 협상을 끌어 타협 거부로 이어지지 않도록 주의해야 한다.

### (4) 상대방의 제안에 신중하게 대응해야 한다

상대방의 제안을 즉각적으로 거부하면 협상이 끝장나 버릴 수 있고, 또 쉽게 받아들이면 필요 이상의 양보를 하게 될 수 있어 제안이 나오면 어느 정도 시간을 들여 생각하는 것이 중요하다.

### (5) 협상이 계속 진행되도록 해야 한다

협상에 참여하는 사람들은 주된 협상 안건에 매달리겠지만 때로는 간단한 양보를 함으로써 협상이 계속 진행되도록 해야 한다.

### (6) 중재자의 개입 여부를 고려해야 한다

쌍방이 도저히 타협할 수 없는 차이가 있을 때 쌍방이 신뢰할 수 있고 협상에 참여하기를 원하는 중재자가 개입함으로써 협상 결렬 가능성을 낮추고, 합의 가능성을 높일 수 있다.

09
CHAPTER

# 지역사회복지 추진기관

1. 지역사회복지관
2. 사회복지협의회
3. 지역사회보장협의체
4. 사회복지공동모금회
5. 자원봉사센터

09
CHAPTER

# 지역사회복지 추진기관

## 1 지역사회복지관

### 1) 사회복지관의 개념

사회복지관은 지역사회복지의 발전과 개선에 관심을 가지며 지역복지사업을 수행하는 전달체계로서 가장 중요한 기관이라고 볼 수 있다. 2025년 기준 전국적으로 482개소의 사회복지관이 운영되고 있으며 지역사회의 욕구와 문제를 해결하기 위해 종합적인 사회복지센터로서 역할과 기능을 수행하고 있다.

사회복지관은 "지역사회를 기반으로 일정한 시설과 전문인력을 갖추고 지역주민의 참여와 협력을 통하여 지역사회의 복지문제를 예방하고 해결하기 위하여 종합적인 복지서비스를 제공하는 시설"로 정의되고 있다(국가법령정보센터, 2025). 사회복지관은 사회복지 서비스 욕구를 가지고 있는 모든 지역사회 주민을 대상으로 보호서비스, 재가복지 서비스, 자립능력 배양을 위한 교육훈련 등 그들이 필요로 하는 복지서비스를 제공하고, 가족기능 강화 및 주민 상호 간 연대감 조성을 통한 각종 지역사회 문제를 예방, 치료하는 종합적인 복지서비스 전달기구로서 지역사회 주민의 복지증진을 위한 중심적 역할을 수행하는 것을 목표로 하고 있다(보건복지부, 2025a).

### 2) 사회복지관의 법적 근거

사회복지관은 종합적인 서비스 제공의 기능으로서 직접적 서비스와 지역사회 문제해결과 지역사회조직으로서의 간접적 서비스의 기능과 역할을 수행하게 되는데 이러한 사회복지관 설치의 법적 근거를 살펴보면 다음과 같다.

#### (1) 사회복지사업법 제2조

"사회복지사업"이란 관련 법률에 따른 보호 · 선도(善道) 또는 복지에 관한 사업과 사회복지상담, 직업지원, 무료 숙박, 지역사회복지, 의료복지, 재가복지(在家福祉), 사회복지관 운영, 정신질환자 및 한센병력자의 사회 복귀에 관한 사업 등 각종 복지 사업과 이와 관련된 자원봉사활동 및 복지 시설의 운영 또는 지원을 목적으로 하는 사업을 말한다.

#### (2) 사회복지사업법 제34조의5

① 제34조 제1항과 제2항에 따른 시설 중 사회복지관은 지역복지증진을 위하여 다음 각 호의 사업을 실시할 수 있다.

1. 지역사회의 특성과 지역주민의 복지 욕구를 고려한 서비스 제공 사업
2. 국가 · 지방자치단체 및 민간 부문의 사회복지서비스를 연계 · 제공하는 사례관리 사업
3. 지역사회 복지 공동체 활성화를 위한 복지자원 관리, 주민교육 및 조직화 사업
4. 그 밖에 복지 증진을 위한 사업으로서 지역사회에서 요청하는 사업

② 사회복지관은 모든 지역주민을 대상으로 사회복지서비스를 실시하되, 다음 각 호의 지역주민에게 우선 제공하여야 한다.

1. 「국민기초생활 보장법」에 따른 수급자 및 차상위계층
2. 장애인, 노인, 한부모가족 및 다문화가족
3. 직업 및 취업 알선이 필요한 사람

4. 보호와 교육이 필요한 유아·아동 및 청소년
5. 그 밖에 사회복지관의 사회복지서비스를 우선 제공할 필요가 있다고 인정되는 사람

③ 그 밖에 사회복지관의 설치·운영·사업·인력 기준 등에 필요한 사항은 보건복지부령으로 정한다.

### (3) 사회복지사업법 시행규칙 제23조 및 제23조의2

**제23조(사회복지관의 설치기준)** ② 사회복지관에는 강당 또는 회의실과 방음설비를 갖춘 상담실을 갖추어야 하며, 제23조의2 제1항에 따른 업무수행에 필요한 공간을 확보하여야 한다.

**제23조의2(사회복지관의 운영기준)** ① 사회복지관에는 사무분야와 별표 3에 따른 사업 분야별로 이를 수행할 수 있는 직원을 각각 두거나 겸직할 수 있도록 하며, 사회복지관의 인력 기준은 별표 3의2와 같다.

② 사회복지관의 관장과 각 분야별 책임자는 다음 각 호의 자격을 갖춘 자로 하여야 한다.

1. 관장 : 2급 이상의 사회복지사자격증 소지자 또는 이와 동등한 자격이 있다고 법 제36조에 따른 운영위원회(이하 "운영위원회"라 한다)에서 인정한 자
2. 사무분야의 책임자 : 3급 이상의 사회복지사자격증 소지자 또는 이와 동등한 자격이 있다고 운영위원회에서 인정한 자
3. 그 밖의 사업분야의 책임자 : 해당 분야의 자격증 소지자

③ 사회복지관의 관장은 별표 3에 해당하는 사업 중 지역사회의 특성과 지역주민의 복지 욕구를 고려한 사업을 선택하여 복지 사업을 수행하여야 한다.

④ 사회복지관의 관장은 지역주민의 복지 욕구에 대한 조사, 관계 행정 기관 및 단체의 의견을 수렴하여 매년도의 사회복지관 복지 사업계획을 수립하여야 한다.

⑦ 사회복지관의 관장은 보건복지부장관이 정하는 바에 따라 사회복지관 현황보고서를 매년 1월 말까지 시장 · 군수 · 구청장 및 시 · 도지사를 거쳐 보건복지부장관에게 제출하여야 한다.

### 3) 사회복지관의 발달과정

우리나라 사회복지관의 발달과정은 다음과 같이 구분할 수 있다(최일섭 외, 2006; 조성희 외, 2023; 김준환 외, 2024; 우수명 외, 2025).

#### (1) 사회복지관의 태동기(1906~1944년)

우리나라 최초의 사회복지관은 1906년 미국 감리교 선교사인 메리 놀즈(Mary Knowles)가 원산에 세운 '반열방'이라는 인보관으로 여성들을 대상으로 계몽사업을 전개하였다. 1921년에는 서울에 우리나라 최초의 사회복지관인 '태화여자관'을 설립하였고, 1926년 '보혜여자관'을 설립하여 사회적으로 열등한 위치에 처한 여성들의 사회적 지위 향상과 빈곤문제 해결을 위해 노력하였다.

일제 강점기에는 조선총독부가 서울지역을 중심으로 인보관을 세워 생활지도와 구호사업, 직업훈련을 실시하였고, 지역주민의 복지증진 외에도 사회질서 유지나 사회통제 수단으로 인보관을 활용하였다. 이 시기의 사회복지관 사업의 특징은 첫째, 여성의 지위 향상과 빈곤문제 해결을 목적으로 사회계몽 또는 사회교육기관으로서의 성격을 가지고 있었다. 둘째, 설립주체가 외국의 종교단체에 의한 민간 주도로 이루어졌다. 셋째, 국가적 통치 차원에서 이루어진 인보관의 시대로 기관들은 국가의 사회서비스를 대행하는 역할을 수행하였다.

#### (2) 사회복지관의 형성기(1945~1979년)

1949년 해방과 독립 정부 수립, 그리고 1950년 한국전쟁으로 인하여 심각한 사회문제가 발생한 시기로 전쟁고아, 전쟁미망인, 부랑인과 월남피난민 등에 대한 긴급구호와 수용 시설을 중심으로 하는 보호사업이 실시되었다. 이 시기는 대학에서 사회복지관을 운영하는 경우가 많았는데, 1956년 이화여자대학교가 신촌지역 주민들의 생활향상과 사회복지 전공학생들의 실습과 봉사의 참여기회를 제공할 목적으로 최초의 대학 사회복지관인 이화사회복지관을 설립하였다. 이후 1971년에는 성심여자대학교가 봉촌동에 성심사회복지관을 설립하였고, 1975년 중앙대학교가 봉촌동에 학교부설사회복지관을 설립하였다.

대학기관 외에도 1945년 캐나다 유니테리언 봉사회가 1964년부터 1985년까지 목표사회복지관(1964년), 인천사회복지관(1965년), 이천사회복지관(1966년), 마포사회복지관(1968년)을 개관하였고, 지역적 특성에 맞게 대도시형, 중소도시형, 농촌형, 어촌형으로 구분해 복지관의 시범사업을 전개하였다. 한국전쟁으로 고통받는 한국인들을 돕기 위해 밥 피어스 선교사와 한경직 목사가 1950년 설립한 선명회(현 월드비전)는 1974년 성남사회복지관을 설립하였다.

1975년 '국제사회복지관연합회' 회원국으로 가입하였고, 1976년 22개 복지관을 회원으로 하여 '한국사회복지관연합회'가 발족되었다. 이후 1989년 '한국사회복지관협회'로 변경되었고 2025년 기준 482개 중에서 466개(96.7%)의 복지관이 회원으로 가입되어 있다(한국사회복지관협회, 2025).

이 시기의 사회복지관 사업의 특성은 대학기관, 외국의 민간단체 등 사회복지관의 설립과 운영의 주체가 다양하였으나 1970년대 대다수의 외원기관이 철수함으로써 사회복지관 운영의 재정적 어려움을 겪기도 하였다. 비록 법적 근거가 마련되어 있지 않았으나 국가에서 사회복지관에 대한 보조금을 지원하는 등 국가가 사회복지관 운영에 부분적으로 개입하면서 사회복지관이 정착되었다.

### (3) 사회복지관의 확대기(1980~1990년대 중반)

1980년대에 들어서서 사회복지관의 설립 주체가 다양해졌으며 정부의 관심이 커지면서 사회복지관은 확대기를 맞이하게 된다. 또한 1983년 사회복지사업법이 개정되면서 사회복지관은 규모에 따라 유형을 구분하여 복지관 사업에 대한 국고 지원의 법적 근거가 만들어졌으며, 1988년에는 사회복지관의 운영과 관련된 국고보조사업 지침을 마련하였다. 정부는 심각한 주택 문제를 해결하기 위해 주택 200만 호 건설계획을 추진, 저소득층 주민을 위한 영구임대주택을 건설할 때 단지 내에 의무적으로 사회복지관을 건립하도록 하여 사회복지관의 양적 성장이 이루어졌으며 사업의 전문화와 체계화 등의 질적 성장도 이루어졌다. 1989년에는 '한국사회복지관협회'가 조직되어 사회복지사 지원 교육훈련, 조사연구사업, 도서출판사업, 홍보활동, 자원봉사, 자원개발 및 지원사업 등의 다양한 사업들이 실시되었다.

#### (4) 사회복지관의 정착기(1990년대 중반 이후)

1990년대 이후에는 사회복지관의 수가 꾸준히 증가하여 양적 팽창을 이루었으며 이에 따라 종합사회복지관에서는 전문인력을 확보하고 지역사회를 위한 서비스를 개발하여 시행하는 등 질적인 발전을 이루었다. 종합사회복지관은 양적인 증가 추세와 더불어 1995년 지방자치시대를 맞이하여 사회복지관의 역할이 더 중요해졌으며, 2005년 지역사회보장계획 추진과 관련하여 지역사회 맞춤형 서비스 제공이 강조되면서 복지관 사업은 지역사회를 기반으로 하는 복지활동에서 중추적인 역할을 담당하게 되었다.

2000년대에는 지역사회복지시설에 대한 평가를 의무화하는 사회복지사업법의 제정을 통해 사회복지관의 전문성과 책임성이 강하게 요구되었으며 2010년 복지관 부설로 운영되던 재가복지센터를 복지관 사업으로 흡수·통합하였다. 이를 계기로 사회복지관은 조직과 인력을 정비, 프로그램 수행과정을 체계화, 전문화시키고 지역사회 특성에 맞는 새로운 사업들을 모색하는 등 정착과 발전의 계기를 맞이하게 되었다.

〈표 9-1〉 우리나라 지역사회복지관 연혁

| 연 도 | 주요 내용 |
|---|---|
| 1906년 | 원산 인보관 운동에서 사회복지관사업 태동 |
| 1921년 | 서울에 최초로 태화여자관 설립 |
| 1926년 | 원산에 보혜여자관 설립 |
| 1930년 | 서울에 인보관 설립 |
| 1975년 | 국제사회복지관연합회 회원국 가입 |
| 1976년 | 한국사회복지관연합회 설립(22개 사회복지관) |
| 1983년 | 사회복지사업법 개정으로 사회복지관 운영 국고보조 지원 |
| 1988년 | 사회복지관 운영 · 국고보조사업지침 수립 |
| 1989년 | 주택건설촉진법 등에 의해 저소득층 영구임대아파트 건립 시 일정 규모의 사회복지관 건립을 의무화 |
| 2005년 | 전국 사회복지관 391개소 설치운영 |
| 2010년 | 전국 사회복지관 420개소 설치운영 |
| 2015년 | 전국 사회복지관 447개소 설치운영 |
| 2020년 | 전국 사회복지관 475개소 설치운영 |
| 2025년 | 전국 사회복지관 482개소 설치운영 |

출처 : 한국사회복지관협회 홈페이지(http://www.kaswc.or.kr).

### 4) 사회복지관 운영의 기본 원칙

사회복지관이 행하는 사회복지사업은 인도주의와 서비스를 필요로 하는 자의 존엄 유지를 전제로 다음 기본 원칙에 따라 수행되어야 한다(보건복지부, 2025a).

#### (1) 지역성의 원칙

사회복지관은 지역사회의 특성과 지역주민의 문제나 욕구를 신속하게 파악하여 사업계획 수립 시 반영하여 지역사회의 문제를 해결하고, 이에 따른 서비스를 제공하여야 한다. 또한 지역주민의 적극적 참여를 유도하여 주민이 능동적 역할과 책임 의식을 갖도록 하여야 한다.

### (2) 전문성의 원칙

사회복지관은 다양한 지역사회 문제에 대처하기 위해 일반적 프로그램과 특정한 문제를 해결할 수 있는 전문적 프로그램이 병행될 수 있도록 지식과 기술을 보유한 전문 인력이 사업을 수행하도록 하고, 이들 인력에 대한 지속적인 재교육을 등을 통해 전문성을 증진시켜야 한다.

### (3) 책임성의 원칙

사회복지관은 서비스 이용자의 욕구를 충족하고 지역사회 문제를 해결함에 있어서 효과성을 극대화하기 위하여 최선의 노력을 기울여야 한다.

### (4) 자율성의 원칙

사회복지관은 다양한 복지서비스를 효율적으로 제공하기 위하여 사회복지관의 능력과 전문성이 최대한 발휘될 수 있도록 자율적으로 운영하여야 한다.

### (5) 통합성의 원칙

사회복지관은 사업을 수행함에 있어 지역 내 공공 및 민간 복지기관 간에 연계성과 통합성을 강화시켜 지역사회복지 체계가 효율적 · 효과적으로 운영되도록 하여야 한다.

### (6) 자원 활용의 원칙

사회복지관은 주민 욕구의 다양성에 따라 다양한 기능인력과 재원을 필요로 하므로 지역사회 내의 복지자원을 최대한 동원 · 활용하여야 한다.

### (7) 중립성의 원칙

사회복지관은 정치 · 영리활동, 특정 종교 활동 등에 이용되지 않도록 중립성이 유지되어야 한다.

#### (8) 투명성의 원칙

사회복지관은 자원을 효율적으로 이용하고 운영과정의 투명성을 유지하여야 한다.

### 5) 사회복지관 사업의 대상과 기능

사회복지관은 저소득 취약계층과 지역주민에 대한 실질적인 사회복지 서비스가 이루어질 수 있도록 각 사업을 유기적으로 연계하여야 한다(보건복지부, 2025a).

#### (1) 사회복지관 사업의 대상

사회복지관 사업의 대상은 사회복지 서비스 욕구를 가지고 있는 모든 지역주민으로 하되, 다음의 주민을 우선적인 사업 대상으로 하여야 한다.

① 국민기초생활보장법에 따른 수급자 및 차상위계층
② 장애인, 노인, 한부모가족 및 다문화가족
③ 직업 및 취업알선이 필요한 사람
④ 보호와 교육이 필요한 유아·아동 및 청소년
⑤ 그 밖에 사회복지관의 사회복지서비스를 우선 제공할 필요가 있다고 인정되는 사람

#### (2) 사회복지관 사업의 기능

사회복지관은 지역사회의 특성과 지역주민의 복지욕구에 대한 조사를 실시, 그 결과를 바탕으로 사업내용을 결정하되, 사회복지사업법 제34조의5 및 동법 시행규칙 별표 3에서 명시하고 있는 사회복지관의 3대 기능(사례관리기능, 서비스제공기능, 지역조직화기능)을 균형 있게 수행해야 한다. 다만, 관할 시장이나 군수, 구청장이 지역적 특성을 감안하여 필요하다고 인정한 경우에는 별도의 사업을 개발하여 추진할 수 있다(보건복지부, 2025a).

〈표 9-2〉 사회복지관의 기능별 사업내용

| 기능 | 사업 분야 | 사업 및 내용 |
|---|---|---|
| 사례 관리 기능 | 사례발굴 | 지역 내 보호가 필요한 대상자 및 위기개입 대상자를 발굴하여 개입계획 수립 |
| | 사례개입 | 지역 내 보호가 필요한 대상자 및 위기개입 대상자의 문제와 욕구에 대한 맞춤형 서비스 제공을 위한 사례개입 |
| | 서비스 연계 | 사례개입에 대한 지역 내 민간 및 공공 자원과 서비스에 대한 정보 제공 및 연계, 의뢰 |
| 서비스 제공 기능 | 가족기능 강화 | • 가족관계증진사업 : 가족원 간의 의사소통을 원활히 하고 각자의 역할을 수행함으로써 이상적인 가족관계를 유지함과 동시에 가족의 능력을 개발 · 강화하는 사업<br>• 가족기능보완사업 : 사회구조 변화로 부족한 가족기능, 특히 부모의 역할을 보완하기 위하여 주로 아동 · 청소년을 대상으로 실시되는 사업<br>• 가정문제해결 · 치료사업 : 문제가 발생한 가족에 대한 진단 · 치료 · 사회복귀 지원사업<br>• 부양가족지원사업 : 보호대상 가족을 돌보는 가족원의 부양부담을 줄여주고 관련 정보를 공유하는 등 부양가족 대상 지원사업<br>• 다문화가정, 북한이탈주민 등 이용자 특성을 반영한 사업 |
| | 지역사회 보호 | • 급식서비스 : 지역사회에 거주하는 요보호 노인이나 결식아동 등을 위한 식사제공 서비스<br>• 보건의료 서비스 : 노인, 장애인, 저소득층 등 재가복지사업 대상자들을 위한 보건 · 의료 관련 서비스<br>• 경제적 지원 : 경제적으로 어려운 지역사회 주민들을 대상으로 생활에 필요한 현금 및 물품 등을 지원하는 사업<br>• 일상생활 지원 : 독립적인 생활능력이 떨어지는 요보호 대상자들이 시설이 아닌 지역사회에 거주하기 위해서 필요한 기초적인 일상생활 지원서비스<br>• 정서서비스 : 지역사회에 거주하는 독거노인, 소년소녀가장 등 부양가족이 없는 요보호 대상자들을 위한 비물질적인 지원 서비스<br>• 일시보호 서비스 : 독립적인 생활이 불가능한 노인이나 장애인 또는 일시적인 보호가 필요한 실직자 · 노숙자 등을 위한 보호서비스<br>• 재가복지봉사서비스 : 가정에서 보호를 요하는 장애인, 노인, 소년 · 소녀가정, 한부모가족 등 가족기능이 취약한 저소득 소외계층과 국가유공자, 지역사회 내에서 재가복지봉사 서비스를 원하는 사람에게 다양한 서비스 제공 |

| | | |
|---|---|---|
| | 교육문화 사업 | • 아동 · 청소년 사회교육 : 주거환경이 열악하여 가정에서 학습하기 곤란하거나 경제적 이유 등으로 학원 등 다른 기관의 활용이 어려운 아동 · 청소년에게 필요한 경우 학습 내용 등에 대하여 지도하거나 각종 기능교육 시행<br>• 성인기능교실 : 기능습득을 목적으로 하는 성인사회교육사업<br>• 노인여가 · 문화 : 노인을 대상으로 제공되는 각종 사회교육 및 취미교실 운영사업<br>• 문화복지사업 : 일반주민을 위한 여가 · 오락 프로그램, 문화, 소외집단을 위한 문화 프로그램, 그 밖에 각종 지역문화행사사업 |
| | 자활 지원 등 기타 | • 직업기능훈련 : 저소득층의 자립능력 배양과 가계소득에 기여할 수 있는 기능훈련을 실시하여 창업 또는 취업을 지원하는 사업<br>• 취업알선 : 직업훈련 이수자 기타 취업희망자들을 대상으로 취업에 관한 정보제공 및 알선사업<br>• 직업능력개발 : 근로의욕 및 동기가 낮은 주민의 취업욕구 증대와 재취업을 위한 심리 · 사회적인 지원 프로그램 실시사업<br>• 기타 특화사업 |
| 지역 조직화 기능 | 복지 네트워크 구축 | 지역 내 복지기관 · 시설들과 네트워크를 구축함으로써 복지서비스 공급의 효율성을 제고하고, 사회복지관이 지역복지의 중심으로서의 역할을 강화하는 사업(지역사회연계사업, 지역욕구조사, 실습지도) |
| | 주민 조직화 | 주민이 지역사회 문제에 스스로 참여하고 공동체 의식을 갖도록 주민조직의 육성을 지원하고, 이러한 주민협력 강화에 필요한 주민의식을 높이기 위한 교육을 실시하는 사업(주민복지증진사업, 주민조직화사업, 주민교육) |
| | 자원 개발 및 관리 | 지역주민의 다양한 욕구 충족 및 문제해결을 위해 필요한 인력, 재원 등을 발굴하여 연계 및 지원하는 사업(자원봉사자 개발 및 관리, 후원자 개발 및 관리) |

출처 : 보건복지부(2025a). 2025 사회복지관 운영관련 업무처리 안내.

## 2 사회복지협의회

### 1) 사회복지협의회의 개념

사회복지협의회는 사업복지사업법에 의거하여 설립된 사회복지 공익법인으로서, 민간 사회복지 증진을 위한 협의조정, 정책개발, 조사연구, 교육훈련, 자원봉사활동의 진흥, 정보화사업, 사회적 취약계층을 위한 사업수행을 통해 우리나라의 사회복지증진과 발전에 기여하고 있다.

사회복지협의회는 1952년 2월 15일 사단법인 한국사회사업연합회로 출발하였고, 1961년 한국사회복지사업연합회, 1970년 사회복지법인 한국사회복지협의회로 명칭을 변경하였다. 1983년 사회복지사업법이 개정되면서 법정단체로 변경되었으며 1984년부터 시 · 도 사회복지협의회 조직이 시작되었다.

사회복지협의회의 목적은 사회복지에 관한 조사 · 연구와 각종 복지사업 조성, 사회복지사업과 활동을 조직적으로 협의 · 조정하며 사회복지에 대한 국민의 참여를 촉진하고자 한다(한국사회복지협의회, www.bokji.net).

사회복지협의회의 개념은 시대와 상황에 따라 유동적일 수 있으나 던햄(Dunham, 1970)은 "복지와 보건에 관한 지역사회 문제의 해결에 필요한 계획을 수립하고 사업을 추진함에 있어서 주민의 관심과 전문가의 기술을 결합시키는 지역주민과 사회기관들의 연합체"라고 정의하였다. 협의회의 목적은 "현재 당면하고 있고 또 앞으로 대두될 수 있는 보건과 복지수요를 파악하고 이를 충족시키기 위한 계획을 마련하고 이러한 계획을 실천하는 것"이라고 하였다.

### 2) 사회복지협의회의 발달과정

사회복지협의회는 1869년 영국에서 시작하여 1877년 미국의 버펄로시(Buffalo)에 설립된 자선조직협회에서 그 기원을 찾을 수 있다. 1908년 미국 피츠버그에 설립된 자선조직협회(Associated Charities)와 중앙협의회(Central Council)를 최초의 사회복지협의회로 보고 있으며 당시 수많은 빈민들로부터의 구호요구에 따른 자선단체들의 이중적 수혜와 누락을 예방하는 역할을 하였다. 지역사회복지협의회는 1918년에 결성된 미국지역사회복지조직연합회(America Association for Community Organization)의 회원조직이 되었으며 이 연합회는 미국지역공동모금 및 협의회(C.C.C : Community Chests and Councils of America)로 명칭을 바꾸었다가 1956년 United Community Funds and Councils of America(UCFCA)로 명칭을 달리 사용하게 되었다. 현대적인 사회복지의 태동 배경이 된 영국과 미국의 자선조직협회(Charity Organization Society)가 사회복지 관련 기관들의 연합단체인 것과 영국의 커뮤니티 실천모델을 정리한 포플(Popple) 모델의 하위 모델 가운데 커뮤니티 조직화 모델의 내용이 사회복지 관련 기관들의 조직화를 의미하는 것과 같이, COS와 같은 성격을 가진 사회복지협의회는 가장 대표적인 커뮤니티 조직화의 하나라고 볼 수 있다.

우리나라의 경우 1921년 사회사업연합단체로서 최초로 등장한 것이 조선사회사업연구회이다. 이후 조선사회사업연구회는 1928년 조선사회사업협회로 개칭되었고, 1929년에는 재단법인이 되었다. 조선사회사업협회는 조선총독부에 사무소를 둔 관변단체로 사회사업시설을 측면 지원하는 역할과 조정과 교육 등의 역할을 수행하였다. 또한 전일본 사회사업연맹이 결성됨에 따라 우리나라에서도 사회사업기관들의 연합체인 사회사업연맹이 결성되었으나 해방 전후로 기능을 모두 상실하였다(김범수, 2000; 최선희, 2024).

현재의 한국사회복지협의회는 1952년 2월 한국사회사업연합회(초대회장 오긍선)로 시작되었다. 이후 1961년 6월 16개 사회복지단체를 연합하여 사단법인 한국사회복지사업연합회로 개칭하고, 1970년 5월 '사회복지사업법' 제정에 따라 사회복지법인 한국사회복지협의회로 명칭을 변경하였다.

한국사회복지협의회는 1983년 5월 사회복지사업법 개정을 통해서 법정단체가 되었으며 사회복지사업법 제24조를 사회복지협의회 규정으로 신설하고, 사회복지에 관한 조사연구와 각종 복지사업을 수행하도록 하였다 이후 1998년 7월 사회복지사업법 개정과 함께 사회복지법인으로 인정됨에 따라 한국사회복지협의회의 지원 없이 지방사회복지협의회로 독립되어 운영하는 체제로 변화되었다(최선희, 2024; 김준환 외, 2024).

### 3) 사회복지협의회의 조직현황

한국사회복지협의회는 개인, 시도협의회, 직능단체, 전국규모단체, 보건의료단체, 경제/언론/종교 등 여섯 개 회원그룹으로 구성되어 있다. 2024년 3월 기준 회원현황은 개인 50명, 시도협의회회장 17명, 직능단체장 19명, 전국규모단체장 40명, 보건의료단체장 15명, 경제/언론/종교계 대표자 16명 등이다. 한국사회복지협의회의 회원 자격은 〈표 9-3〉과 같다.

〈표 9-3〉 한국사회복지협의회 회원 자격

| 회원 '단체 · 개인'의 자격 | 개인회원 자격 |
|---|---|
| • 시 · 도 사회복지협의회장<br>• 사회복지법인 및 사회복지사업과 관련 있는 비영리법인 대표자<br>• 경제 · 언론 · 종교 · 법조 · 문화 · 보건의료계 등을 대표하는 자<br>• 기타 사회복지사업 수행에 필요하다고 인정되어 회장이 추천하는 자 | • 전직 또는 현직 정무직 공무원인 자<br>• 전직 또는 현직 국회의원인 자<br>• 경제단체 및 100인 이상 상시고용 기업체 대표자<br>• 공인된 대학의 부교수 이상의 직에 있는 자로서 사회복지 발전에 공헌할 수 있는 자<br>• 행정기관의 4급 이상 공무원으로서 사회복지 관련 업무에 5년 이상 재직한 자<br>• 사회복지사업에 20년 이상 실무경험자<br>• 경제인 · 언론인 · 종교인 · 예술인 · 체육인 · 문인 · 보건의료인<br>• 그 밖에 이 회의 발전에 기여할 수 있다고 인정하여 회장이 추천한 자 |

출처 : 한국사회복지협의회 홈페이지(www.bokji.net).

시 · 군 · 구 단위의 기초자치단체 사회복지협의회는 1995년에 원주시사회복지협의회가 가장 먼저 조직화되었으며, 1998년에는 제천시사회복지협의회가 창립되었다. 1999년에 부천시사회복지협의회가 창립되었으며 그 이후 지역사회복지협의체 설치, 지역사회복지계획의 수립 등 사회복지사업법에 따라 지역사회복지협의회의 조직이 증가하였다. 특히 2003년 7월 30일 개정된 사회복지사업법에 따라 시 · 군 · 구 사회복지협의회는 사회복지법인으로 법적인 근거를 마련하여 사회복지기관 간의 교류와 협력뿐만 아니라 푸드뱅크(food bank)사업 등 활기찬 지역복지공동체 구축을 위한 사업을 수행하고 있다(김준환 외, 2024).

### 4) 사회복지협의회의 원칙

사회복지협의회는 지역사회복지의 활성화를 위해 다음과 같은 주요 원칙을 가지고 역할을 수행하고 있다.

첫째, 지역주민의 욕구중심의 원칙이다. 사회복지협의회는 지역주민의 기본 욕구와 생활실태, 복지과제들을 파악하고 그 욕구의 입각한 활동을 수행하여야 한다.

둘째, 주민참여의 원칙이다. 사회복지협의회는 주민의 지역복지에 대한 관심을 높이고 지역주민의 자발적인 참여와 주체적인 활동을 유도해야 한다.

셋째, 전문성의 원칙이다. 사회복지협의회는 지역사회 문제를 해결하는 전문적인 추진조직으로 조직화, 조사, 계획 등 전문성을 발휘하는 활동을 수행하여야 한다.

넷째, 민·관협력의 원칙이다. 사회복지협의회는 지면주민의 욕구를 해결하기 위해 민·관의 유기적인 협력체계가 요구되며 민간복지의 협의·조정기관으로서 공공부문과 협력과 견제, 건설적인 비판을 통해 지역사회복지 증진을 도모한다.

다섯째, 민감성의 원칙이다. 사회복지협의회는 지역주민의 복지욕구, 지역의 복지과제에 대응하는 개척성, 즉흥성, 유연성을 발휘할 수 있어야 한다.

여섯째, 지역 특성 존중의 원칙이다. 사회복지협의회는 지역사회의 상황이나 실정에 부합하는 적절한 사업 내용과 방법을 수행하여야 한다.

### 5) 사회복지협의회의 주요 사업

한국사회복지협의회는 우리나라 사회복지 증진과 발전에 기여하기 위하여 조사·연구, 국제협력, 교육·훈련, 정책개발, 자원봉사활동의 진흥, 사회적 취약계층을 위한 사업 등 다양한 활동을 수행하고 있다(한국사회복지협의회, www.bokji.net).

### (1) 사회복지에 관한 조사 · 연구

사회복지문제에 대한 이해와 현상 파악을 위한 전문적인 조사 · 연구를 실시하여 사회복지 현안문제에 대한 정책대안을 개발하고 있다. 1977년 '사회복지를 위한 민간자원동원의 가능성에 대한 연구'를 시작으로 사회복지 현안 문제 및 이슈에 대한 데이터를 확보하고 기본연구, 수탁연구, 정책연구 등 다양한 조사 · 연구사업을 실시하고 있다.

### (2) 국제협력

우리나라는 2009년 OECD 개발원조위원회(DAC)에 가입하고 2010년 국제개발협력기본법을 제정하는 등 국제사회 구성원으로서 공여국의 역할을 수행하고 있다.

한국사회복지협의회는 1959년 국제사회복지협의회(ICSW : International Council on Social Welfare) 회원으로 가입하여 국제 사회복지기관들과 교류를 시작했다. 한국형 복지모델 전수, 세계사회복지대회 등 국제회의 개최 및 참가, 해외사회복지 관련 단체들과의 협력을 통한 국제교류 활동을 활발하게 전개하고 있다.

### (3) 사회복지에 관한 교육 · 훈련

사회복지사업법에 의거하여 민간 사회복지교육센터로서 기능 및 역할을 확대하여 능동적인 선진 사회복지 전문가를 육성하기 위하여 수요자 중심의 교육서비스를 실현하고 있다.

사회복지인재 양성을 목적으로 사회복지현장이 요구하는 교육과정을 개발하여 종사자가 실제 업무에 바로 활용할 수 있도록 지원하는 교육으로 '사회복지사업(복지서비스)종사자 직무능력향상교육'을 실시하고 있다.

### (4) 사회복지 증진

사회복지사업법에 의거하여 9월 7일 '사회복지의 날' 기념식 및 사회복지 주간(9. 7.~9. 13)을 맞아 다채로운 주간행사를 개최하여 대국민 사회복지 이해 고취 및 복지증진의 계기를 마련하고, 사회복지 증진에 기여한 유공자를 발굴 · 포상함으로써 사회복지인들의 사기진작과 사회복지활동의 전문적 확산을 도모하고 있으며, 한국사회복지협의회가 주최하는 민간 차원의 사회복지대축제인 '전국사회복지대회'와 연계하여 추진하고 있다.

### (5) 미디어 홍보

사회복지 관련 소식 및 정보를 전달하기 위해 복지타임즈, 복지저널, 연간 보고서, 홍보 팸플릿, 사회복지 가이드북, 계간 사회복지를 포함하여 다양한 출판물을 발행하고 있다.

그리고 신문, 잡지 텔레비전, 라디오 방송 등 대중매체를 활용한 대언론 홍보활동을 통해 사회복지에 대한 국민의 이해 증진과 지지 확보를 위해 최선을 다하고 있다.

### (6) 지역협의회 육성

지역사회복지협의회 조직 확대를 통한 민간사회복지전달체계를 구축하고 사회복지협의회의 활성화를 통해 지역사회 복지증진을 도모한다. 또한 지역 주민들의 참여를 기반으로 지역별 특성에 맞는 지역복지를 실천할 수 있도록 지원하며 중앙, 시 · 도, 시 · 군 · 구 사회복지협의회의 임 · 직원의 역량이 강화될 수 있도록 육성한다.

### (7) 복지넷

1995년 개설하여 사회복지 및 자원봉사 관련 각종 복지정보를 종합적 · 체계적으로 정보화하고, 이를 신속하게 무료로 서비스하는 사회복지포털 서비스를 운영하고 있다.

#### (8) 자원봉사인증

사회복지사업법과 자원봉사활동기본법에 의거하여 2001년 개설하여 봉사활동의 체계적 관리 및 자원봉사활성화를 위한 목적으로 운영되는 사회복지자원봉사인증관리시스템(VMS : Volunteer Management System)으로 자원봉사자 모집정보와 자원봉사 신청정보 등 자원봉사 참여를 위한 다양한 정보를 공유하고 있다.

#### (9) 푸드뱅크

식품기부 활성화에 관한 법률에 의거하여 시행되고 있는 기부식품제공사업(푸드뱅크 · 마켓)은 우리 사회 결식의 완화 또는 해소에 기여하기 위한 나눔제도로, 식품제조기업 및 개인 등으로부터 여유식품 및 생활용품을 기부받아 지역사회 내 결식아동, 독거어르신, 재가장애인, 무료급식소, 지역아동센터 등 빈곤계층에게 전달하고 있다.

#### (10) 사랑나눔실천

2004년 국무총리실 주도로 공무원, 공공기관 임직원 등 공동분야가 솔선수범하여 복지소외계층을 지원하기 위해 '1인 1나눔 계좌 갖기'를 시작하였다. 사랑나눔실천은 아동 · 청소년, 장애인, 어르신 등 복지사각지대를 지원하는 총 8가지의 후원 펀드로 구성되어 있으며, 후원자가 후원을 희망하는 대상군을 직접 선택할 수 있다.

#### (11) 사회공헌센터

사회공헌센터는 기업의 사회공헌활동 활성화 및 사회공헌 총량 확대를 위한 다양한 정보제공, 사업연계, 조사 · 연구 등의 사업을 수행하고 있다.

#### (12) 나눔기획사업

공공(공기업, 공공기관)과 민간(기업)의 나눔자원을 발굴 · 연계하여 지원하는

'민간 사회복지 나눔자원 허브 사업'이다. 후원기관 · 기업의 사업 특성에 맞는 나눔 사업을 기획하여 복지소외계층에게 실효성 있는 복지서비스를 지원하는 '기업지정기탁 사업'과 '새생명 지원사업'을 추진하고 있다.

#### (13) 멘토링사업

멘토링은 개인적 역량과 네트워크를 가진 멘토가 이를 필요로 하는 멘티에게 정서적 지지 및 조언을 제공하여 멘티의 비전 형성을 돕고 역량을 강화하는 선진화된 사회공헌 프로그램으로, 사회적 가치를 높이는 '이웃사랑 멘토링'을 추진하고 있다.

#### (14) 좋은 이웃들

좋은이웃들은 우리 주변에 도움이 필요한 소외된 이웃을 찾고, 지원하기 위해 지역 주민들을 중심으로 구성된 봉사단으로 소외된 우리 이웃들의 지킴이다. 2022년 11월 기준 전국 117개 지역에서 좋은이웃들 사업을 운영하고 있으며, 민 · 관 협력을 통한 복지소외계층 상시 발굴시스템을 구축하고, 지역사회 민간자원을 체계적으로 활용하여 소외된 우리 이웃에 대한 지역사회의 관심과 복지 체감도를 높이고 있다.

#### (15) 사회공헌활동 기부은행(케어뱅크)

사회공헌활동 기부은행은 돌봄이 필요한 만 65세 이상 어르신에게 말벗 · 가사활동 등의 돌봄활동을 제공하고, 이를 돌봄포인트로 적립 · 관리하여 65세 이후 본인이 사용하거나 돌봄이 필요한 가족 또는 제3자에게 기부할 수 있는 제도이다. 2022년 11월 기준 전국 55개의 수행기관에서 44,271명의 돌봄봉사자들이 활동하고 있으며, 돌봄포인트 1,140,894포인트가 누적되어 있다.

#### (16) 새생명지원사업

한국사회복지협의회는 보건복지부 산하 기타 공공기관으로서 1990년 '어린

이에게 새생명을' 기금을 위탁받아 새생명지원센터를 개소한 후 현재 새생명지원사업 운영규정을 근거로 저소득 가정의 소아암·백혈병, 희귀난치 및 장기이식 아동청소년들에게 의료비를 지원하여 환아의 건강회복과 복지증진을 도모하고 있다. 새생명지원사업은 개인 및 기업으로부터 아동 치료비를 후원받아 전국 75개 협력병원이 사회사업실로부터 진료비 지원 추천을 받은 환아를 사회적·의료적 심사 후 최종 선정하여 환아의 치료비를 지원하고 있다.

## 3 지역사회보장협의체

지역사회보장협의체는 민·관협력의 구심점으로서 지역사회보호체계를 구축·운영하고 수요자 중심의 통합적 사회보장급여 제공의 기반을 마련하는 것을 중심으로 한 조직이다. 이를 위해 지역사회보장협의체는 지역사회 내 사회보장급여 제공기관·법인·단체·시설 간 연계·협력을 통하여 지역 복지자원의 효율적 활용체계를 조성하고 지역사회의 잠재된 다양한 복지자원을 발굴·확충하여 지역사회 주체들 간의 공동의 노력을 효과적으로 달성하고자 한다.

### 1) 지역사회보장협의체의 운영목적

지역사회보장협의체의 운영목적은 기존의 지역사회복지협의체의 목적에서 범위를 넓혀 사회복지에서 사회보장으로 확대하고 지역의 사회보장 증진과 지역사회보장계획 심의, 지역사회보장 조사, 급여, 추진 사항 등에 대해 심의·자문하는 등 보다 광범위한 목적을 가진다. 이는 지역사회복지협의체의 공공과 민간의 네트워크 강화를 통한 지역사회복지 거버넌스의 기능과 구조를 확대하여 전달체계를 구축하고자 시도한 것에 한계가 있었기 때문이다.

2017년 7월부터 지역사회 단위의 사회보장을 강화하기 위해 민·관이 협력하여 사회복지 서비스를 보다 효율적으로 전달하고자 시·군·구 지역사회보장협의체뿐만 아니라 읍 · 면 · 동 단위의 지역사회보장협의체도 설립 · 운영하고 있다. 지역사회보장협의체는 기존의 관(官)주도의 사회복지 전달체계를 개편하고 지역사회 단위로 민 · 관이 협력하여 사회복지 서비스의 효과성과 효율성을 제고하기 위한 논의 구조로서 마련된 것이다. 이러한 목적을 바탕으로 지역사회보장협의체는 지역사회의 특성에 맞는 복지계획 수립을 위해 민주적 의사소통 구조 형성, 수요자 중심의 통합적 복지서비스 제공 기반 마련, 서비스의 중복 및 누락을 방지하기 위한 지역사회복지 자원의 효율적 활용체계 조성 등을 수행하는 민관협력 기구이다(보건복지부, 2025b).

### 2) 지역사회보장협의체의 법적 근거

지역사회보장협의체의 법적 근거는 사회보장급여의 이용 · 제공 및 수급권자 발굴에 관한 법률 제41조(시 · 군 · 구 지역사회보장협의체)와 시행규칙 제7조(읍 · 면 · 동 지역사회보장협의체)에 명시되어 있다. 이 법률이 제정된 의의는 세 가지로 볼 수 있다.

첫째, 대상자를 선정, 결정, 사후관리를 하는 데 있어 일반적 절차를 규정하여 수급권자를 발굴하고 보호하기 위한 제도적 장치를 보완할 수 있다.

둘째, 사회보장정보시스템이 원활히 운영되는 데 뒷받침이 되는 근거로 활용될 수 있다.

셋째, 중앙부서와 유기적인 관계를 통해 지역단위의 종합적 사회보장 서비스 제공이 가능하며 이후 지역 간 균형발전을 위한 초석이 될 수 있다.

이 법률의 내용은 크게 네 가지로 정리되는데, 사회보장급여 이용 및 제공 절차 보완, 수요자 중심의 맞춤형 급여제공 기반 마련, 사회보장정보시스템을 통한 서비스 이용 및 제공 편의 제고, 지역사회 종합적 사회보장기반 구축이다. 특히 지역사회보장협의체는 지역사회 종합적 사회보장기반 구축과 관련하여 기존의 사회복지사업법에 기반한 지역사회복지 운영 지원체계를 지역사회보장에 맞게 재정비하여 반영한 것이며 그 내용은 다음과 같다.

### 사회보장급여의 이용 · 제공 및 수급권자 발굴에 관한 법률

**제41조(지역사회보장협의체)** ① 시장 · 군수 · 구청장은 지역의 사회보장을 증진하고, 사회보장과 관련된 서비스를 제공하는 관계 기관 · 법인 · 단체 · 시설과 연계 · 협력을 강화하기 위하여 해당 시 · 군 · 구에 지역사회보장협의체를 둔다.

② 지역사회보장협의체는 다음 각 호의 업무를 심의 · 자문한다.

1. 시 · 군 · 구의 지역사회보장계획 수립 · 시행 및 평가에 관한 사항
2. 시 · 군 · 구의 지역사회보장조사 및 지역사회보장지표에 관한 사항
3. 시 · 군 · 구의 사회보장급여 제공에 관한 사항
4. 시 · 군 · 구의 사회보장 추진에 관한 사항
5. 읍 · 면 · 동 단위 지역사회보장협의체의 구성 및 운영에 관한 사항
6. 그 밖에 위원장이 필요하다고 인정하는 사항

③ 지역사회보장협의체의 위원은 다음 각 호의 사람 중 시장 · 군수 · 구청장이 임명 또는 위촉한다. 다만, 제40조 제4항에 해당되는 사람은 위원이 될 수 없다.

1. 사회보장에 관한 학식과 경험이 풍부한 사람
2. 지역의 사회보장 활동을 수행하거나 서비스를 제공하는 기관 · 법인 · 단체 · 시설의 대표자
3. 「비영리민간단체지원법」 제2조의 비영리민간단체에서 추천한 사람
4. 제7항에 따른 읍 · 면 · 동 단위 지역사회보장협의체의 위원장(공동위원장이 있는 경우에는 민간위원 중에서 선출된 공동위원장을 말한다)
5. 사회보장에 관한 업무를 담당하는 공무원

④ 지역사회보장협의체의 업무를 효율적으로 수행하기 위하여 지역사회보장협의체에 실무협의체를 둔다.

⑤ 보장기관의 장은 지역사회보장협의체의 효율적 운영을 위하여 필요한 인력 및 운영비 등 재정을 지원할 수 있다.

⑥ 제1항부터 제5항까지에 규정된 사항 외에 지역사회보장협의체 및 실무협의체의 조직 · 운영에 필요한 사항은 보건복지부령으로 정하는 바에 따라 해당 시 · 군 · 구의 조례(「제주특별자치도 설치 및 국제자유도시 조성을 위한 특별법」 제10조 제2항에 따른 행정시의 경우에는 특별자치도의 조례를 말한다. 이하 같다)로 정한다.

⑦ 특별자치시장 및 시장 · 군수 · 구청장은 읍 · 면 · 동 단위로 읍 · 면 · 동의 사회보장 관련 업무의 원활한 수행을 위하여 해당 읍 · 면 · 동에 읍 · 면 · 동 단위 지역사회보장협의체를 둔다.

⑧ 제7항에 따른 읍 · 면 · 동 단위 지역사회보장협의체의 조직 · 운영에 필요한 사항은 보건복지부령으로 정하는 바에 따라 해당 특별자치시 및 시 · 군 · 구의 조례로 정한다.

### 사회보장급여의 이용 · 제공 및 수급권자 발굴에 관한 법률 시행규칙

**제7조(읍 · 면 · 동 단위 지역사회보장협의체의 구성 및 운영)** ① 법 제41조 제7항에 따른 읍 · 면 · 동 단위 지역사회보장협의체(이하 "읍 · 면 · 동 단위 지역사회보장협의체"라 한다)는 다음 각 호의 업무를 지원한다.

1. 관할 지역의 저소득 주민 · 아동 · 노인 · 장애인 · 한부모가족 · 다문화가족 등 사회보장사업에 의한 도움을 필요로 하는 사람 발굴 업무
2. 사회보장 자원 발굴 및 연계 업무
3. 지역사회보호체계 구축 및 운영 업무
4. 그 밖에 관할 지역 주민의 사회보장 증진을 위하여 필요한 업무

② 읍 · 면 · 동 단위 지역사회보장협의체는 읍장 · 면장 · 동장과 다음 각 호의 어느 하나에 해당하는 사람 중에서 읍장 · 면장 · 동장의 추천을 받아 특별자치시장 및 시장 · 군수 · 구청장이 위촉하는 사람으로 성별을 고려하여 구성한다.

1. 지역의 사회보장 활동을 수행하거나 서비스를 제공하는 기관 · 법인 · 단체 · 시설 또는 공익단체의 실무자
2. 사회보장에 관한 업무를 담당하는 공무원
3. 「비영리민간단체 지원법」 제2조에 따른 비영리민간단체에서 추천한 사람
4. 삭제
5. 「지방자치법」 제4조의2 제4항에 따른 행정리의 이장 및 같은 조 제5항에 따른 행정동의 하부조직으로 두는 통의 통장
6. 주민자치위원, 자원봉사단체 구성원
7. 그 밖에 관할 지역의 사회보장 증진에 열의가 있는 사람

③ 읍 · 면 · 동 단위 지역사회보장협의체 위원은 읍 · 면 · 동별로 각 10명 이상으로 한다.

④ 읍 · 면 · 동 단위 지역사회보장협의체의 위원장은 위원 중에서 호선하되, 읍장 · 면장 · 동장과 민간위원 중에서 각 1명을 공동위원장으로 선출할 수 있다.

⑤ 읍 · 면 · 동 단위 지역사회보장협의체의 위원의 임기는 2년으로 하며 연임할 수 있다. 다만, 공무원인 위원의 임기는 그 재직기간으로 한다.

⑥ 읍 · 면 · 동 단위 지역사회보장협의체의 회의에 관하여는 제5조 제4항부터 제6항까지의 규정을 준용한다.

### 3) 지역사회보장협의체의 구성 · 운영원칙

#### (1) 지역사회보장협의체 운영의 일반원칙

지역사회보장협의체 운영의 일반원칙은 다음과 같다(보건복지부, 2025b).

첫째, 지역성이다. 지역사회보장협의체는 지역주민의 생활권역을 중심으로 조직되고 운영된다. 주민의 욕구, 복지자원 등을 고려해 지역별, 현장밀착형 서비스 제공체계를 마련해야 한다. 또한 일반적으로 지역에서 이루어지는 보편적인 사업과 해당 지역의 특성 · 복지환경 · 문화 등을 반영한 지역사업도 가능하다.

둘째, 참여성이다. 지역사회보장협의체가 원활히 운영되기 위해서는 지역주민의 자발적 참여가 바탕이 되어야 한다. 즉, 지역사회의 다양한 복지 분야의 기관, 법인, 단체, 시설과 주민이 함께 참여하는 것이다. 따라서 지역사회보장협의체의 원활한 기능 수행을 위해서는 공공과 민간의 적극적이고 자발적인 참여가 필요하다.

셋째, 협력성이다. 지역사회보장협의체는 네트워크형 조직 구조를 통해 지역사회의 복지와 관련된 문제를 해결하는 민관협력기구로, 지역사회보장계획의 수립 · 시행 · 평가를 위한 협의적 의사결정, 상생적 조직 관계, 지역사회 공동체, 사회적 자본 등을 주요 개념으로 두고, 네트워크를 바탕으로 민주적이고 합리적인 방법으로 운영되고 있다.

넷째, 통합성이다. 지역사회 내 복지자원 발굴 및 유기적인 연계와 협력을 통하여 수요자의 다양하고 복잡한 욕구에 부응하는 서비스를 통합적으로 제공한다.

다섯째, 연대성이다. 자체적으로 해결이 곤란한 복지문제는 지역주민 간 연대를 형성하거나 인근 지역과 연계 · 협력을 통하여 복지자원을 공유함으로써 해결한다. 또한 공공부문의 서비스를 보완하는 사회복지법인 외에 비영리 시민단체나 조직의 지역복지 활동참여 확대뿐만 아니라 가족과 이웃을 통한 복지욕구 충족 등 지역사회에서 활동하는 사회보장 주체의 연대의 중요성이 강조된다.

여섯째, 예방성이다. 지역주민의 복합적인 복지문제를 조기에 발견하여 예방할 수 있도록 노력한다.

### (2) 민관협력을 위한 구성 · 운영의 원칙

지역사회보장 증진을 위해 민관협력의 거버넌스를 실현하고자 할 때 지역사회보장협의체가 구성 · 운영되는 과정에서 지켜야 하는 원칙은 다음과 같다.

첫째, 지역사회보장협의체의 구성이 개방적이고 중립적이어야 한다.

둘째, 민간분야, 지방자치단체, 학계, 주민의 참여를 망라하여 구성해야 한다.

셋째, 협의체 구성의 대표성을 확보하여야 한다.

넷째, 협의체 구성에서 균형을 유지하여야 한다. 특정 조직이나 인물에 편중된 구성이 되지 않도록 구성하여야 한다.

다섯째, 실무자의 참여를 포함하는 다층적인 구성이 되어야 하며 운영과정에서도 실무자의 참여와 활동이 강화될 수 있도록 해야 한다.

여섯째, 협의체 운영이 지역 특성을 반영한 탄력적인 것이어야 한다. 관련 조례의 내용이나 구성, 논의 의제 등에서 지역 특성이 반영되어야 한다.

일곱째, 지방자치단체의 참여를 보장하되 궁극적으로 민간 주도와 공공 지원의 구조를 지향하여야 한다.

여덟째, 의사소통 채널을 다양화하여야 한다. 수평적 의사소통 채널뿐 아니라 연석회의 등 다양한 의사소통의 장을 마련하여야 한다.

지역사회보장협의체 구성 · 운영의 기본 원칙은 모든 지역에서 공히 지켜져야 하며, 이는 지역별로 상이한 특성을 지니고 있다는 점을 감안하더라도 반드시 준수해야 한다.

### 4) 지역사회보장협의체의 구성체계

지역사회보장협의체의 세부 구성체계를 살펴보면, 시 · 군 · 구 단위의 지역사회보장협의체(대표협의체, 실무협의체, 실무분과)와 읍 · 면 · 동 단위의 지역사회보장협의체로 구분할 수 있다. 이러한 협의체는 수평적 네트워크 관계 형성이 바람직하며 지역사회보장협의체의 구성체계에 대한 내용은 다음과 같다.

#### (1) 대표협의체의 구성체계

대표협의체는 대표성, 포괄성, 민주성을 바탕으로 운영된다. 따라서 대표협의체의 위원 구성은 시 · 군 · 구 지역사회의 사회보장 이해관계자를 대표할 수 있도록 구성해야 한다. 대표협의체의 위원은 공공과 민간을 포함한 해당 시 · 군 · 구의 지역사회보장 이해관계자를 대표할 수 있도록 구성하여야 하며(대표성), 해당 시 · 군 · 구의 보건, 복지, 고용, 주거 등의 지역사회보장 영역 및 연계 분야의 이해관계자를 포괄할 수 있도록 구성하여야 한다(포괄성). 또한 위원을 구성할 때 민주적 절차와 방법을 따라야 한다(민주성).

대표협의체는 위원장을 포함하여 10명 이상 40명 이하의 위원으로 성별을 고려하여 임명하거나 위촉하여 구성한다. 또한 위원장은 위원 중에서 호선하되, 공무원인 위원과 위촉위원(민간 각 1명)을 공동위원장으로 선출하는 것이 가능하다. 지역사회보장협의체 운영에 관한 사항은 해당 시 · 군 · 구의 조례로 정하도록 하고 있으나, 대표협의체의 정기회의는 분기별로 하되, 부득이한 경우 최소 연 3회 이상 개최하여야 한다.

#### (2) 실무협의체의 구성체계

실무협의체는 위원 구성 시 해당 시 · 군 · 구의 지역사회보장 구성 주체를 모두 포함하도록 포괄성의 원칙을 지켜야 하며, 시 · 군 · 구의 지역사회보장 영역 업무에 종사하고 있는 실무자(현장 전문가)를 중심으로 구성해야 한다.

위원을 구성할 때, 위원장 1명을 포함해 1명 이상 40명 이하로 구성하여야 하며, 실무협의체 위원은 대표협의체 위원장이 임명 혹은 위촉한다. 임기는 2년이며 위원장은 1회에 한해 연임이 가능하다. 실무협의체 운영에 관한 사항은 해당 시·군·구의 조례에 따르되 정기회의는 연 6회 이상 개최할 것을 권고하고 있다.

### (3) 실무분과의 구성체계

실무분과는 지역의 사회보장 관련 기관, 법인, 단체, 시설 간 연계·협력을 강화하고 실무협의체의 운영을 활성화하기 위해 운영된다. 운영에 관한 세부적 사항은 시·군·구의 조례를 통해 정함으로써 각 지역의 사회보장 여건과 새롭게 발생하는 문제 등에 대응하여 탄력적으로 운영할 필요가 있다.

실무분과는 지역의 특성과 여건을 고려해 대상별, 지역별, 기능별 다양한 형태로 구성하는 것이 가능하다. 대상별 분과는 여성, 장애인, 아동, 노인 등 지역사회 내 사회보장욕구를 가진 대상을 위해 구성된 것이며, 지역별 분과는 농어촌 등과 같이 사회보장 분야별 자원이 부족할 경우 읍·면·동, 소생활권 단위 중심으로 분과를 구성하여 운영한다. 기능별 분과는 지역에서 필요로 하는 다양한 형태의 기능에 따라 분류하는 것으로 고용·주거·관광 등의 분과를 구성하는 것이 가능하며 통합된 서비스 제공을 위해 서비스 분과를 설치·운영하도록 하고 있다.

### (4) 읍·면·동 지역사회보장협의체

읍·면·동 단위의 지역사회보장협의체는 사회보장급여법의 개정으로 신설되었으며, 지역사회의 문제를 해결하기 위해 읍·면·동 단위에서 주민 네트워크 조직을 활성화하는 역할을 수행한다. 특히 복지사각지대를 해소하기 위해 읍·면·동 단위의 취약계층 발굴망을 구축하여 복지대상자를 발굴하고 지원을 확대하기 위해 지역사회 내 민간 중심의 복지자원을 발굴하며 자원 간 연계 · 협력을 통해 복지자원을 효율적으로 활용하고자 한다. 또한 취약가구의 동향을 파악하며 지역의 사회문제를 해결하기 위하여 민주적 의사소통 구조를 확립하고자 한다.

읍 · 면 · 동 지역사회보장협의체는 읍 · 면 · 동장이 추천하고, 시 · 군 · 구청장이 위촉하여 구성된다. 위원장을 포함하여 10명 이상이 되도록 구성하며 지역의 여건에 따라 위원 수는 탄력적으로 운영하는 것이 가능하다. 지역 내 사회보장활동을 수행하거나 서비스를 제공하는 기관 · 법인 · 시설 또는 공익단체의 실무자와 사회보장담당 공무원, 비영리민간단체에서 추천한 사람, 지역사회에 대해 잘 알고 사회보장 증진에 열의가 있는 사람으로 구성하되, 다양한 배경을 가진 주민이 참여할 수 있도록 해야 한다. 임기는 2년으로 하되 연임이 가능하며, 장기간 소수의 주민이 독점하지 않도록 운영해야 한다.

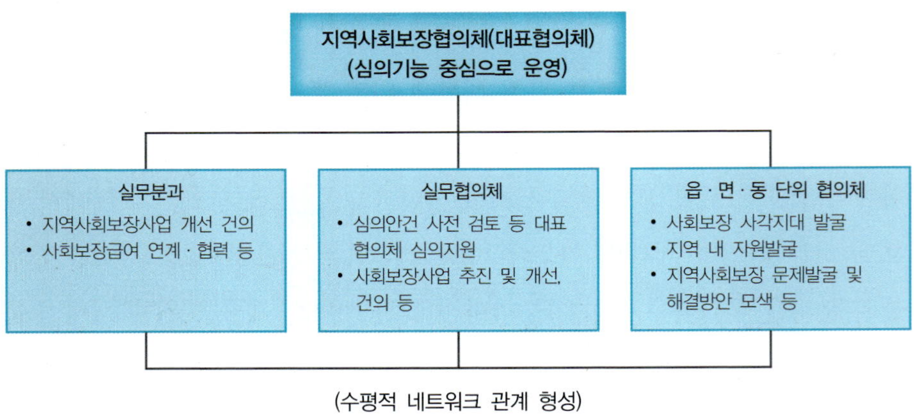


**|그림 9-1|** 지역사회보장협의체 구성체계

출처 : 보건복지부(2025b).

### 5) 지역사회보장협의체의 주요 역할

지역사회보장협의체의 구성 주체별 주요 역할에 대해 살펴보면, 대표협의체는 지역의 사회보장을 증진하고 사회보장과 관련된 서비스를 제공하는 관계 기관 · 법인 · 단체 · 시설들과 연계 · 협력을 강화하기 위하여 구성되었으며, 주로 심의 및 자문의 역할을 수행하고 있다. 대표적으로 지역사회보장계획의 수립 · 시행 · 평가와 관련된 내용과 시 · 군 · 구의 사회보장활동을 추진하며 읍 · 면 · 동 단위의 지역사회보장협의체를 운영하는 역할을 수행하고 있다.

실무협의체는 협의체가 제 기능을 할 수 있도록 돕고자 설치하였으며, 대표협의체 심의안건에 대해 사전검토하거나 실무분과 간 역할조정과 협력을 도모할 수 있는 기폭제의 역할을 수행하고 있다.

실무분과는 각 영역의 실무자를 중심으로 지역의 사회보장 관계 기관 · 법인 · 단체 · 시설과 연계 · 협력을 강화하고자 구성되었으며, 서비스 제공 · 연계, 사례회의 등을 수행하는 역할을 한다.

읍 · 면 · 동 단위의 지역사회보장협의체는 각 지역의 대상자를 선정하고 자원을 발굴하며 서비스를 연계하여 전달하는 역할을 수행하고 있다.

〈표 9-4〉 지역사회보장협의체의 주요 역할

| 주체별 | 역 할 |
|---|---|
| 대표협의체 | • 목적 : 지역의 사회보장을 증진하고 사회보장과 관련된 서비스를 제공하는 관계 기관 · 법인 · 단체 · 시설과 연계 · 협력을 강화<br>• 심의 · 자문역할 수행<br>– 지역사회보장계획의 수립 · 시행 · 평가<br>– 지역사회보장조사 및 지역사회보장지표<br>– 시 · 군 · 구 사회보장급여 제공<br>– 시 · 군 · 구의 사회보장 추진<br>– 읍 · 면 · 동 단위 지역사회보장협의체 구성 · 운영 등<br>• 전문위원회 운영 |
| 실무협의체 | • 목적 : 협의체 업무를 효율적으로 수행하기 위해 설치<br>– 공동사업개발 및 건의<br>– 지역사회서비스 제공 및 연계 협력에 관한 협의<br>– 대표협의체 심의(건의)안건 사전 검토<br>– 실무분과 간 역할조정 및 협력 도모 |

| | |
|---|---|
| 실무분과 | • 목적 : 지역의 사회보장 관계 기관 · 법인 · 단체 · 시설과 연계 · 협력 강화<br>– 사회보장 분야별/대상자별 사례회의<br>– 서비스 제공 및 연계<br>– 서비스 제공을 위하여 필요한 사항 |
| 읍 · 면 · 동<br>지역사회보장<br>협의체 | • 목적 : 복지사각지대 해소를 위한 취약계층 발굴 및 자원 간 연계 · 협력<br>– 관할지역 내 사회보장대상자 및 자원 발굴<br>– 사회보장 대상자에 대한 서비스 연계 · 지원<br>– 지역사회보호체계 구축 · 운영<br>– 지역 내 복지 문제해결을 위한 자체 특화사업 수행 |

출처 : 보건복지부(2025b). 2025 지역사회보장협의체 운영 안내.

### 6) 지역사회보장협의체의 주요 기능

지역사회보장협의체의 주요 기능을 살펴보면 다음과 같다.

첫째, 협치(governance) 기능이다. 즉, 지역사회보장계획을 수립하고 시행 · 평가하는 과정에서 지역사회보장의 주요한 사항에 대해 민간과 공공이 협력하여 심의 · 자문하여야 한다. 협치는 주로 대표협의체의 역할이기는 하지만, 실무협의체나 실무분과 등 연계하여 사업 수행을 한다.

둘째, 연계(network)의 기능이다. 지역사회보장협의체가 네트워크형 조직구조를 바탕으로 구성된 기구인 만큼, 계획을 수립하고 실행하는 데 있어 사회보장과 관련된 서비스를 제공하는 기관 · 법인 · 단체 · 시설이 함께 연계하고 협력한다.

셋째, 통합(integrate)의 기능이다. 협의체 내 각 분과 간 통합 및 조정 역할을 수행하고 지역주민의 욕구를 반영한 통합적 서비스 제공체계 지원 및 기본 사업을 수행하는 것으로, 기존의 보건복지뿐만 아니라, 고용 · 주거 · 교육 · 문화 · 환경 등 다양한 영역과 연계하여 수요자의 욕구를 충족할 수 있는 통합서비스를 제공하여야 한다.

이러한 세 가지 주요 기능을 통해 수요자 중심의 통합 서비스를 제공하고자 한다.

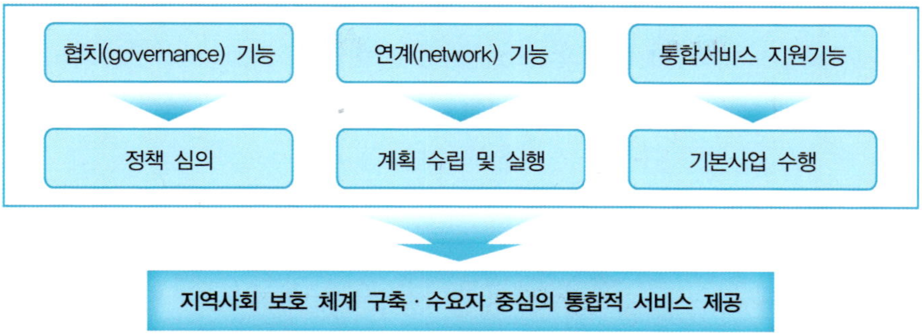


|그림 9-2| 지역사회보장협의체의 주요 기능

출처 : 보건복지부(2025b).

## 4 사회복지공동모금회

공동모금은 인류 역사의 발전과정에서 각 나라별 시대적인 필요성에 의해 여러 과정을 거쳐 오늘에 이르렀다. 세계 최초로 시작된 모금 캠페인은 1873년 영국의 리버풀시에서 이루어졌지만 실제적인 기금모금 캠페인이 자리를 잡게 된 것은 미국이다. 공동모금에 대한 용어도 시대에 따라 변천되었는데 초창기 미국에서는 '커뮤니티 체스트(Community Chest)'라는 용어를, 1950년대에는 '유나이티드 펀드(United Fund)'라는 용어를 사용하다가, 오늘날에는 '유나이티드 웨이(United Way)'라는 용어로 사용하고 있다(김범수 외, 2024).

우리나라의 공동모금 도입 배경은 1997년 IMF 경제위기 이후 빈곤과 실업, 경제사회 구조가 급격히 변화되면서 사회복지에 대한 욕구가 급증하였다. 경제위기는 계층 간 소득격차, 신빈곤과 양극화, 가족해체 등의 새로운 사회문제를 야기시켰다. 이 시기 정부가 지원하는 사회복지 서비스로는 부족하였으며 민간 차원의 사회복지 서비스의 중요성이 더욱 커지게 되었다. 이러한 시대적 상황을 바탕으로 건강한 기부문화 형성을 통해 많은 사람들에게 이웃에 대한 사랑을 나누는 기쁨을 알려주고 어려운 이웃에게는 다시 시작할 수 있는 용기와 희망을 주기 위한 목적으로 1998년 사회복지공동모금회가 설립되었다(박태영, 2006; 유동철 외, 2024).

### 1) 사회복지공동모금회의 개념

사회복지공동모금은 지역사회복지를 전개하는 데 필요한 재원을 확보하기 위해 그 필요성이 강조되고 있다. 현대 산업사회에서 소외된 사회복지 대상자에게 물질적인 지원과 이웃사랑을 더불어 실천하는 것이 사회복지공동모금의 정신이다. 우리나라의 사회복지공동모금회법 제2조에 의하면 '사회복지공동모금이라 함은 사회복지사업, 기타 사회복지활동의 지원에 필요한 재원을 조성하기 위하여 이 법에 의하여 기부금품을 모집하는 것을 말한다'라고 규정되어 있다. 사회복지공동모금회는 공동모금을 하기 위해 설립된 민간조직을 말하는데, 이는 상설적으로 일 년 내내 공동모금을 하는 하나의 모금단체라는 뜻을 가지고 있다.

그동안 우리나라는 1951년 제정된 기부금품모집규제법에 의해 사회복지 기관·시설에서 후원금을 모금하는 것이나 규모가 큰 기관·단체에서 모금캠페인을 벌이는 모금 활동이 많이 위축되어 왔다. 그러나 사회복지공동모금회는 사회복지공동모금회법의 제정으로 이제 모금 활동을 제도적으로 할 수 있게 되었으며 「기부금품의 모집 및 사용에 관한 법률(이하 기부금품법)」 개정에 의하여 10% 사용하던 공동모금에 따른 활동 경비를 15%까지 사용할 수 있게 되었다. 공동모금회는 정부가 하던 연말연시 불우이웃돕기 모금사업을 이양받아 법으로 설립된 사회복지법인으로서 '사랑의 열매'를 캠페인 상징물로 하여 사회복지사업에 대한 홍보, 모금 그리고 이를 전국 사회복지기관 및 시설에 지원하는 사업을 수행한다(김범수 외, 2024; 유동철 외, 2024).

### 2) 사회복지공동모금회의 역할과 기능

공동모금회의 주된 역할과 기능은 모금과 배분이다. 사회복지공동모금회는 모금과 배분사업을 통해서 다음과 같이 지역사회복지를 향상시키고자 한다.

첫째, 지역사회의 문제와 욕구를 조사하여 지역사회에 알리는 역할을 함으로써 주민들이 지역사회에 관심을 갖도록 유도한다.

둘째, 자원봉사자, 기부자 등 주민들을 공동모금회의 활동에 끌어들임으로써 지역사회 문제에 대한 주민들의 참여정신을 향상시킨다.

셋째, 필요한 재원을 확보한다. 재원을 확보하는 과정에서 잠재적 기부자들을 장려하며 자원봉사자를 육성하게 하는 효과를 가진다.

넷째, 사회복지재원이 필요한 기관들과 도움을 줄 수 있는 기관 및 주민들을 네트워크로 결합시킴으로써 서비스의 중복을 피하고 효율성을 높인다.

사회복지공동모금회의 중추적 기능이라 할 수 있는 모금과 배분은 지역사회복지 수요를 창출하고 참여정신을 함양시키며 자원봉사의 활성화와 기관의 유기적 협조를 목표로 하는 것이기에 국가경제나 지역경제의 여건에 따라 큰 영향을 받게 되므로 기획과 홍보, 모금활동 배분결정에 있어 일관성의 유지는 매우 중요하다고 할 수 있다(유동철 외, 2024).

### 3) 사회복지공동모금회의 필요성

첫째, 공동모금은 산발적인 자선모금활동을 줄이고 법이 보장하는 틀 안에서 민간 자원을 동원할 수 있는 방법으로 인정받고 있으며 모금을 하는 자(fund-raiser)의 입장에서도 최소한의 노력과 비용으로 모금을 할 수 있고, 기부자(donor)의 입장에서도 불필요한 모금의 중복을 피하고 하나의 창구를 통해 기부함으로써 기부금의 효과적인 지원이 가능하다.

둘째, 공동모금은 지역사회 내 공동체 의식과 함께 나누는 삶을 증진시키고, 지역사회 내 문제를 주민 스스로 해결하고자 하는 자원봉사 활동을 활성화시킬 수 있다.

셋째, 공동모금이 활성화되면 후원자 또는 자원봉사자들을 동원하고, 모금을 하지 못하여 재원이 부족한 지역사회 기관들에게 복지 재원 분배의 기회를 제공하여 전반적인 사회복지 서비스 수준 향상에 도움이 될 수 있다.

넷째, 사회복지사업에 대한 국민의 인식을 개선할 수 있다. 공동모금회에서 전 국민을 대상으로 다양한 홍보 전략과 모금활동을 하는 과정을 통하여 국민들의 사회복지에 대한 올바른 이해를 도모하며 이웃 사랑에 대한 많은 관심을 유도할 수 있다.

다섯째, 사회복지 발전을 위한 정부와 민간의 동반자 관계(partnership)를 형성한다는 점이다. 정부의 일방적인 복지정책 수립과 집행에서 벗어나 민간 사회복지사업에 대한 일정 정도의 자율성을 갖게 되며 민간 부문 스스로의 방향성과 재원을 통하여 궁극적으로는 사회복지의 지평을 확대하여 정부 부문과 민간 부문이 상호 보완적인 역할을 수행할 수 있도록 한다(조홍식 외, 1999; 김범수 외, 2024).

미국이나 일본은 정부보조금이 많은 국가임에도 공동모금이 활성화되고 있다. 그 이유는 공동모금의 배분을 받기 위해 사업계획서를 작성하고 신청하는 과정에서 사회복지기관의 전문화에 기여할 수 있기 때문이다. 또한 공동모금은 사회복지사업에 대한 부족한 재원을 확보할 수 있는 수단이 되며 이러한 모금을 통해 자원봉사활동이 활성화되고 산업화 사회에서 결여되기 쉬운 상부상조의 정신과 이웃사랑의 실천을 도모할 수 있다.

### 4) 사회복지공동모금회의 주요 업무

#### (1) 모금사업

사회복지공동모금회의 모금사업은 연중모금과 집중모금으로 나누어 진행되고 있다. 기부의 접근성을 높이기 위해 다양한 모금 프로그램 및 캠페인을 연중 계획하여 누구나 참여할 수 있도록 하고 있으며, 연말 12월부터 다음해 1월까지 2개월간 희망나눔캠페인을 통한 집중모금을 실시하고 있다. 연중 수시모금일 경우 개인 및 기업을 대상으로 다양한 프로그램을 운영하여 참여를 유도하고 있다(사회복지공동모금회, chest.or.kr).

첫째, 개인을 대상으로 개인기부, 착한 가정과 착한 가게, 나눔리더, 나눔리더스클럽, 아너 소사이어티, 한국형 기부자 맞춤기금, 유산기부, 희망 자산나눔 등의 다양한 프로그램이 이루어지고 있다.

둘째, 기업을 대상으로 착한 일터, 사회공헌 성금기부, 사회공헌 현물기부, 착한 소비(CRM 공익연계마케팅), 나눔명문기업 등의 모금활동을 전개하고 있다. 과거에 준조세적 성격이라는 비판이 있었으나 현재는 자발적 참여를 유도하는 긍정적인 방향으로 변화하고 있다.

셋째, 방송모금은 방송에서 사연을 소개하여 모금하는 방식이다. 낙인효과라는 부정적인 평가도 있지만 짧은 시간에 필요한 재원을 확보할 수 있는 방안으로 인식되어 활용도가 높은 편이다.

이 외에도 특정 대상 및 분야에 지원을 희망하는 기부자의 의도를 반영하는 지정 기부방식을 통해 기부자의 관심과 활발한 참여를 유도하고 있다.

### (2) 배분사업

사회복지공동모금회의 공동모금 재원 배분을 통해 지역사회복지 증진과 사회복지 서비스의 활성화에 기여하고자 지역, 단체, 대상자, 프로그램별로 복지수요가 공정하게 충족되도록 하고 있으며, 배분 과정과 결과를 투명하게 진행하고 있다. 배분결과는 회계연도의 배분을 종료한 날로부터 3개월 이내 전국 일간신문에 공고하고 있다(사회복지공동모금회, chest.or.kr).

#### ① 배분사업의 종류

〈표 9-5〉 배분사업의 종류

| 구 분 | 세부 내용 |
|---|---|
| 신청사업 | 사회복지증진을 위해 자유주제 공모 형태로 복지사업을 신청받아 배분하는 사업 |
| 기획사업 | 모금회가 주제를 정하여 배분하는 사업 또는 배분 대상자로부터 제안받은 내용 중에서 선정하여 배분하는 시범적이고 전문적인 사업 |

| | |
|---|---|
| 긴급지원사업 | 개인긴급지원, 재난재해지원 등 긴급히 지원해야 할 필요가 있는 경우에 배분하는 사업 |
| 지정기탁사업 | 사회복지증진을 위해 기부자가 기부금품의 배분지역, 배분 대상자 또는 사용용도를 지정한 경우, 지정취지에 따라 배분하는 사업 |

출처 : 사회복지공동모금회(2024). 2025 사회복지공동모금회 배분사업 안내.

### ② 배분 대상 및 지원 분야

사회복지공동모금회에서는 아동 · 청소년, 노인, 장애인, 여성 · 다문화, 지역사회, 위기가정, 해외 · 북한 · 기타를 7대 배분대상으로, 다음의 8대 배분분야를 중심으로 지원하고 있다(사회복지공동모금회, 2023).

- **기초생계지원** : 인간의 기본적 욕구 충족, 절대적 빈곤 위험 완화와 예방(저소득가정 생계비 지원사업, 취약계층 밑반찬 나눔사업, 독거노인 월동기 방한물품 지원사업 등)
- **교육 · 자립지원** : 취약계층의 자립역량 강화 지원과 빈곤의 대물림 방지(장학금과 교육비 지원사업, 직업훈련과 자립생활 기술교육 지원, 언어와 문화 이해 교육 지원 등)
- **주거 · 환경개선** : 안전한 주거 · 환경 조성 및 환경 보호, 지역사회 환경 개선[시설 개보수, 집 수리, 냉난방기기(시설) 설치와 비용(연료) 지원, 안전장비와 시설 보장, 재난피해지역 복구 등]
- **보건 · 의료지원** : 신체적으로 건강한 삶을 위협하는 요인의 완화 및 사전 예방 의료서비스 기회 제공 및 의료비 경감(저소득층 의료비 지원사업, 희귀난치질환 지원사업, 건강식품과 의료장비 구입 지원, 보조공학 재활기구 지원 등).
- **심리 · 정서지원** : 건강한 삶을 위한 정신적 · 심리적 지지 및 회복(차별 인식 개선, 멘토링과 집단 프로그램 지원 등)
- **사회적 돌봄 강화** : 보호가 필요한 취약계층의 안전한 삶 지원(학대 피해 아동청소년과 노인, 한부모가정, 다문화가정, 보호종료아동 등 돌봄 네트워크 구축)
- **소통과 참여 확대** : 민간 전달체계 강화를 통한 양질의 복지서비스 제공 및 주민참여를 통한 민간복지 지원 확대(주민조직화사업, 당사자 역량강화

프로그램 지원)

- 문화격차 해소 : 여가 · 문화 · 예술의 다양한 경험 및 활동에 대한 기회 확대로 삶의 질 개선과 역량 강화(소외계층의 문화 참여 기회 확대).

### ③ 배분사업의 지원 원칙과 심사

공동모금회는 지원을 위한 별도의 기준을 가지고 있으며, 배분 원칙에 의거하여 심사를 진행한다. 심사기준으로는 크게 기관평가와 사업평가, 기타 평가 등으로 구분되며, 기관평가는 기관의 신뢰성과 사업수행 능력을 평가하고, 사업평가는 제안된 사업의 적합성, 실현 가능성, 투입요소의 적절성, 투입비용 등을 평가한다. 기타 평가로는 공동모금회와 사업에 대한 홍보 노력 및 지역자원 활용, 자구 계획 등이 적절히 제시되어 있는지를 평가한다.

심사의 과정으로는 해당 사업별 제시된 기준에 부합한지를 확인하는 예비심사를 비롯하여 서류심사, 면접심사, 현장심사 등의 단계를 거쳐 지원 여부를 결정한다.

〈표 9-6〉 지원 원칙

| 원 칙 | 내 용 |
|---|---|
| 책임성 | 사업의 사회적 책임성 검증을 위한 것으므로, 원칙적으로 모든 배분사업에 대하여 심사함 |
| 객관성 | 사전에 수립된 객관적인 심사기준에 의거하여 진행함 |
| 공정성 | 전문성에 기초한 사업 심사 결과를 중시하고 개인적 · 집단적 이해관계의 영향을 받지 않도록 함 |
| 전문성 | 해당 분야의 전문가로 심사위원을 구성하고, 사회복지사업의 심사에 대한 전문가로서 심사위원의 판단을 존중함 |
| 독립성 | 심사 결과는 이사회 또는 운영위원회 및 기타 기관이나 단체에 의하여 거부되거나 훼손될 수 없음 |
| 형평성 | 사회복지 각 분야의 욕구 수준, 발전 수준, 신청 정도 및 전년도 지원 정도 등 다양한 상황을 고려함 |

출처 : 유동철 외(2024) 재구성.

### ④ 배분사업 진행 절차

사회복지공동모금회의 배분사업의 일반적인 진행 절차는 |그림 9-3|과 같다.

| 구 분 | 주요 내용 |
|---|---|
| 배분기준 수립 및 공고 | • 배분기준 수립 절차<br>• 배분기준 의사결정과정<br>• 배분기준 확정 및 공고<br>• 배분사업설명회 |
| ⇓ | |
| 배분사업계획 | • 사전 준비<br>• 사업계획 수립<br>• 내부 인증 과정 |
| ⇓ | |
| 공고 | • 사업계획에 따른 공모 vs. 비공모<br>• 사업설명회 |
| ⇓ | |
| 배분 신청 및 접수 | • 공모 vs. 비공모에 따른 접수 절차 |
| ⇓ | |
| 심사 | • 심사 절차<br>• 심사위원 구성<br>• 심사 원칙 및 기준<br>• 심사 종류 및 방법(예비 · 서류 · 면접 · 현장심사) |
| ⇓ | |
| 선정 및 승인 | • 행정처리사항 |
| ⇓ | |
| 선정결과 안내 및 지원 | • 지원 절차<br>• 조정계획서 접수 및 검토<br>• 계약 및 지원<br>• 수행기관 실무자 교육<br>• 사업수행 안내자료 |
| ⇓ | |
| 사업관리 (중간방문 등) | • 사업관리<br>• 일정관리<br>• 인력관리<br>• 중간 모니터링<br>• 온라인 배분 시스템 적용 예정 |
| ⇓ | |
| 사업평가 | • 평가 절차<br>• 평가위원 구성<br>• 평가 원칙 및 기준<br>• 평가 종류 및 방법(서류 · 면접 · 현장심사) |
| ⇓ | |
| 평가환류 | • 평가 조치 및 환류 |

|그림 9-3| 배분사업 진행절차

출처 : 사회복지공동모금회(2024). 2025년 공동모금회 배분사업 안내.

사회복지공동모금회는 배분금을 받을 기관과 사업계약을 체결하고 그에 따른 관리를 진행한다. 배분금을 지원받는 기관은 사업종료 후 30일 이내에 사업결과보고서를 모금회 또는 모금회가 지정하는 기관에 제출해야 하며, 공동모금회는 사업평가를 통해 평가 결과가 부정적인 경우, 관련 회규에 정한 바에 따라 기 지급한 배분금 환수, 일정 기간 배분대상 제외 등의 제재 조치를 취하기도 한다.

## 5 자원봉사센터

### 1) 자원봉사센터의 개념

자원봉사활동 기본법 제3조에 따르면, '자원봉사활동'이란 개인 또는 단체가 지역사회 · 국가 및 인류사회를 위하여 대가 없이 자발적으로 시간과 노력을 제공하는 행위를 의미하며 자원봉사센터는 자원봉사활동의 개발 · 장려 · 연계 · 협력 등의 사업을 수행하기 위해 법령과 조례 등에 따라 설치된 기관 · 법인 · 단체 등을 말한다. 즉, 자원봉사센터는 자원봉사추진체계로 자원봉사활동의 수요와 공급의 상호 조정 역할을 수행하고 자원봉사자가 효율적으로 활동할 수 있도록 지원하기 위해 운영하는 기관이다.

자원봉사센터는 자원봉사자를 발굴, 훈련, 배치, 관리, 감독하는 과정에서 이를 적절히 통합하고 적용하여 효과적으로 활용할 수 있는 장점이 있다. 또한 자원봉사 전문인력을 모집, 교육, 배치, 관리를 담당하여 수요처와 봉사자 간의 관계를 능동적으로 연계하는 매개체가 될 수 있기 때문에 자원봉사센터를 통해 지역사회 주민의 자원봉사활동을 활성화시킬 수 있다(조추용 외, 2018: 김범수 외, 2019; 전해황 외, 2021; 조성희 외, 2023).

### 2) 자원봉사센터 설치 및 운영의 근거

① 자원봉사센터의 설치 및 운영 : 자원봉사활동 기본법 제19조

② 자원봉사센터 장의 자격요건 및 센터의 조직 및 운영 : 동법 시행령 제14조, 제15조

자원봉사활동 기본법은 국가 차원에서 자원봉사활동에 대한 기본적 사항들을 규정하고 자원봉사활동을 진흥하고 행복한 공동체 건설에 기여하는 것을 목적으로 2005년 8월 4일 제정되었다.

자원봉사활동의 범위(제7조)를 명시하고, 행정안전부장관은 관계 중앙행정기관의 장과 협의하여 자원봉사활동 진흥을 위하여 5년마다 국가 기본계획을 수립(제9조)할 것과 12월 5일을 자원봉사자의 날로 지정하여 일주일 동안 자원봉사주간으로 진행(제13조)할 것 등을 포함하여 자원봉사활동에 관련된 제반 내용을 규정하고 있다.

### 3) 자원봉사센터의 기능

자원봉사센터는 자원봉사자의 모집 및 연계, 자원봉사에 관련된 각종 연구 및 조사, 정보제공, 교육 및 훈련, 기술지원, 자원봉사 프로그램 개발 및 실시 등의 역할을 수행하고 있으며 자원봉사센터의 기능은 다음과 같다(조추용 외, 2018; 전해황 외, 2021, 조성희 외, 2024).

첫째는 봉사활동의 수급조절이다. 자원봉사관리자의 주 업무로 자원봉사활동을 희망하는 자원봉사자에게 활동을 소개하고, 자원봉사자가 도와주었으면 하는 사람(시설, 단체 등)에게 자원봉사를 소개한다.

둘째는 봉사활동의 기록 및 등록이다. 원활한 봉사활동의 수급조정을 위하여 면담 및 조사방법으로 자원봉사자나 자원봉사활동 요청 시설 및 기관에 관한 내용, 대상자에 대한 희망 내용, 사회자원 등을 파악하여 문제해결을 위한 방법을 찾기 위한 자료로 활용한다.

셋째는 자원봉사활동을 지원하는 것이다. 자원봉사자나 자원봉사활동 요청 시설 및 기관이 효과적으로 활동할 수 있도록, 자원봉사활동 과정에서 발생하는 고민상담, 쌍방의 문제점, 기자재나 자료의 대여, 정보제공, 자원봉사자 보험의 가입 추진 등 다양한 지원업무를 수행한다.

넷째는 봉사자의 양성 및 연수이다. 자원봉사활동을 원활히 수행하기 위해 자원봉사자의 의식을 고취시키며 기술을 연마할 수 있도록 하는 기능을 담당한다.

다섯째는 자원봉사 관련 홍보 및 자료개발이다. 자원봉사자를 활용하고 자원봉사활동의 방향성을 제시하는 자료로 활용하며, 자료를 근거로 보다 많은 사람에게 자원봉사활동을 이해시키기 위한 기능을 수행한다.

여섯째는 자원봉사 네트워크 구축이다. 봉사활동을 수급 조정하는 가운데 파악한 욕구를 토대로 자원봉사자, 자원봉사활동 요청 시설 및 기관, 자원봉사센터, 지역사회의 다양한 기관 및 단체 등과 자원봉사활동 네트워크를 구축한다.

일곱째는 자원봉사 관련 조사 및 연구 실시이다. 지역사회에서 자원봉사활동이 더욱 원활하고 효과적으로 추진되기 위하여, 노출되지 않은 욕구나 자원봉사활동을 하려는 자원봉사자를 발굴하고, 자원봉사 활동내용을 발전시키기 위한 프로그램 개발 등의 기능을 수행한다.

### 4) 자원봉사센터의 분류

자원봉사센터는 운영주체, 설립주체 · 목적 · 운영형태를 기준으로 구분할 수 있다(조추용 외, 2018; 김범수 외, 2019).

### (1) 운영주체를 기준으로 한 구분

〈표 9-7〉 운영주체를 기준으로 한 구분

| 운영형태 | 분류요건 | 장 점 | 단 점 | 실무자 |
|---|---|---|---|---|
| 완전 직영형 | 운영주체가 지방자치단체. 내부 조직에 센터 조직이 포함되어 있음. 직원은 모두 공무원이며 소장은 지방자치단체장 또는 없는 경우도 있음 | • 신속한 대응력과 추진력<br>• 신뢰성<br>• 공정성<br>• 자원 동원력<br>• 재정 안정성 | • 자율성 침해와 중립성 한계<br>• 획일성과 자원봉사자 동원 대상화<br>• 유연성 및 일관성 부족<br>• 전문성 결핍 | ① 공무원<br>② 계약직 공무원 |
| 혼합 직영형 | 운영주체는 지방자치단체이나 실제 운영조직은 별도의 조직임. 직원은 모두 민간인이며 소장은 상근 · 비상근 민간인이 맡고 있음. 공무원 파견이 가능 | • 민 · 관 협동체계의 시너지 효과<br>• 재정 안정성<br>• 사업 추진력 | • 공무원의 간섭으로 자율성 위축<br>• 관련단체 오해로 인한 중립성 침해<br>• 민간지위 약세로 인한 전문성 위축 | ① 공무원 +민간인<br>② 민간인 |
| 위탁 운영형 | 운영주체가 법인, 민간단체, 협의회 등이며 직원은 모두 민간인임. 소장은 각 단체 대표가 겸직함 | • 자율성<br>• 전문성<br>• 탄력적 운영 | • 예산불안정<br>• 위탁제도 자체의 한계<br>• 운영단체의 자기편중성<br>• 위탁단체의 역량 미흡<br>• 정치적 중립성 훼손<br>• 직원의 낮은 처우 및 신분 불안정<br>• 경쟁단체의 비협조<br>• 낮은 공공성 이미지 | 민간인 |
| 독립 법인형 | 자원봉사센터 자체가 법인이며 센터 직원은 모두 민간인이고, 소장은 법인대표가 겸직하거나 상근 · 비상근 민간인이 맡고 있음. 공무원 파견이 가능 | • 민 · 관의 행정적 결합<br>• 고유성<br>• 자율성<br>• 전문성<br>• 신분안정 | • 법인의 재정자립도에 따라 예산 불안정 가능성<br>• 법인의 이사회에 따라 자기편중 가능성 | ① 민간인<br>② 민간인 +공무원 |

### (2) 설립주체 · 목적 · 운영형태를 기준으로 한 구분

첫째, 수요자 중심의 자원봉사센터는 자원봉사를 직접 활용하고 있는 사회복지 서비스기관으로 종합사회복지관, 사회복지 관련 시설, 병원 의료사회사업센터, 상담기관, 시민사회단체(NGO) 등이 해당된다.

둘째, 공급자 중심의 자원봉사센터는 민간형태의 비사회사업적 영역에서 기관 본연의 목적을 수행하기 위해 자원봉사를 활용하고 있는 기관으로, 교육기관(초·중·고·대학사회봉사단), 기업, 종교사회봉사 등이 해당된다.

셋째, 조정자 중심의 자원봉사센터는 공공기관의 자원봉사센터로, 3개 중앙정부(행정안전부, 보건복지부, 여성가족부)에서 관할하는 자원봉사센터가 해당된다.

〈표 9-8〉 중앙부처별 봉사센터 비교

| 관련 부처 | 기관명 | 근거 법령 | 주요 활동 |
|---|---|---|---|
| 행정안전부 | 자원봉사센터 | 지침 및 조례 | 지역 자원봉사 활성화 |
| 보건복지부 | 사회복지자원봉사센터 | 사회복지사업법 제9조 | 사회복지 봉사활동 지원 |
| | 노인지역봉사기관 | 노인복지법 제23조 제2항 | 노인 지역봉사 활성화 |
| 여성가족부 | 여성자원활동센터 | 여성발전기본법 시행령 제28조의2 | 여성 봉사활동 지원 |
| | 청소년활동정보서비스 'e청소년' | 청소년활동 진흥법 제6조 | 청소년 활동 진흥 |

출처 : 조성희 외(2023).

## 5) 자원봉사센터 운영체계

### (1) 행정안전부 자원봉사센터

1996년 행정자치부 지침에 근거하여 설치되기 시작하였고, 2005년 자원봉사활동기본법 및 지방자치단체 조례에 따라 각 지역 자원봉사자의 수요와 공급을 조정하기 위해 2025년 기준 중앙자원봉사센터 1개소, 광역자원봉사센터 17개소, 기초자원봉사센터 228개소가 설치, 운영 중이며 총 246개소의 전국자원봉사센터에 등록된 자원봉사자는 14,954,948명이다(www.1365.go.kr).

〈표 9-9〉 자원봉사센터의 역할 비교

| 센 터 | 역 할 |
|---|---|
| 광역시 · 도 자원봉사센터 | • 광역시 · 도 지역의 기관 · 단체들과 상시 협력체계 구축<br>• 자원봉사관리자 및 지도자의 교육훈련<br>• 자원봉사 프로그램의 개발 및 보급<br>• 자원봉사 조사 및 연구<br>• 자원봉사 정보자료실 운영<br>• 시 · 군 · 구 자원봉사센터 간의 정보 및 사업의 협력 · 조정 · 지원<br>• 그 밖에 광역 시 · 도 지역의 자원봉사 진행에 기여할 수 있는 사업 |
| 시 · 군 · 구 자원봉사센터 | • 시 · 군 · 구 지역의 기관 · 단체들과 상시 협력체계 구축<br>• 자원봉사자 모집 및 교육 · 홍보<br>• 자원봉사 수요기관 및 단체에 자원봉사자 배치<br>• 자원봉사 프로그램의 개발 · 보급 및 시범운영<br>• 자원봉사자 관련 정보의 수집 및 제공<br>• 그 밖에 시 · 군 · 구 지역의 자원봉사 진행에 기여할 수 있는 사업 |

1365 자원봉사포털(www.1365.go.kr)은 우리나라 자원봉사센터의 종합포털로, 개별적으로 이루어지던 전국의 자원봉사정보를 한 곳에 모아 다양한 자원봉사 정보 검색부터 신청, 실적 확인까지 원스톱 서비스를 제공하고 있다.

### (2) 보건복지부 자원봉사센터

사회복지정보센터는 사회복지사업법에 의거하여 보건복지부가 설치 · 운영하고 있는 자원봉사센터로 한국사회복지협의회 부설로 설치되어 있다. 1978년 5개 지역의 사회봉사안내소로 시작하여 도움의 전화를 통한 자원봉사활동 정보를 제공하는 역할을 담당하였으나 2001년 사회복지정보센터로 명칭과 기능을 변경 · 전환하면서 자원봉사 분야뿐만 아니라 사회복지 분야의 통합된 정보기능을 담당하였으며, 자원봉사인증관리사업을 시작하였다.

사회복지자원봉사인증관리(VMS : Volunteer Management System)는 사회복지사업법과 자원봉사활동기본법에 의거하여 전국 자원봉사단체 · 기관 상호간 네트워크 체계를 구축하여 자원봉사자의 봉사실적을 체계적으로 누적 · 관리하는 전산관리시스템으로, 봉사실적에 대한 인센티브 제공 기반을 마련하고자 2001년 한국사회복지협의회 및 보건복지부 주도로 만들어졌다. 사업 초기에는 '사회복지봉사활동인증관리'라는 명칭을 사용하였으나 2010년대 이후에는 '사회복지자원봉사인증관리'라는 명칭을 사용하고 있다(한국사회복지협의회, 복지넷 www.bokji.net).

사회복지자원봉사활동 실적의 인증관리 및 인정과 보상체계 마련, 사회복지자원봉사활동의 효율적인 운영관리 및 상호 협력체계 구축, 사회복지자원봉사활동의 정책통계 제공 및 활성화 기반 조성, 사회복지 인적 자원의 효과적 활용을 통한 생산적 복지 증진에 기여할 목적으로 봉사 일감 조회, 자원봉사활동 신청하기, 지역사회봉사단 소개 및 참여방법 안내, 사회복지자원봉사 실적인증서 발급 및 발급내용 조회, 사회복지 자원봉사 통계정보 제공, 자원봉사와 관련된 각종 자료, 이달의 우수봉사자(단체) 선정 및 소개, 자원봉사자카드 발급 안내 등의 사업을 제공하고 있다.

### (3) 여성가족부 자원봉사센터

여성자원활동센터는 지역단위로 통합·운영하여 자원봉사를 희망하는 여성이 개인별 또는 단체별로 편리하게 이용할 수 있도록 지역별 여성자원활동센터 설치·운영에 관한 지침에 기초하여 1991년 여성가족부 주관으로 설치되었다. 다양한 여성자원활동의 전문영역 개발 및 여성 자원봉사자 발굴, 모집 및 교육을 통하여 자원봉사 수요처에 연결해 주고 관련 기관 간의 정보교류 및 주민홍보 등의 활동을 추진하였으나 2008년 1월 지역자원봉사센터로 통합되었다. 청소년봉사활동서비스는 청소년활동 진흥법에 의거하여 2005년 'e청소년(www.youth.go.kr)'을 오픈하여 대한민국 청소년을 위하여 봉사활동, 복지, 보호 정보 등을 통합적으로 제공하고 있다.

10
CHAPTER

# 지역사회복지의 특수 실천분야

1. 사회적경제
2. 사회적기업
3. 사회적협동조합
4. 자활기업
5. 마을기업

# 10 CHAPTER 지역사회복지의 특수 실천분야

## 1 사회적경제

### 1) 사회적경제의 등장

사회적경제는 역사적으로 자본주의의 불균형을 극복하기 위한 공동체적 대응에서 비롯되었으며, 현대에 이르러서는 지속가능한 발전 · 지역재생 · 포용적 성장이라는 글로벌 의제와 연결되며 더욱 주목받고 있다. 특히 한국사회에서는 사회적경제가 국가복지의 한계를 보완할 수 있을 것으로 기대되면서 지역사회 중심의 새로운 대안모델로 자리매김하고 있으며 향후 법제도적 기반이 강화됨에 따라 더욱 확장될 것으로 예상되고 있다.

사회적경제의 특성의 이해를 위해 근원을 찾아보면 19세기 유럽 산업혁명기로 거슬러 올라갈 수 있다. 산업화가 대량생산과 도시화를 촉진하는 동시에 기존의 공동체 질서를 해체하고 노동자 계층의 빈곤과 사회적 소외 심화를 불러옴에 따라 이러한 문제에 대응하기 위해 자발적인 상호부조조직, 협동조합, 상호신용조합 등의 형태로 사회적경제 조직이 등장하기 시작하게 된 것이다.

20세기 들어서면서 유럽 각국은 사회적경제를 법제화하고 제도적으로 인정하기 시작하였다. 프랑스는 1980년대 이후 사회적경제라는 용어를 공식화하였고 벨기에, 스페인, 이탈리아, 캐나다 퀘벡주 등은 사회적경제를 하나의 제3섹터 또는 연대경제로 간주하고 정책적 지원을 강화하였다. 이러한 흐름은 사회적경제가 복지국가의 보완적 기제로, 그리고 신자유주의 경제 구조에서의 대안적 경제모델로 자리매김하는 기반이 되었다.

한국에서 사회적경제가 제도화되고 정책 의제로 부상한 시점은 IMF 외환위기 이후이다. 급속히 증가한 빈곤과 실업에 대한 대응책으로 사회적경제에 대한 이론적 · 정책적 관심이 커지게 되었고, 이후 2000년대 중반 이후 사회적경제에 대한 관심이 급증하여 사회적기업육성법, 협동조합기본법, 마을기업 육성지침 등 다양한 정책적 기반이 마련되었다.

특히 2010년대 이후 지방자치단체들이 사회적경제를 지역재생과 공동체 복원의 핵심 전략으로 채택하면서 전국적으로 사회적경제 조직의 수가 빠르게 증가하였고 사회적기업, 사회적협동조합, 자활기업, 마을기업 등으로 구성된 다양한 형태의 사회적경제 조직이 등장하였다.

다양한 사회적경제 조직의 확산에 따라 2012년 서울시의 '사회적경제기본조례'가 제정되면서 공공적 논의가 본격화되었고, 2014년부터 '사회적경제기본법' 제정에 대한 논의가 시작되어 국회에서는 여러 차례 법안이 발의되었으나 아직까지 제정되지 않은 법률로 존재한다.

## 2) 사회적경제와 사회적 자본

### (1) 사회적경제의 개념과 역할

사회적경제는 사회적 가치와 공익 실현을 중심으로 하는 경제활동으로, 협동조합, 사회적기업, 자활기업, 마을기업 등 다양한 주체들이 민주적 운영과 연대의 원칙에 따라 지역사회와 구성원의 삶의 질 향상을 추구하는 경제체계를 말한다. 이에 대해 유럽연합은 "사회적 경제는 자본이 아닌 사람 중심의 경제이며, 민주적 운영 원칙을 따르는 경제 활동을 포함한다"고 하고 있고, 한국사회적기업진흥원은 "사회적경제는 사회적 목적 실현을 우선하는 경제활동으로 협동조합, 사회적기업, 자활기업, 마을기업 등을 포괄한다"고 하고 있다.

이러한 사회적경제의 역할은 다음과 같다.

첫째 '지역사회 복지 증진'으로 지역의 자원과 수요를 바탕으로 서비스와 일자리를 창출하여 지역사회 문제 해결에 직접적으로 기여한다.

둘째, '취약계층의 고용 창출'로 일자리 창출 측면에서 특히 취약계층(노인, 장애인, 경력단절여성 등)의 고용 확대에 기여하고 있으며, 노동시장 내 포용성을 증대시키는 역할을 한다.

셋째, '지속가능한 지역경제 활성화'로 사회적경제 조직은 지역 자원을 활용하고, 지역 주민의 참여를 기반으로 하기 때문에 외부 자본 중심의 개발이 아닌 지속가능한 지역경제 모델을 제시한다.

넷째, '사회적 자본 형성'으로 신뢰, 협력, 참여 등 지역사회의 사회적 자본을 축적하는 핵심 동력으로 작용한다. 이는 공동체 복원력과 민주주의 문화의 강화로도 연결된다.

다섯째, '국가복지의 보완자 역할'로 국가 복지제도의 사각지대를 메우는 복지의 보완자로서 기능하며 공공서비스의 다양성과 접근성을 높인다.

### (2) 사회적경제와 사회적 자본

사회적경제는 단순한 일자리 창출이나 지역경제 활성화를 넘어, 공동체 내 신뢰와 참여를 기반으로 하는 사회적 자본의 생산 기반을 제공한다. 이러한 점에서 사회적경제는 지역사회복지의 중요한 인프라로 기능하며, 지속가능한 복지 공동체 형성을 위한 제도적 토대를 구축한다. 사회적경제와 사회적 자본은 서로 밀접하게 연관된 개념으로, 지역사회 복지와 공동체 회복력 강화에 기여한다는 공통점을 가지는데 그 내용은 다음과 같다.

#### ① 신뢰와 연대 구축

사회적경제 조직은 상호 신뢰와 협동을 기반으로 운영된다. 이는 자연스럽게 구성원 간 신뢰를 형성하고, 지역사회 내 연대감을 증진시킨다. 예를 들어, 협동조합은 조합원 간의 자발적 참여와 민주적 의사결정을 통해 사회적 신뢰를 강화하며, 이는 사회적 자본의 핵심 요소인 신뢰(trust)를 확장시킨다.

**② 사회적 네트워크 강화**

사회적경제 조직은 다양한 이해관계자와의 연결을 통해 지역 내 '사회적 네트워크'를 형성한다. 이는 주민, 지방정부, 민간단체 간의 협력 구조를 구축하며, 상호작용을 촉진한다.

**③ 공동체 활성화와 참여 확대**

사회적경제는 주민 참여를 통해 지역문제를 해결하고 공동체를 활성화한다. 이는 참여를 통한 시민성의 강화, 책임성 향상, 공공선에 대한 인식 증대로 이어지며 공동체 내부의 사회적 자본을 실질적으로 축적하는 방식이 되기도 한다.

**④ 제도적 신뢰 형성**

사회적경제는 민주적 운영과 투명성을 통해 공공기관과 시민 간의 신뢰를 증진시킨다. 특히 자활기업이나 마을기업은 지역 주민의 주도적 참여를 바탕으로 형성되므로, 정부와 시민 간의 제도적 사회적 자본을 강화하는 데 효과적이다.

### 3) 사회적경제 특성과 유형

#### (1) 사회적경제의 특성

**① 사회적 목적의 우선 추구**

사회적경제 조직은 이윤의 극대화보다 사회적 가치를 우선한다. 고용 창출, 지역사회 기여, 사회통합 등 공익 추구가 중심이 된다.

**② 민주적 참여와 운영**

사회적경제 조직은 구성원의 참여, 협의, 공동 의사결정 구조를 지향한다. '1인 1표'의 원칙이 대표적이며, 이는 자본보다는 사람 중심의 운영 방식이다.

**③ 이윤의 사회적 재투자**

사업을 통해 발생한 이윤은 조직 구성원 간 배당보다 공익적 목적에 재투자되며, 지역사회에 환원되는 경향이 강하다.

**④ 자율성과 독립성**

사회적경제 조직은 공공기관과 협력은 하되, 자율성과 독립성을 유지하며 운영된다. 이는 비영리 민간단체(NGO)와는 구분되는 부분이다.

**⑤ 연대성과 협동성**

사회적경제 조직은 경쟁보다는 협력을 통해 사회문제를 해결하고자 하며, 이를 위해 연대 네트워크 형성이 활발히 이루어진다.

### (2) 사회적경제의 유형

사회적경제의 유형은 조직의 법적 형태, 목적, 운영방식에 따라 다양하게 분류되며, 일반적으로 대표적인 네 가지 유형인 사회적기업, 사회적협동조합, 자활기업, 마을기업으로 구분되고, 그 내용은 다음 표와 같다.

〈표 10-1〉 사회적경제 조직의 유형과 특성

| 항 목 | 사회적기업 | 사회적협동조합 | 자활기업 | 마을기업 |
|---|---|---|---|---|
| 개 념 | 수익활동을 통해 사회적 목적을 실현하는 기업 | 조합원과 지역사회를 위한 공익적 목적의 협동조합 | 자활근로사업단이 독립 운영체로 전환된 조직 | 주민이 운영하며 지역자원을 활용한 지역문제 해결형 기업 |
| 주요 특성 | • 사회적 목적 우선<br>• 고용 및 서비스 제공<br>• 수익의 재투자<br>• 인증제 및 지정제 | • 다중 이해관계자 참여<br>• 외부이사 40% 이상 구성<br>• 잉여금 사회환원<br>• 공익서비스 중심 | • 수급자 중심 참여<br>• 정부지원 기반<br>• 공동운영체제 | • 주민 참여 · 소유<br>• 지역 자원 활용<br>• 수익 지역 환원<br>• 지정제 운영 |
| 법적 근거 | 사회적기업 육성법 (2007) | 협동조합 기본법 (2012) | 국민기초생활 보장법, 자활사업 안내 지침 | 행정안전부 마을기업 육성 지침 |
| 법적 성격 | 인증 기업 | 비영리 조합 | 공공사업 연계 | 공동체 기반 사업체 |
| 지원 주체 | 고용노동부 | 기획재정부, 지방정부 | 보건복지부 | 행정안전부 |
| 인증 · 지정 | 고용부 인증 또는 예비지정제도 운영 | 설립신고만으로 가능 (인증제 아님) | 자활센터 및 복지부 지정 | 행안부 및 지자체의 선정 및 지원 |
| 참여 주체 | 기업가, 민간 | 조합원, 주민 | 취약계층 | 주민공동체 |
| 수익 활용 | 이익의 2/3 이상 사회에 재투자 | 이익의 2/3 이상 공익적 목적 사용 | 자립 기반 형성과 공동 운영 | 마을 발전과 공동체 환원 |
| 활용 유형 | 사회서비스 제공기관, 지역일자리 창출 | 주민 자조조직, 복지 공급 협력 주체 | 복지대상 직접지원, 자립단계 플랫폼 | 지역복지 실천 거점, 주민주도 돌봄 체계 |

### 4) 사회적경제와 지역사회복지

#### (1) 사회적경제와 지역사회복지 관련성

사회적경제는 사회적 목적과 경제적 활동을 결합한 형태로, 지역 내 다양한 사회문제를 해결하는 데 기여하는 동시에 지역사회의 지속가능한 복지 기반을 형성하는 데 중요한 역할을 한다. 특히 공공복지의 한계를 보완하고,

지역 주민의 참여를 기반으로 한 공동체적 복지 실현을 가능하게 하는 점에서 지역사회복지와 밀접한 연관성이 있고 그 내용은 다음과 같다.

**① 복지 사각지대 해소와 포괄적 복지 제공**

사회적경제 조직은 공공 서비스가 미치지 못하는 복지 사각지대에 위치한 계층에게 서비스를 제공함으로써 지역사회복지의 포괄성과 형평성을 증진시킨다. 장애인, 고령자, 저소득층, 경력단절여성 등을 위한 돌봄 서비스, 일자리 제공, 생활편의 서비스 제공 등으로 공공의 부담을 분산시키며 복지 공급의 다양화와 접근성 확대에 기여하는 것이다. 서울 성동구 사회적기업 협의체의 독거노인을 위한 도시락 배달 서비스, 건강 체크 사업 운영이 대표적인 예이다.

**② 지역사회 기반 고용 창출**

사회적경제는 지역자원을 활용한 일자리 창출을 통해 경제적 자립을 도모하여 빈곤 예방과 삶의 질 향상으로 지역사회복지에 기여한다. 복지 수급에서 생산적 복지로 전환을 유도하는 선순환 구조를 형성하는데, 자활기업이나 마을기업은 저소득층·수급자에게 일자리를 제공하고, 경제적 역량 강화를 지원하고 있다.

**③ 주민참여 확대와 공동체 회복**

사회적경제는 주민 참여, 협동, 자율성을 핵심 원리로 하기 때문에 지역사회 구성원 간의 관계망 형성과 공동체성 회복에 긍정적 영향을 준다. 주민들이 직접 협동조합을 설립하거나 마을기업 활동에 참여하면서 지역문제를 스스로 해결하고 복지 주체로 성장하게 되어 복지서비스의 수혜자에서 복지의 생산자·참여자로 주민의 지위변화가 유도되는 것이다.

**④ 공공-민간 복지 거버넌스 구축**

사회적경제 조직은 지역 내 중간지원조직 또는 복지 전달체계의 파트너로 기능하며, 지역사회복지 전달체계의 다원화와 효율성 제고에 기여한다. 지역자활센터, 사회적경제지원센터, 주민자치회 등과 연계하여 통합적인 복지서비스를 제공하여 복지 거버넌스의 다양화와 지속가능한 지역 복지생태계 형성에 기여하게 된다.

#### ⑤ 지역자원 활용과 지속가능성 강화

사회적경제는 지역의 인적·물적 자원을 적극 활용하여 지역경제 활성화와 복지 기반의 자립을 동시에 추구한다. 지역농산물을 활용한 먹거리 복지, 공공시설을 활용한 돌봄서비스 운영 등은 지역 경제와 복지의 선순환 구조를 만들고 복지서비스의 지속가능성 제고와 지역 자립 기반 마련에 기여한다.

### (2) 사회적경제의 과제와 전망

사회적경제는 자본의 이익 극대화가 아닌 사람 중심의 가치를 추구하며, 공동체의 삶의 질 향상과 사회적 약자의 권익 보장을 주요 목표로 한다. 이러한 사회적경제는 지역사회복지와 본질적으로 밀접한 연계를 가지며, 지역주민의 삶을 개선하고 복지서비스를 공급하는 지역 기반 복지 시스템의 중요한 축으로 자리 잡고 있다.

그러나 실천 현장에서는 여전히 구조적, 제도적, 인식적 한계가 존재하고 있다. 향후 사회적경제가 지역사회복지의 주체로 성장하기 위해서는 다음과 같은 과제들을 해결해 나가야 한다.

첫째 법적 제도 정비 부족 문제이다. 지방자치단체의 관련 조례가 존재하고 있으나 사회적경제를 포괄하는 「사회적경제기본법」이 아직 제정되지 않고 있어 체계적 정책 수립에 한계가 있다.

둘째, 지속가능성 및 자립기반 확보가 필요하다. 많은 사회적경제 조직이 정부 보조금에 의존하고 있어 경제적 자립 기반이 취약하다. 수익구조 다변화, 사업모델 혁신, 공공시장 진출을 통한 경제적 지속가능성 확보가 중요하다.

셋째, 전문성 제고와 인력 양성이 과제이다. 사회적 목적을 실현하면서도 기업 운영 능력을 갖춘 복합적 전문인력이 부족하여 실무자 대상 교육 프로그램 개발이 필요한 상황이다.

넷째, 주민 참여 기반 확대 문제로 사회적경제는 주민의 자발적 참여를 기반으로 하나, 여전히 의사결정 과정에서 주민 소외가 발생하는 경우가 있다. 지역 주민을 대상으로 한 교육·참여기회를 체계적으로 제공해야 한다.

다섯째, 지역복지 전달체계와의 연계 강화를 통해 지역사회보장협의체, 통합사례관리 체계 내에서 사회적경제 조직의 복지서비스 공급자로서의 역할을 제도화할 필요가 있다.

사회적경제는 단순한 일자리 창출을 넘어 지역사회복지의 실질적 수행 주체로 기능할 수 있는 잠재력을 가지고 있다. 지역공동체 복원과 사회적 자본 확충의 핵심 주체로 성장하여 고령화, 저출생, 1인 가구 증가 등 지역사회 문제를 해결할 수 있는 생활밀착형 복지 주체로 사회적경제가 자리매김할 것으로 기대된다.

또한 마을단위에서 주민 간 연대와 신뢰를 회복하며 사회적 자본(social capital)을 축적하는 역할을 하게 될 것이다. 이를 실현하기 위해서는 제도적 정비, 주민참여 활성화, 복지전문 인력 육성, 지역기관 간 협력 네트워크 구축 등이 종합적으로 추진되어야 한다. 향후 사회적경제는 지역사회복지를 '공공의 책임'에서 '공공과 시민의 협력'으로 전환하는 중심축이 될 수 있을 것이다.

## 2 사회적기업

### 1) 사회적기업 개념과 특성

사회적기업은 취약계층 고용, 사회서비스 제공 등 사회적 목적을 수행하면서 수익을 창출하는 기업이다. 「사회적기업육성법」(2007)에 의해 제도화되었으며, 같은 법 제2조에 따르면 사회적기업이란 "취약계층에게 일자리 또는 사회서비스를 제공하거나 지역사회에 공헌하는 등 사회적 목적을 추구하면서 재화와 서비스의 생산·판매 등 영업활동을 수행하는 기업"을 말한다. 사회적기업은 고용노동부의 인증을 통해 공공성과 지속가능성을 인정받으며 기업성과 사회성과를 동시에 추구하고 사회적기업은 지속가능한 경영을 바탕으로 취약계층의 일자리 창출, 지역사회 문제 해결 등과 같은 사회적 목적을 달성하고자 한다.

사회적 가치와 수익성을 동시에 추구하는 이중 목표를 가지는 사회적기업의 특성은 첫째, 이윤 극대화보다는 일자리 창출, 환경 보호 등과 같은 사회적 가치 실현을 우선으로 하는 '사회적 목적 우선', 둘째, 재화나 서비스를 판매하여 수익을 창출하며 공공재정에만 의존하지 않는 '영리활동 수행', 셋째, 발생한 이윤을 투자자에게 분배하기보다는 조직의 사회적 목적을 위해 사용하는 '이윤의 사회 환원', 넷째, 근로자, 이해관계자, 지역주민 등이 경영에 참여할 수 있는 구조를 지향하는 '참여적 의사결정' 등이 있다.

수익금의 사회적 재투자 등 공공성을 실현하고 장애인, 고령자, 청년 등 취약계층에게 우선적으로 일자리를 제공하여 고용 창출 중심의 경영을 실현하는 것이 사회적기업의 특성이다.

### 2) 사회적기업의 유형

사회적기업의 유형은 조직의 정체성과 사회적 목적의 실현 방식에 따라 다양하게 분화되어 있으며, 각 유형은 지역사회 내에서 특정한 복지 수요나 사회문제 해결을 담당하는 실천 주체로 기능한다. 이러한 유형별 구분은 사회적기업의 전략 수립, 평가 기준 마련 등에 중요한 기준점을 제공한다.

사회적기업은 설립 목적과 활동 방식에 따라 다양한 유형으로 구분되며, 각각의 유형은 추구하는 사회적 가치와 실천 전략이 다르다. 한국에서는 「사회적기업육성법 시행규칙」(고용노동부, 2023)에 따라 사회적기업을 크게 다섯 가지 유형으로 분류하고 있으며 주요 목적과 핵심 활동은 다음 표와 같다.

〈표 10-2〉 사회적기업의 유형

| 유 형 | 주요 목적 | 핵심 활동 | 대표 사례 |
|---|---|---|---|
| 일자리 제공형 | 취약계층의 고용 창출 | 고용 제공, 직무훈련 | 장애인 고용 제조업체, 자활카페 등 |
| 사회서비스 제공형 | 사회서비스 제공 | 돌봄, 복지, 교육, 환경 등 서비스 운영 | 방문요양, 방과후 돌봄센터 등 |
| 혼합형 | 고용과 서비스 제공 병행 | 고용 + 서비스 제공 | 고용+돌봄 통합 운영기관 |
| 지역사회 공헌형 | 지역공동체 활성화 | 마을사업, 로컬푸드, 공동체 문화운동 등 | 마을기업형 사회적기업 |
| 창의 · 혁신형 | 새로운 방식의 사회문제 해결 | 기술, 문화, 업사이클링, 디지털 융합 등 | AI 돌봄 서비스, 업사이클 기업 등 |

### 3) 사회적기업의 현황과 과제

#### (1) 사회적기업 현황

2024년 기준, 전국 인증 사회적기업은 약 3,762개이고 이 중 절반 이상이 일자리 제공형이다. 고용창출 규모는 5만 명 이상이며, 특히 고령자, 청년, 장애인, 경력단절여성 등 취약계층의 고용을 통해 사회적 가치를 창출하고 있다. 주요 분야는 돌봄서비스, 교육, 문화예술, 환경보전, 마을관광 등 다양하며 지방자치단체별로 사회적기업 육성 전담 부서를 두고 있다.

#### (2) 사회적기업의 과제

사회적기업이 안고 있는 한계와 과제는 우선, 자립 기반의 부족 문제로 정부 보조에 의존하는 구조가 많고 수익구조가 약하여 지속가능성이 낮다는 지적이 있다. 둘째, 경영 전문성 결여 문제로 사회적 가치를 우선하므로 비즈니스 모델과 시장경쟁력 확보에 한계가 있으며 전문 경영인력도 부족한 현실이다. 셋째, 인증제도의 유연성 부족 문제로 획일적 기준의 인증제도로 다양한 사회적 목적을 가진 기업의 특성을 반영하지 못하고 역동성을 저해하는 문제를 가진다. 마지막으로 사회적 성과 측정의 한계로 매출, 고용 인원 등의 정량적 성과 외에 삶의 질 향상, 사회적 변화 등과 같은 정성적 성과를 어떻게 측정하고 평가할 것인가에 대한 지표 부족도 과제로 꼽힌다.

### 4) 사회적기업과 지역사회복지

사회적기업은 지역사회 복지서비스를 효과적으로 공급할 수 있는 대안적 주체로 기능한다. 지역사회복지 관점에서는 다양한 사회적기업이 복지사각지대를 줄이고 주민 중심의 복지 실현을 다층적으로 구현하는 데 자원이 될 수 있으며, 다음과 같은 측면에서 지역사회복지에 기여한다.

#### (1) 지속가능한 고용을 통한 복지의 경제적 기반 구축

사회적기업은 단순한 단기 고용이 아닌, 정규직 중심의 지속가능한 일자리를 창출하여 근로를 통한 복지 실현을 가능하게 한다. 특히 공공부문이 제공하기 어려운 지속성과 맞춤성을 사회적기업이 보완한다는 점에서, 복지의 수급자에서 참여자 전환이라는 구조적 변화를 이끌어 낸다.

#### (2) 사업 수익의 사회적 목적 재투자 구조

사회적기업은 영리기업과 달리, 사업을 통해 창출한 이윤을 주주에게 분배하는 것이 아니라 사회적 목적에 재투자함으로써, 복지성과를 선순환 구조로 내재화한다. 이는 단순히 복지서비스 제공에 그치지 않고, 조직의 성장과 함께 복지효과도 증대되는 구조를 만든다.

#### (3) 서비스 제공자와 수혜자의 통합 모델 운영

사회적기업은 취약계층을 고용하여 다시 그들이 동료 취약계층에게 서비스를 제공하는 구조를 자주 취한다. 이러한 서비스 제공자와 수혜자의 통합 모델은 일반 복지 시스템과 다른 고유한 복지 구현 방식이다.

### (4) 복지전문인력과의 통합적 운영 가능성

사회적기업은 전문 사회복지사, 직업상담사, 심리상담사 등을 정규직으로 고용하거나 협업하는 모델을 통해, 복지서비스의 질적 전문성을 확보하는 데 유리하다. 이는 지역사회복지 실천에서 요구되는 통합적 복지서비스 제공에 적합하다.

### (5) 복지의 생산과 소비 주체의 지역 내 순환 실현

사회적기업은 지역 내 취약계층을 고용(생산자)하고, 동일 지역 내 서비스 수요자를 대상으로 복지서비스를 제공(소비자)한다. 이는 복지 자원의 지역 외 유출을 막고, 지역 내부에서 복지와 경제의 순환 구조를 만든다는 점에서 중요한 지역사회복지 전략이 된다.

**'사회적기업' 대표 사례**

- **두손컴퍼니(서울 성동구)** : 전자상거래 물류 서비스 기업으로, 청년과 경력단절여성, 장애인 등 취약계층을 고용하여 일자리를 창출한다. 자동화된 창고 시스템과 체계적인 물류 관리 시스템을 통해 수익을 창출하며, 이익의 일부는 사회적 가치 확산을 위한 교육 및 재투자에 사용된다.
- ㈜**동구밭(서울)** : 발달장애인과 함께 천연비누 및 생활용품을 제조 · 판매하며, 생산 과정 전반에 발달장애인이 참여한다. 단순 고용이 아닌 장기적 자립을 목표로 한 직무 교육과 심리적 지지를 병행하여 사회적 성과가 우수하다.
- ㈜**오티스타(서울)** : 자폐 스펙트럼을 가진 청년들이 디자이너로 활동할 수 있도록 교육하고, 이들이 만든 일러스트 제품을 판매하는 디자인 사회적기업이다. 장애인의 예술적 역량을 바탕으로 한 새로운 비즈니스 모델을 창출하였다.

## 3 사회적협동조합

### 1) 사회적협동조합의 개념과 특성

사회적협동조합이란 협동조합기본법 제93조에 따라 설립된 협동조합으로, 취약계층에게 사회서비스 또는 일자리를 제공하거나, 지역사회에 공헌하는 활동 등을 수행함으로써 공익을 추구하는 협동조합이다.

일반 협동조합이 조합원의 경제적 이익을 중심으로 하는 반면, 사회적협동조합은 전체 지역사회의 복리 증진에 목적을 둔다. 사회적협동조합은 비영리성을 원칙으로 하며, 그 운영은 민주적이고 자율적인 방식으로 이루어진다. 경제적 이익보다 사회적 가치 실현을 우선시하는 것이 특징이며, 돌봄서비스, 지역 환경보호, 교육, 문화사업, 자활지원 등 공익적 영역 등 다양한 분야에서 활동할 수 있다.

사회적협동조합의 특징은 다음과 같다.

첫째, '공익적 목적 추구'로 사회적협동조합은 조합원뿐 아니라 지역사회 전체를 위한 공익적 목적을 추구한다. 이는 일반 협동조합과의 가장 큰 차이점이다.

둘째, '비영리성'으로 수익을 추구하더라도 그 목적은 조합원의 배당보다는 공공의 이익에 재투자하는 데 있으며, 잉여금은 사업의 확장이나 지역사회 환원에 사용된다.

셋째, '민주적 운영 원칙'으로 1인 1표의 원칙에 따라 조합원들의 의견을 반영하며, 운영의 투명성과 참여성을 보장한다.

넷째, '지역사회 중심 활동'으로 특정 지역사회 내 문제 해결이나 복지 증진을 위한 활동을 중심으로 운영된다.

다섯째, '다양한 서비스 제공 가능성'으로 교육, 돌봄, 의료, 주거, 환경 등 공익을 위한 다양한 영역에서 사업을 추진할 수 있다.

여섯째, '사회적 가치 실현'으로 고용창출, 취약계층 지원, 지역 활성화 등 사회적 가치의 실현을 주된 목표로 한다.

## 2) 사회적협동조합의 현황과 과제

### (1) 사회적협동조합 현황

사회적협동조합은 협동조합기본법 제2조 제4호 및 제93조에 근거하여 기획재정부장관의 인가를 받아야 하며 사업계획서와 정관 등을 심사받아 인증 설립된다.

2024년 기준 약 3,500여 개 이상의 사회적협동조합이 전국에서 운영되고 있으며 이는 매년 증가 추세에 있다. 주요 활동분야는 보육·교육(어린이집, 대안학교), 돌봄서비스(노인, 장애인), 마을공동체 활동, 환경보호, 문화예술, 의료협동조합 등 다양하다.

### (2) 사회적협동조합의 과제

사회적 협동조합은 지역사회복지 실현을 위한 주요 주체로 기능하고 있지만, 제도적 기반, 조직 역량, 주민 인식, 행정적 지원 등 복합적인 구조 등과 같은 성장 가능성을 저해하는 과제를 안고 있다.

**① 설립 절차의 복잡성과 제도적 지원**

사회적협동조합은 일반 협동조합과 달리 기획재정부 또는 중앙부처의 인가를 받아야 하며 사업계획서·정관 심사 등 까다로운 행정 절차를 거쳐야 한다. 이는 진입 장벽으로 작용하며, 소규모 주민 공동체나 민간 주체가 쉽게 접근하기 어렵게 만든다. 이를 해결하기 위해 설립과 운영 절차의 간소화 및 자치단체 중심 인가 권한 위임을 검토할 필요가 있다. 또한 사회적협동조합은 비영리성을 전제로 운영되나, 이에 상응하는 재정적 인센티브나 세제 혜택이 충분히 마련되어 있지 않아 공익적 활동에 어려움이 있다. 이에 대해 사회서비스 제공 조직으로서의 지위 명확화와 정책 우선 지원체계를 구축할 필요가 있다.

② **경영 전문성 부족과 내부 민주성의 형식화**

사회적협동조합은 대부분 기업경영과 수익구조 설계에 취약한 경우가 많아 지속가능한 수익 모델을 갖추지 못하고 정부 지원에 의존하는 구조로 고착되기 쉽다. 또한 협동조합의 핵심 원리인 민주적 운영이 실제로는 소수 운영진에 의한 의사결정으로 흐르거나, 조합원 참여가 형식화되어 있는 경우가 많아 조합원 역량 강화와 실질적 참여 구조 마련이 과제로 남는다.

③ **낮은 사회적 인지도와 공익성과 수익성의 이중 부담**

사회적협동조합이라는 개념이 여전히 일반 대중에게는 생소하며 그에 대한 사회적 가치나 활동 내용에 대한 이해도가 낮다. 이로 인해 조합원 모집, 주민 참여, 서비스 수요 창출 등에서 어려움을 겪는다. 또한 공공서비스 제공과 같은 공익적 목표를 추구하면서 동시에 재정적 자립을 이루어야 하는 구조는 사명과 생존 사이의 이중 부담을 안기며, 특히 취약한 재정 기반에서는 운영의 위기로 이어질 수 있다. 이러한 문제의 해결을 위해 주민 대상 교육 및 미디어 홍보 등을 통한 사회적 인식 개선이 필요하다.

### 3) 사회적협동조합과 지역사회복지

사회적협동조합은 복지의 지역화, 주민 참여 확대, 취약계층의 자립 지원, 지역문제 해결의 주체 형성 등 다양한 측면에서 지역사회복지의 핵심 가치를 실현하는 데 기여하고 있는데 그 내용은 다음과 같다.

#### (1) 사회적협동조합의 공익적 목적과 지역사회복지의 지향점의 일치

사회적협동조합은 공익을 우선하는 조직으로서, 지역주민의 복리 증진을 목적으로 다양한 사회서비스를 제공한다. 이는 지역사회복지가 추구하는 주민의 삶의 질 향상, 사회적 약자의 권익 보호, 지역사회 통합 등과 근본적인 가치 지향이 일치한다. 사회적협동조합은 주민 주도의 참여를 통해 지역 내 복지 수요에 민감하게 반응하며, 복지의 실질적 공급 주체로 기능한다.

### (2) 지역사회 기반의 사회서비스 제공

사회적협동조합은 지역사회 내에서 보육, 노인 돌봄, 장애인 지원, 교육, 문화, 주거, 의료 등 다양한 분야에서 사회서비스를 제공함으로써 공공복지의 사각지대를 보완하고 있다. 특히 돌봄과 복지의 지역화를 강조하는 최근 복지 패러다임에서, 사회적협동조합은 지역사회에서 가장 먼저 문제를 인식하고 직접적으로 해결에 참여할 수 있는 조직이다.

### (3) 주민참여와 공동체 복원의 핵심 수단

사회적협동조합은 조합원 중심의 민주적 운영과 주민 참여를 통해 지역사회 구성원들의 자발적 참여, 공동체 의식 고취, 사회적 자본 형성에 기여한다. 이는 지역사회복지가 지향하는 주민 중심의 복지 실현, 복지 거버넌스 형성, 자조적 복지공동체 조성과 밀접히 관련되어 있다. 사회적협동조합은 특히 복지 수혜자를 복지 공급자로 전환시키는 구조를 만들어 냄으로써 능동적 복지주체화에 기여한다.

### (4) 취약계층의 자립 및 고용창출 기능

사회적협동조합은 취약계층에게 일자리를 제공하거나 그들의 자립을 지원함으로써, 단순한 복지 수혜가 아닌 지속가능한 자활 기반을 마련하는 역할을 한다. 지역사회복지의 경제적 기능을 강화하는 측면으로, 복지와 노동, 복지와 경제의 통합이라는 현대 복지의 흐름과도 부합한다.

### (5) 지역사회복지 전달체계의 보완적 주체

사회적협동조합은 공공부문과 민간부문 사이에서 복지 전달의 중간 주체로 기능하며, 공공서비스의 한계를 보완하고 주민 중심의 복지체계를 구축하는 데 기여한다. 지역사회보장계획, 마을복지계획, 복지관과의 연계 등에서 그 역할이 확대되고 있다.

**'사회적협동조합' 대표 사례**

- **안산의료복지사회적협동조합(경기 안산)** : 주민 주치의 기반의 커뮤니티 헬스 조직으로, 새안산의원 · 한의원 · 치과, 방문진료 · 방문간호 · 재가요양 · 데이케어 등 통합 서비스를 운영한다. 2022년 안산시와 함께 재택의료센터를 열고 '안산형 주치의 2.0'(통합방문 · 다학제 케어)을 본격화한 지역사회 통합돌봄 선도 사례이다.
- **성동행복한돌봄 사회적협동조합(서울 성동)** : 산모신생아 건강관리(정부지원 산후도우미)와 가사관리 · 아이돌봄 등 생활밀착 돌봄을 제공하며, 경력보유 · 중장년 여성에게 교육과 일자리를 제공하는 지역 돌봄 협동조합이다.
- **영림중 학교협동조합 '여물점'(서울 구로)** : 친환경 학교가게인 '여물점'을 운영하면서 다양한 학생복지 서비스와 교육프로그램을 제공하고 있다. 2013년 친환경 학교매점으로 출발해 학생 · 학부모 · 교사 · 주민이 조합원으로 참여하고 수익을 학생복지와 교육활동에 재투자하는 학교 기반 사회적협동조합으로 자리 잡았다.

## 4 자활기업

### 1) 자활기업의 개념과 특성

자활기업은 국민기초생활보장법 제18조 및 같은 법 시행규칙 제25조에 따라 근로능력 있는 수급자가 공동으로 출자하고 운영하는 기업으로 정의된다. 자활기업은 취약계층이 단순한 수혜자가 아닌 생산의 주체로서 노동을 통해 자립을 도모하고, 지역사회 내에서 경제적·사회적 역할을 수행할 수 있도록 지원하는 데 목적이 있다. 이들은 보통 지역자활센터의 지원을 통해 초기 사업을 시작하며, 정부의 일정한 요건을 충족할 경우 자활기업으로 인정받게 된다.

이러한 자활기업의 특성은 다음과 같다.

첫째, '취약계층의 자립 기반 형성'으로 수급자와 차상위계층이 공동으로 창업하여 일자리와 수익을 창출함으로써 생계형 복지에서 탈피하여 자립적 생활 기반을 형성한다.

둘째, '정부 지원 기반'으로 자활센터를 통해 시설, 장비, 기술, 컨설팅 등 초기 단계의 집중 지원을 받는다.

셋째, '지역 밀착형 서비스 제공'으로 청소, 세탁, 도시락 배달, 간병, 사회서비스 등 주민 생활에 밀접한 서비스를 주로 제공한다.

넷째, '사회적기업 전환 가능성'으로 일정한 요건을 충족하고 지속가능성을 확보한 자활기업은 사회적기업으로 전환하기도 한다.

## 2) 자활기업 현황 및 과제

### (1) 자활기업 현황

자활기업은 2024년 기준, 자활기업은 전국적으로 약 1,300개 이상이 등록되어 있으며, 전체 자활근로 참여자의 약 10% 이상이 자활기업에서 근무하고 있다. 정부는 보건복지부 산하 한국자활복지개발원을 통해 자활기업의 운영 매뉴얼 제공, 창업 자금 지원, 직무 교육 및 멘토링을 수행하고 있다.

보건복지부의 자활지원체계 강화 노력과 함께, 일부 기업은 사회적기업 인증을 받거나 협동조합 형태로 조직을 확대하며 지속가능한 사회적 경제 주체로 성장하고 있으며, 도시락 사업, 방문 요양, 재활용품 수거, 공공시설 관리, 세차 서비스 등 다양하게 전개되고 있다.

#### (2) 자활기업의 과제

첫째, '지속가능성 부족'으로 자활기업의 수익구조가 안정되지 않아 공공 의존도가 높으며 자체 시장 경쟁력이 낮아 폐업률도 높다.

둘째, '전문 경영 역량 부족'으로 참여자가 주체이지만 경영 · 마케팅 · 재무 등에서 전문성이 부족하여 성장의 한계가 있다.

셋째, '시장 접근성과 판로의 한계'로 제품 및 서비스의 품질은 향상되었지만 판로 확보 및 홍보 전략 미흡으로 수익 창출이 어려운 현실이다.

넷째, '제도적 한계'로 사회적기업이나 협동조합으로 전환 시 제도 간 연계가 미흡하며 자활기업에 대한 법적 · 제도적 지원의 범위가 제한적인 문제를 안고 있다.

다섯째, '참여자 자립성과 동기부여의 문제'로 참여자 대부분이 '자활'이 아닌 '일자리 제공'에 초점을 둘 수 있어 자립 동기가 부족할 수 있다.

### 3) 자활기업과 지역사회복지

자활기업은 복지 대상자가 스스로 경제활동을 통해 자립할 수 있는 기회를 제공하며, 이는 복지 의존도를 줄이고 지역사회에서의 주체적 삶을 가능하게 하며 다음과 같은 측면에서 지역사회복지에 기여한다.

#### (1) 빈곤의 구조적 문제 해결 수단

지역사회복지는 개인의 빈곤 문제를 단순히 구호의 차원에서 벗어나 자립과 자활을 지원하는 복지 실천을 중시한다. 자활기업은 바로 이러한 실천을 구체화한 형태로 근로능력이 있는 저소득층에게 일자리와 소득을 제공하여 빈곤의 악순환을 끊는 복지 전략의 중심에 있다고 할 수 있다. 국민기초생활수급자가 자활기업에서 일함으로써 생계급여에서 벗어나 자립 가능성을 높이는 사례가 이에 해당한다.

### (2) 지역 기반의 복지 실천 모델

자활기업은 지역자활센터와 협력하여 지역 주민의 수요에 기반한 서비스 제공(예 도시락 배달, 세탁 서비스, 요양보조 등)을 통해 지역사회 내 자원을 활용하고, 그 혜택이 다시 지역 주민에게 돌아가도록 하여 복지의 공급과 수요가 지역 안에서 선순환하는 '지역순환형 복지모델'의 실제 사례라 할 수 있다. 이에 따라 보건복지부와 지방자치단체는 지역자활센터를 중심으로 지역 수요 맞춤형 자활기업 육성을 장려하고 있다.

### (3) 사회적 배제와 차별 해소

지역사회복지는 사회적 약자의 사회참여 기회 보장을 핵심 가치로 두고 있다. 자활기업은 저소득층의 일과 참여의 권리 실현, 사회통합의 매개체로 기능하면서 지역사회복지의 핵심 가치와 기능을 수행한다. 자활기업은 단순한 일자리 제공을 넘어, 지역사회의 구성원으로의 정당한 참여를 보장함을 통해 참여자로 하여금 생산 주체이자 의사결정 주체가 되게 하고 이는 참여자의 자존감 향상과 자기효능감을 높이는 결과를 가져온다.

### (4) 지역경제 활성화 및 공동체 복원

자활기업은 지역 내에서 소규모 서비스 및 생산 활동을 수행하면서 지역경제를 활성화시키는 동시에, 주민 간 상호작용을 강화하는 공동체 회복의 기반이 된다. 이는 지역사회복지가 추구하는 '공동체적 복지 실현'과 직접적으로 연계되어 지역의 복지공동체 형성과 사회적 연대 강화에 기여하고 지역서비스의 공공성 및 접근성을 제고하게 한다.

**'자활기업' 대표 사례**

- **해뜨는자활기업(부산광역시)** : 지역 내 기초수급자들이 중심이 되어 도시락 제조 및 배달, 도시 정비, 건물 청소 등의 다양한 활동을 수행하며 자립 기반을 마련하고 있다. 특히 지역아동센터, 노인복지관 등 복지시설에 도시락을 공급함으로써 지역사회 내 사회서비스 제공에 기여하고 있다.
- **두레자활기업(전북 정읍시)** : 세탁, 간병, 방문요양 등 다양한 복지서비스를 수행하며, 지역 내 요양보호사 수급 문제를 해결하고 있다. 일자리와 돌봄서비스를 결합하여 지역복지망을 강화하는 대표 사례로 꼽힌다.
- **참좋은자활기업(경기 수원시)** : 재활용품 수거 및 선별 사업을 통해 환경보호와 고용 창출을 동시에 달성하고 있으며, 청년 수급자의 참여 확대를 통해 자활의 새로운 모델을 제시하고 있다.

## 5 마을기업

### 1) 마을기업 개념과 특성

마을기업은 2010년부터 정부의 '지역공동체 일자리 창출 사업'의 일환으로 본격적으로 도입되어 지역 주민이 주도하여 지역 자원을 활용한 수익 사업을 통해 공동체 이익을 실현하는 기업 형태이다. 행정안전부는 마을기업을 "지역주민이 각종 지역자원을 활용하여 수익사업을 하고, 그 수익으로 지역공동체의 문제를 해결하여 주민의 삶의 질을 높이는 마을단위의 기업"으로 정의하고 있다.

이러한 정의는 마을기업이 단순한 영리기업이 아니라, 지역 공동체의 지속가능성과 주민의 삶의 질 향상을 목표로 한다는 점에서 기존의 영리기업과 차별화된다. 주민이 직접 경영에 참여하며 지역사회 서비스를 생산·소비함으로써 경제적, 사회적, 문화적 가치를 함께 창출하는 특징을 가진다.

마을기업은 유형에 따라 각각 차별화된 지원체계를 가지고 있는데, 단순한 일회성 공동체 사업을 넘어, 단계별로 성장하면서 자립하고 지역사회에 실질적인 기여를 할 수 있도록 설계되어 있다. 각 단계에서는 지역주민의 주도성, 공동체성, 지속가능성을 중심으로 평가되며, 행정안전부와 시 · 도, 광역 · 기초 지방자치단체가 연계하여 사업을 관리하고 있다. 마을기업은 예비마을기업, 신규마을기업, 재지정마을기업, 고도화마을기업으로 구분되며 지정기간은 각각 1년이고 그 내용은 다음 표와 같다.

〈표 10-3〉 마을기업 유형

| 구 분 | 개념 및 목적 | 주요 요건 | 지원내용 |
|---|---|---|---|
| 예비 마을기업 | 마을기업으로 성장 가능성이 있는 공동체 조직에게 기업가적 역량을 준비하게 함 | • 마을기업 요건 일부 충족<br>• 법인 설립(비영리법인 포함) 필요<br>• 지역주민이 주도적으로 참여해야 함 | • 사업비 최대 1,000만 원 내외<br>• 기본 교육 및 창업 컨설팅 제공 |
| 신규 마을기업 | 요건을 갖춘 기업을 공식적인 마을기업으로 최초 지정 | • 마을기업 4대 요건(공동체성, 공공성, 지역성, 기업성) 충족<br>• 법인격 필수[협동조합, (예비)사회적기업, 비영리법인 등 가능]<br>• 지역주민이 출자 · 운영 주체 | • 사업비 최대 5,000만 원<br>• 맞춤형 컨설팅, 홍보, 판로지원 등 |
| 재지정 마을기업 | 기존 마을기업이 성실하게 운영되어 재지정을 받는 경우 | • 신규 지정 이후 활동실적 평가 통과<br>• 사업성과 및 공동체성 유지 여부 확인 | • 사업비 최대 3,000만 원<br>• 운영 컨설팅 및 전문교육 지원 |
| 고도화 마을기업 | 안정적 운영 기반을 바탕으로 고도화된 사업전환을 꾀하는 기업 | • 재지정 이후 경영성과 우수 및 자립 가능성 있는 기업<br>• 비즈니스 모델 혁신 계획 필수 | • 사업비 최대 2,000만 원<br>• 고도화 컨설팅, 시장 다변화 지원 |

마을기업의 특성은 다음과 같다.

첫째, '주민 주도성'으로 마을 주민이 직접 기획하고 참여하며 법인 회원의 70% 이상이 지역 주민으로 구성되어야 한다.

둘째, '지역 자원 활용'으로 농산물 가공, 마을관광, 전통문화 등과 같은 지역의 자연, 인적, 문화 자원을 활용한 사업 모델 중심이다.

셋째, '공공성 및 사회적 가치 실현'으로 마을 내 일자리 창출, 복지서비스 제공, 공동체 회복 등을 목적으로 한다.

넷째, '민관 협력 구조'로 행정기관의 지원과 지역 주민의 자율성이 결합된 구조로 운영된다.

다섯째, '지속가능성 중시'로 장기적으로 자립적 운영이 가능하도록 사업성과 공동체성을 동시에 고려한다.

## 2) 마을기업의 현황과 과제

### (1) 마을기업 현황

마을기업은 행정안전부 「마을기업 육성 지침」에 근거하며, 마을의 문제 해결과 지역경제 활성화를 동시에 추구한다. 2023년 12월 기준 전국 마을기업 수는 1,800여 개로 농어촌 지역뿐만 아니라 도시형 마을기업도 확산되고 있다.

주요 사업 분야는 농산물 가공 및 유통, 마을카페 운영, 지역문화 콘텐츠 사업, 사회서비스 제공 등이다. 마을기업은 사회적 경제 조직 중 지역 주민의 참여가 가장 높은 유형으로 평가되는데, 그 유형도 다양하여 농촌 지역에서는 지역 농산물 가공 및 체험 관광사업을 그리고 도시 지역에서는 공동육아, 공유부엌, 환경 정화 서비스 등이 운영되고 있다. 행정안전부의 통계에 따르면, 전체 마을기업 중 60% 이상이 사회적 약자 고용, 지역서비스 제공, 지역공동체 회복 등 사회적 목적 사업을 운영하고 있다.

### (2) 마을기업의 과제

마을기업은 지역 주민이 주도적으로 참여해 지역 자원을 활용하고 공동체 문제를 해결하는 사회적경제 조직이지만, 실제 운영에서는 다양한 한계와 과제에 직면하고 있다.

#### ① 법 · 제도적 정비와 정책 연계 강화

마을기업은 사회적기업이나 협동조합과 달리 독립적인 법적 지위를 가지고 있지 않다. 이에 따라 사회적경제 조직으로서의 법적 정체성이 불분명하며, 통합적 육성과 안정적 지원이 어렵고 장기적 발전 전략을 수립하기 어려운 실정이다.

따라서 마을기업의 제도적 기반을 공고히 하기 위해서는 「사회적경제기본법」의 제정 등 법제도적 뒷받침이 필요하며, 마을기업을 사회적경제 조직 내 하나의 유형으로 명확히 위치시킬 수 있도록 제도적 정비가 요구된다.

#### ② 경영 및 운영 역량 강화

마을기업은 대부분 지역 주민이 설립하고 운영하는 조직으로, 사회적 가치 실현에는 강점을 가지지만 경영에 필요한 전문성이 부족한 경우가 많다. 회계, 마케팅 등 기본적인 경영 능력이 취약하며, 이로 인해 수익성 확보와 조직의 지속가능성이 위협받고 있다.

이를 해결하기 위해서는 체계적인 경영 교육 및 역량 강화 프로그램이 제공되어야 하며, 맞춤형 전문가 컨설팅과 멘토링 시스템이 함께 운영될 필요가 있다.

#### ③ 공동체 참여와 내부 조직

마을기업은 지역 주민의 자발적 참여와 협력을 기반으로 하는 조직이지만, 실제 운영 과정에서는 참여의 편중, 리더십의 독점, 내부 갈등 등의 문제가 발생하는 경우가 많다. 이는 의사결정 과정의 비민주성, 책임 분담의 불균형은 구성원 간 신뢰를 약화시키고 공동체 기능을 저해하는 원인이 된다.

이러한 문제를 해결하기 위해서는 민주적 거버넌스 체계를 강화하고, 정기적인 총회, 참여 워크숍, 갈등관리 교육 등을 통해 주민 참여의 질을 높이는 노력이 필요하다.

#### ④ 수익모델 및 시장 기반

마을기업의 수익 구조는 대체로 지역 특산물이나 체험 프로그램 등 특정 상품·서비스에 의존하는 경향이 있으며, 사업 다각화나 고부가가치 상품 개발이 부족하다. 특히 브랜드 전략이 미비하고, 유통망이나 판로 확보 역량도 취약하여 자생적 성장에 어려움을 겪고 있다.

이러한 수익 기반의 취약성을 극복하기 위해서는 시장 조사에 기반한 사업 다각화 전략이 필요하며, 브랜드화, 공공구매 연계, 공동 판매 플랫폼 구축 등으로 판로를 다변화해야 한다.

#### ⑤ 재원 및 정책 지원체계

마을기업은 정부나 지방자치단체로부터 초기 설립 및 운영에 필요한 재정 지원을 받지만, 대부분 1~2년 단위의 단기 사업비 지원에 그치고 있다. 이에 따라 일정 기간 이후에는 운영비, 인건비, 사업 확장 등에 있어 외부 지원 없이 자립적으로 유지하기 어려운 구조에 놓이게 된다. 따라서 마을기업이 자생력을 갖출 수 있도록 예비-신규-재지정-고도화의 단계별 성장지원 체계를 보다 정교하게 설계할 필요가 있다.

### 3) 마을기업과 지역사회복지

마을기업은 지역 주민의 참여와 협력에 기반한 사회적 경제 조직으로서, 지역사회복지의 실천과제를 효과적으로 수행할 수 있는 중요한 수단이다. 마을기업은 단순한 지역경제 활성화 사업이 아니라, 지역 주민의 삶의 질 향상과 공동체 복원의 관점에서 지역사회복지의 실천적 도구로서 중요한 의의를 가지고 그 내용은 다음과 같다.

#### (1) 주민 주도성 회복과 참여 기반 복지 실현

마을기업은 지역 주민이 사업의 기획, 운영, 의사결정에 주체적으로 참여함으로써, 복지의 수혜자가 아닌 복지의 주체로서 역할을 수행하게 한다. 이는 지역사회복지의 핵심 가치인 참여와 자율성을 실현하는 기반이 된다.

### (2) 복지 일자리 창출과 경제적 자립 지원

마을기업은 지역 내 유휴 자원을 활용한 수익 사업을 통해 고용을 창출하고, 특히 취약계층이나 경력단절자, 노인, 여성 등에게 일자리를 제공함으로써 경제적 자립을 지원한다. 이는 단순한 복지급여가 아닌 생산적 복지로 이어지는 기반이 된다.

### (3) 공동체 회복과 사회적 자본 형성

마을기업은 공동의 목적과 협력을 전제로 운영되며, 지역 주민 간의 관계망과 신뢰를 강화한다. 이를 통해 지역사회 내 사회적 자본(social capital)이 축적되며, 이웃 간 돌봄, 상호 지원 등 비공식 복지체계가 활성화된다.

### (4) 지역맞춤형 복지 서비스 제공

마을기업은 지역의 특성과 수요를 반영하여 돌봄, 환경, 교육, 문화 등 다양한 생활 밀착형 복지서비스를 주민 스스로 기획하고 제공할 수 있다. 이는 공공서비스가 미치기 어려운 사각지대를 보완하는 보완적 복지 전달체계로서 기능한다.

### (5) 지속가능한 지역복지 생태계 조성

마을기업은 지역자원을 기반으로 수익을 창출하고 이를 다시 지역에 환원함으로써, 외부 자원에 의존하지 않고 지역 내 순환 구조를 갖춘 지속가능한 복지 모델을 제시한다. 이러한 구조는 일시적인 복지가 아닌 지속적이고 자립적인 복지체계 형성에 기여한다.

### '마을기업' 대표 사례

- **정선아리랑촌 마을기업(강원 정선군)** : 전통문화와 관광을 결합한 체험형 사업을 운영하며 지역 노인 일자리 창출, 아리랑 문화 보존, 지역관광 활성화 등에 기여하고 있다. 지역 고령 주민을 중심으로 한 공동체 기반 경영의 대표 사례이다.
- **은빛마을돌봄센터(경남 창원시)** : 고령 인구가 많은 지역 특성을 반영하여 노인 돌봄 서비스를 중심으로 마을기업을 설립하였다. 방문 돌봄, 생활 지원, 정서 케어 등을 제공하며 지역복지 기능을 강화하고 있다.
- **별빛마을협동조합(전남 장흥군)** : 마을 주민들이 중심이 되어 친환경 농산물 가공 및 체험 프로그램을 운영하며, 청년 농업인 참여를 유도하고 있다. 마을 재생과 지역자립형 복지모델로 주목받고 있다.

11

CHAPTER

# 지방자치제도와 지역사회복지

1. 지방자치제도와 지역사회복지
2. 지방자치와 주민참여
3. 지방자치와 지역사회복지 전달체계
4. 지역사회보장계획과 마을만들기 : 계획과 실천의 통합

# 11 CHAPTER 지방자치제도와 지역사회복지

## 1 지방자치제도와 지역사회복지

### 1) 지방자치제도의 개념

지방자치제도(local autonomy system)란 일정한 지역을 단위로 주민이 선출한 지방정부가 자율적으로 지역사무를 처리하고, 주민의 복리증진을 도모하는 민주적 통치제도를 말한다. 지방자치는 주민의 자기결정권을 제도적으로 보장하는 것으로, 정치적 분권뿐만 아니라 행정, 재정, 복지 전반에 걸쳐 자율성을 확대하는 기반이 된다.

같은 맥락으로 '지방분권(decentralization)'은 중앙정부의 권한을 지방정부에 이양하여 자율성을 보장하는 개념으로, 제도적 · 행정적 차원에서의 권한 배분에 초점을 둔다. '주민자치(citizen autonomy)'는 주민이 자발적으로 지역문제에 참여하고 해결책을 모색하는 것으로, 지방자치의 실질적 운영원리이며, '지역자율성(local autonomy)'은 지역 단위에서 자체적으로 계획을 수립하고 사업을 실행할 수 있는 권한과 역량을 의미한다.

### 2) 우리나라 지방분권화와 지역사회복지 변화

한국의 지방자치는 1991년 지방의회 부활을 기점으로 본격화되었으며,

1995년 지방자치단체장의 직선제가 도입되면서 제도적으로 정착되었다. 이러한 지방자치의 확대는 사회복지법제에도 영향을 미쳤고, 사회복지 관련 제도도 변화가 있었다. 2003년 「사회복지사업법」 개정을 통해 지역사회복지계획 수립 의무화 및 지역사회보장협의체 구성이 제도화된 것을 시작으로 2007년 이후에는 읍면동 맞춤형복지팀 설치와 찾아가는 보건복지서비스 사업이 도입되어 일선 행정조직의 복지기능이 강화되었다.

또한 2019년에는 「지역사회통합돌봄 기본계획」이 수립되어, 지역 단위에서의 통합적 복지 실현이 강조되었다. 이러한 제도 변화는 단순한 복지전달의 분산이 아니라, 지역 실정에 맞는 계획 수립과 주민 참여형 복지 구현이라는 패러다임 전환을 의미한다.

### (1) 지방자치 확산과 지역사회복지

이러한 사회복지 관련 제도 변화는 단순히 행정적 구조의 개편을 넘어서, 지방자치의 확산과 주민의 복지 수요 다변화에 따른 필연적 대응으로 이루어졌다. 그 변화는 다음과 같은 배경과 의미를 지닌다.

#### ① 지방분권화 정책의 진전과 복지 기능의 지방 이양

1990년대 이후 한국 사회는 중앙집권적 통치구조에서 벗어나 지방분권을 국가적 과제로 설정하였다. 특히 1995년 지방자치단체장의 직선제 도입은 자치단체의 실질적 자율성과 책임성을 강화하는 분기점이 되었고, 이에 따라 복지 정책과 서비스 제공에 있어서도 지방정부의 역할이 증대되었다. 사회복지 영역에서도 지방정부가 지역의 복지 수요를 자율적으로 진단하고 대응할 필요성이 제기되었고, 이는 곧 지방정부의 복지 기능 확대와 제도 정비로 이어졌다.

#### ② 사회복지 수요의 급증과 지역 맞춤형 복지의 필요성

2000년대 초반을 기점으로 한국 사회는 고령화, 저출산, 가족구조 변화, 소득 양극화 등의 현상을 급격히 경험하였다. 이에 따라 사회복지 수요가 폭발적으로 증가했으며, 전국적으로 일률적인 복지공급체계로는 지역의 다양하고 특수한 욕구에 효과적으로 대응하기 어렵다는 인식이 확산되었다. 이를테면 농촌 지역은 노인복지 수요가 높고, 도시지역은 청년 주거 · 고용 복지 수요가 상대적으로 크다. 이러한 상황은 복지정책의 지역화, 맞춤화를 촉진하는 요인으로 작용하였다.

### ③ 민관협력 기반의 지역복지 실현 요구

2000년대 이후 복지국가에 대한 기대가 높아짐에 따라, 복지정책의 실효성을 높이기 위한 새로운 모델로 지역 중심의 민관협력 체계가 대두되었다. 이는 중앙정부의 정책 기획 · 집행 중심에서 벗어나, 지역 주민과 민간자원이 참여하는 복지 거버넌스 모델로 전환해야 한다는 사회적 요청에 기인한다.

이러한 흐름에 따라 2003년 「사회복지사업법」 개정에서는 지역사회복지계획 수립을 법제화하고, 지역사회보장협의체를 구성함으로써 제도적 기반이 마련되었다. 이 협의체는 행정과 민간, 전문가, 주민이 참여하여 지역사회문제를 논의하고 공동으로 해결책을 모색하는 통합적 협력기구이다.

### ④ 복지 전달체계의 효율성과 책임성 확보

과거에는 중앙정부가 모든 복지정책을 일괄적으로 수립하고 집행하였고 이는 지역별 여건을 반영하지 못할 뿐 아니라 전달의 비효율성과 정책 실효성 저하로 이어졌다. 이에 따라 지방정부에 복지권한을 위임하고 복지계획 수립, 사업 추진, 예산 편성 등을 자율적으로 수행하게 함으로써, 정책의 효율성과 지역 주민에 대한 책임성을 동시에 확보하고자 한 것이다. 이는 지방자치제도 아래에서 복지의 민주적 실현과 지방정부의 정책역량 강화를 유도하는 구조로 평가된다.

### ⑤ '지역사회복지' 개념의 확장

제도적 변화는 결과적으로 지역사회복지에 대한 인식의 전환을 가져왔다. 과거에는 지역사회복지를 단지 지역 수준에서의 사회복지사업으로 상정하였으나, 이제는 복지정책 수립과 주민참여, 복지실천 전략까지 포괄하는 정책적 · 제도적 복지 틀로서의 지역사회복지로 개념이 확장되었다. 이것은 지방자치가 단순한 행정단위 운영이 아니라, 지역 주민의 삶을 실질적으로 향상시키는 복지 구현의 주체로서 기능하게 되었음을 의미한다. 즉, 지방분권은 지역사회의 복지를 보다 정교하고, 자율적이며, 민주적인 방향으로 진화시킨 핵심 배경이라 할 수 있다.

### (2) 지방자치와 사회복지전달체계의 변화

지방자치제도의 확대에 따른 지역사회복지의 변화는 복지정책의 지역화를 가져왔다. 지역 고유의 사회 · 경제 · 문화적 특성을 반영한 복지정책 수립이 가능해진 것이다. 또한 주민참여 확대를 불러왔는데 주민참여 예산제, 주민투표제, 주민자치회 등의 제도를 통해 주민이 복지정책 결정과 집행에 실질적으로 참여하는 구조가 확산되었다.

중앙정부의 획일적 서비스에서 벗어나 각 지방정부가 다양한 민간자원과 협력하여 특화서비스를 개발 · 제공할 수 있게 되는 복지서비스의 다변화와 더불어 지방정부의 복지사업에 대한 책임성이 증가하였는데 중앙정부의 재정이양은 상대적으로 미흡하여 재정격차가 발생하는 한계도 존재한다. 이러한 지방자치제에 따른 사회복지변화는 다음과 같다.

첫째, 전달체계의 분권화로 과거 중앙정부 중심의 상향식 전달체계에서 지방정부 중심의 하향식 전달체계로 전환되었다. 지역사회복지계획 수립, 자치단체별 조례 제정, 사업 운영 등에서 지역의 자율성과 책무성이 강조된다.

둘째, 일선행정조직 강화로 읍면동 행정복지센터에 맞춤형복지팀이 설치되어 주민 욕구를 직접 파악하고 서비스를 연계하는 기능을 수행한다. 이는 사회복지서비스의 접근성과 효율성을 높이고 있다.

셋째, 민관협력 기반의 다층적 체계 전환으로 지역사회보장협의체, 주민자치회, 사회복지관, 자원봉사센터 등이 연계하여 민관협력형 전달체계가 형성되었으며, 통합적 서비스 제공이 가능해졌다.

넷째, 디지털 기반 복지전달체계로의 변화로 코로나19와 4차 산업혁명의 영향으로 모바일기반 복지서비스, 스마트플랫폼 연계 서비스, 비대면 돌봄 등 디지털 기반의 전달체계가 확산되고 있다.

### 3) 지방자치에 따른 지역사회복지 실천과 과제

지방자치제도의 심화는 지역사회복지 실천의 방식과 구조에 중대한 변화를 가져왔다. 복지정책의 수립과 전달이 중앙정부 중심에서 지방정부 중심으로 전환됨에 따라, 지역사회에서 사회복지를 실현하는 방식도 더욱 주민 주도적이고 분권적이며 통합적인 형태로 진화하고 있다. 다음은 이러한 변화에 따른 주요 실천형태이다.

#### (1) 지방자치에 따른 지역사회복지 실천형태

##### ① 주민자치형 공공서비스 실천

주민자치형 공공서비스 사업은 지방자치의 실질화를 목표로 주민 스스로 지역사회의 문제를 발굴하고 해결책을 마련하는 공공서비스 실천 모델이다. 이는 단순한 행정서비스의 공급을 넘어서 주민의 참여, 협력, 자율성이 복지 실천의 핵심 가치로 작용하는 구조이다. 주민자치회, 주민참여예산제, 마을회의, 주민참여형 복지계획이 이에 해당된다.

읍면동 단위의 소규모 실천 중심으로 지역문제를 주민이 발굴하고 제안하는 등 복지사각지대 발굴, 마을 돌봄, 주민제안사업과 같은 다양한 공동체 활동이 특성이다. 이는 복지 주체로서의 주민성장 및 역량 강화와 관 주도 복지의 한계를 극복하고 민관협력 기반을 조성한다는 의의를 가진다.

##### ② 지역사회통합돌봄(커뮤니티케어)

지역사회통합돌봄(community care)은 돌봄이 필요한 주민이 시설이 아닌 '살던 곳'에서 개별적 욕구에 따라 주거, 의료, 요양, 돌봄서비스를 통합적으로 제공받도록 하는 새로운 복지실천 패러다임이다. 고령화 가속, 탈시설화 정책, 노인 단독가구 증가 등이 도입배경이다. 이 사업의 핵심 구성요소는 보건 · 의료 · 복지의 통합 연계와 생활권 단위 케어회의, 찾아가는 케어매니저 및 통합사례관리 등이다.

보편적 복지보다 대상자 중심 복지 접근, 읍면동 케어창구 중심의 전달체계 그리고 민간서비스기관, 병원, 주거지원체계 등과의 유기적 연계가 주요 특징이다. 이러한 움직임은 탈시설화, 복지와 의료의 연계성 제고 그리고 지역기반 돌봄생태계 조성에 기여하게 되었다.

### ③ 디지털 기반 지역복지 실천

4차 산업혁명과 코로나19는 지역사회복지의 실천방식에 디지털 전환을 가속화하였다. 디지털 복지 실천은 복지의 접근성 향상뿐만 아니라 새로운 전달방식과 실천모델을 창출하고 있다. 실천 방식은 모바일 기반 상담 및 신청, 무인복지정보 단말기(KIOSK) 운영, 온라인 원격상담, 화상진료 등과 같은 비대면 복지서비스이다.

여기에 적용되는 기술은 IoT 기반 건강관리 시스템, 빅데이터 분석을 통한 위기가구 발굴, AI 챗봇을 활용한 복지정보 제공 등이다. 디지털 격차 해소와 연계한 새로운 복지 접근으로 사각지대 예방 및 신속한 위기개입이 가능해지고 유연한 복지접근과 비용효율성 향상을 가져온다는 데 의의가 있다.

### ④ 주민역량 강화 및 참여 기반 실천

지방자치하에서 주민은 단순 수혜자가 아닌 실천의 주체로 간주된다. 이에 따라 지역사회복지 실천에서는 주민역량 강화와 참여 기반이 필수적 요소로 인식된다. 주요 활동은 마을복지계획 수립 과정의 주민 참여, 주민조직 훈련, 주민참여형 모니터링 및 평가 활동 등이 해당된다.

이러한 활동은 주민의 정책 참여 권한 강화를 불러오고 생활현장에서의 실질적 의견이 반영되며, 공동체 의식과 사회적 자본의 증진을 불러온다.

### (2) 지방자치제와 지역사회복지 과제

살펴본 바와 같이 지방자치제의 도입과 확대는 지역사회복지의 성격과 실천 방식에 근본적인 변화를 가져왔다. 중앙정부 중심의 복지 공급 체계는 지방정부 중심의 참여적이고 분권화된 복지 시스템으로 재편되었으며, 이는 지역 주민의 복지 수요에 더욱 밀착된 정책 수립과 서비스를 가능하게 했다.

지방자치제가 지역사회복지에 미친 영향은 다음과 같이 정리할 수 있다.

첫째, 정책 자율성과 다양성의 확대이다. 지방자치단체는 지역의 특성과 주민의 요구를 반영하여 자체적인 복지정책을 기획하고 실행할 수 있게 되었다. 특히 농촌지역, 고령화 지역, 도심 취약계층 밀집지역 등은 중앙정부의 일률적 접근보다 지역 맞춤형 접근이 더 효과적이라는 점에서 지방자치의 의미는 매우 크다.

둘째, 복지접근성과 대응력 향상에 기여하였다. 지방정부는 주민과의 물리적 거리와 행정적 연결성이 가까워 위기 상황이나 생활복지 영역에서 보다 신속한 대응이 가능하다. 특히 '찾아가는 보건복지서비스', '통합사례관리', '희망복지지원단' 등은 지역 현장에서 이루어지는 복지 실천의 대표적인 성과이다.

셋째, 주민참여 기반 복지 거버넌스가 활성화되었다. 주민자치회, 지역사회보장협의체, 주민참여예산제 등은 지방자치제하에서 운영되는 대표적인 주민참여 제도로 복지정책이 전문가나 행정가 중심에서 주민 주도형으로 이행되는 중요한 통로가 되었다. 이는 복지 수요자 중심 접근, 사회적 자본 강화, 공동체 회복에도 긍정적으로 작용하였다.

넷째, 복지 행정의 효율성과 책임성 제고이다. 지방정부는 예산 집행과 사업 성과에 대해 지역 주민에게 직접 설명하고 피드백을 받을 책임을 지니며, 이는 복지정책의 투명성과 효율성을 높이는 데 기여한다. 또한 지방의회는 이를 감시하고 조정하는 역할을 수행한다.

이러한 변화에도 불구하고 현실에는 다음과 같은 다양한 한계와 과제가 존재한다.

첫째, 재정적 자립도의 한계이다. 대부분의 기초자치단체는 복지사업에 필요한 재원을 중앙정부 보조금에 의존하고 있으며, 복지정책의 자율적 기획과 실행에 제약이 따른다. 이는 지역 간 복지 수준의 격차로 이어지며, 복지 불균형을 심화시킬 우려가 있다.

둘째, 정책역량의 불균형이다. 지역 간 정책설계 능력, 인적 자원, 제도 활용도에 차이가 존재하며, 이는 복지서비스 품질의 지역 간 편차를 낳는다. 특히 중소도시나 농어촌 지방자치단체는 전문 인력 부족, 행정 경험의 한계 등으로 인해 복지정책의 실효성이 낮은 편이다.

셋째, 참여의 형식화 문제이다. 주민참여가 제도화되었음에도 불구하고, 일부 참여는 형식에 그치며 실질적 영향력을 발휘하지 못하고 있다. 주민자치회, 협의체 등이 행정의 보조기구로 기능하거나 행정 주도 사업의 수단으로 활용되는 사례도 존재한다.

넷째, 복지 전달체계의 중복과 단절 문제이다. 부서 간 칸막이, 민관 간 정보 비공유, 역할의 불명확성 등은 통합적 복지 실현을 저해하는 구조적 문제로 남아 있다. 특히 보건, 복지, 주거, 고용 등의 연계가 미흡하여 사례관리의 효과성이 떨어지는 결과를 초래하기도 한다.

## 2 지방자치와 주민참여

지방자치제도의 심화는 주민참여의 폭과 깊이를 확대시켰다. 지방정부가 지역 정책을 자율적으로 수립하고 시행할 수 있게 되면서, 주민은 수동적 수혜자의 위치에서 벗어나 자치의 실질적 주체로 부상하게 되었다. 이는 민주주의의 질적 향상과도 직결되며, 특히 사회복지 영역에서는 주민의 참여가 정책 형성과 서비스 실행 전 과정에 영향을 미치고 있다.

### 1) 주민참여의 배경

첫째, 지방분권화의 확산이다. 1995년 지방자치단체장 직선제가 도입되면서 지방자치의 실질적 운영권이 지역정부로 이양되었고, 이에 따라 주민의 의견이 지역정책에 직접 반영될 수 있는 구조가 마련되었다. 이는 단순한 행정권한 이양이 아니라, 주민이 지역문제 해결의 주체가 되는 구조적 전환이었다.

둘째, 참여민주주의에 대한 요구의 확대이다. 2000년대 이후 시민사회의 성장과 함께 대표민주주의의 한계를 보완하고, 주민 스스로 정책결정과 집행에 참여하고자 하는 움직임이 커졌다. 주민참여는 권리의 측면에서뿐 아니라, 정책의 정당성과 효율성을 제고하는 수단으로도 인식되었다.

셋째, 복지 다변화 및 수요의 지역화이다. 고령화, 저출산, 가족구조의 변화 등으로 복지 수요가 급증하면서, 지역 특성에 맞춘 맞춤형 복지계획이 필요해졌다. 이는 단순히 지방정부가 정책을 수립하는 것을 넘어, 주민의 생활경험과 현장정보가 복지정책에 반영되어야 한다는 요구로 이어졌다.

### 2) 주민참여 원리와 방법

#### (1) 주민참여 개념과 원리

주민참여란 지역의 문제와 정책 결정, 서비스 기획 및 운영에 주민이 능동적으로 개입하는 과정을 말한다. 이는 민주주의의 실현, 시민권의 확대, 공동체성 회복 등의 가치를 내포하며, 특히 복지 분야에서는 정책 수립, 전달체계 운영, 서비스 평가 등 전 과정에서 주민의 참여가 요구된다. 주민참여의 원리는 다음과 같다.

첫째, 자발성의 원리로 강제된 참여가 아닌 자발적 동기와 공동체 의식에 기반해야 한다.

둘째, 공공성의 원리로 사적 이익보다 공동체의 복지와 공익 증진을 우선해야 한다.

셋째, 책임성의 원리로 참여자는 결과에 대해 책임을 질 수 있어야 하며, 권리와 의무가 병행된다.

넷째, 공평성과 포용성의 원리로 다양한 계층과 집단이 동등하게 참여할 수 있는 구조를 보장해야 한다.

### (2) 주민참여 방법

한국에서의 주민참여 제도는 2000년대 중반 이후 본격적으로 제도화되었으며, 다양한 방식으로 정착되고 있다.

#### ① 주민참여예산제도

2011년 지방재정법 개정으로 법적 근거가 마련되어 주민이 예산 편성과정에 직접 참여하여 지역 내 우선순위를 정하고 사업을 제안할 수 있도록 하였다. 현재 전국 대부분의 기초지방자치단체에서 운영 중이다.

#### ② 주민자치회

2013년에 지방행정체제 개편에 관한 특별법에 법적 근거가 최초로 명시되었다. 주민자치회는 기존의 주민자치위원회를 대체하는 공식 자치기구로, 읍면동 단위에서 지역의제 발굴, 사업기획, 주민조직화 등 실질적 자치기능을 수행한다.

#### ③ 주민제안제도

일정 수 이상의 주민이 조례의 제정 · 개정 또는 폐지를 제안할 수 있으며, 이는 지방자치단체장이 이를 수용 여부를 판단하고 공표해야 한다. 이는 주민의 입법권 실현의 통로로 기능한다.

#### ④ 주민투표제

2004년 주민투표법 제정에 따라 도입된 제도로, 지방자치단체의 중대한 정책사안에 대해 주민이 직접 투표를 통해 의사를 결정할 수 있다. 실제로 광주 도시철도 2호선 건설 여부나 경기도 성남시의 공공사업 추진에 적용된 바 있다.

#### ⑤ 주민소환제

2006년부터 시행된 제도로, 지방의원이나 자치단체장에 대해 일정 수 이상의 주민 서명을 통해 임기를 중도에 종료시킬 수 있는 제도이다. 다만, 실제 발동 요건이 까다롭고 정치적 부담이 커 활용은 제한적이다.

## 3) 주민참여의 역할과 단계

### (1) 주민참여의 역할

주민참여는 단순한 의견 개진을 넘어서 다음과 같은 역할과 효과가 있다.

첫째, '정책의 민주성 강화'로 주민이 정책결정 과정에 참여함으로써 정책의 대표성과 정당성이 높아진다. 이는 단순히 행정기관의 책임성을 넘어, 주민의 자율적 참여와 권리 실현의 과정으로 기능한다.

둘째, '정책 집행의 효율성 증대'로 주민은 생활현장에서 발생하는 문제와 욕구에 대한 정보를 보유하고 있어, 보다 현실적이고 실행 가능한 정책 설계가 가능해진다. 이는 중복사업이나 비효율적 자원 투입을 줄이고, 예산 집행의 타당성을 높인다.

셋째, '공동체 역량의 강화'로 주민 간 협업과 연대를 통해 지역사회 내 신뢰와 상호작용이 증진된다. 이는 사회적 자본의 확대와 지역공동체 활성화로 이어진다.

넷째, '책임성 및 투명성 확보'로 결정과 집행 과정에 주민의 감시가 가능하여 공공기관의 책임성이 강화된다.

다섯째, '정책의 지속가능성 확보'로 주민의 참여는 단기적 관심에 그치지 않고, 지속적인 모니터링과 평가를 가능하게 함으로써 정책의 개선과 지속성을 확보하는 기반이 된다.

### (2) 주민참여의 단계

아른스테인(Arnstein, 1969)이 제시한 주민참여 8단계 이론은 주민참여의 수준을 '참여의 사다리(a ladder of citizen participation)'라는 비유를 통해 설명한 이론으로, 주민이 단순한 '수용자'에서 '의사결정권자'로 발전하는 과정을 단계별로 서술한다. 이 이론은 오늘날까지 주민참여의 질적 수준을 평가하는 기준으로 활용되고 있고 단계별 내용은 다음 표와 같다.

1단계와 2단계는 비참여(non-participation)의 영역으로, 단순 정보제공이나 교육 등 주민을 수동적 대상으로 삼는 수준이다. 3~5단계는 형식적 참여(tokenism)의 영역으로, 주민이 의견을 제시할 수는 있으나 실질적인 결정권은 없는 상태이다. 6~8단계는 실질적 참여(citizen power)의 영역으로, 주민이 정책결정에 실질적으로 영향력을 미치며 파트너십을 형성하거나 결정권을 보유하게 된다.

현재 한국의 주민참여제도(주민참여예산제, 주민자치회 등)는 대체로 4~6단계, 즉 회유~파트너십 수준으로 평가된다. 주민에게 실질적인 결정권을 부여하는 권한 위임 또는 주민통제 수준으로 나아가기 위해서는 제도적 뒷받침, 주민의 조직화와 역량 강화, 공무원의 인식 변화와 협력 태도가 필요한 것으로 지적된다.

〈표 11-1〉 아른슈타인의 주민참여 8단계

| 구 분 | 단 계 | 참여 수준 | 설 명 |
|---|---|---|---|
| 비참여 (Non-partici-pation) | ① 조작 (Manipulation) | 0수준 | • 주민은 참여한 것처럼 보이나 사실상 관리당하고 있음. 주로 홍보 목적<br>• 홍보 목적의 설명회 운영, 주민을 위원으로 넣되 실질 발언 없음 |
| | ② 치료 (Therapy) | 1수준 | • 주민 참여가 교육·교정의 대상으로 전락. 치료와 통제 수단<br>• 주민 의견을 '계몽'의 대상으로 간주하는 교육 프로그램 |

| | | | |
|---|---|---|---|
| 형식적 참여 (Tokenism) | ③ 정보 제공 (Informing) | 2수준 | • 주민에게 정보는 제공되지만, 의사표현 기회와 영향력 없음. 일방향 소통<br>• 안내문 발송, 일방적 설명회 |
| | ④ 자문 (Consultation) | 3수준 | • 주민 의견을 듣지만 반영 여부는 행정기관 판단에 따름<br>• 공청회, 주민설문조사, 의견 접수 창구 운영 |
| | ⑤ 회유 (Placation) | 4수준 | • 주민에게 의견 개진 기회는 있으나 결정권 없음. 자문 역할. 일부 권한 위임<br>• 자문위원회 구성 후 결정 과정에 영향 없음 |
| 실질적 참여 (Citizen Power) | ⑥ 파트너십 (Partnership) | 5수준 | • 주민과 정부가 동등한 위치에서 협력. 공동계획 · 결정. 공식적 파트너십 구성<br>• 주민자치회, 주민참여예산위원회에서 결정권 일부 공유 |
| | ⑦ 권한 위임 (Delegated Power) | 6수준 | • 실질적 정책결정 권한이 주민에게 위임됨. 일정 영역에서 독립적 결정 가능<br>• 주민이 마을계획을 직접 수립하고 예산을 집행 |
| | ⑧ 주민통제 (Citizen Control) | 7수준 | • 주민이 전면적 통제. 계획 · 예산 · 운영까지 전 과정을 자주적으로 수행. 커뮤니티 조합이 직접 운영하는 돌봄 · 주거 · 교육시설 운영 |

### 4) 주민참여와 지역사회복지운동

#### (1) 주민참여 실천

**① 정보 제공 및 의견 수렴**

주민설문, 공청회, 간담회 등을 통해 지역 주민의 인식과 요구를 수렴하며, 이는 정책 수립의 기초자료로 활용된다. 서울시 주민참여예산제에서는 시민 제안을 통해 연간 수천 건의 사업 아이디어가 접수되고 있다.

**② 공동 기획 및 운영**

주민이 복지사업의 기획단계부터 운영 · 평가까지 참여하는 방식이다. 마을복지계획 수립 과정에서 주민 워크숍을 통해 사업 의제를 선정하고 우선순위를 정하는 하는 것이다.

### ③ 자조활동과 자원봉사

주민이 이웃을 돌보는 활동에 자발적으로 참여하며, 복지사각지대 해소에 기여한다. '이웃살피미', '우리동네 지킴이', '돌봄 꾸러미' 전달 등이 이에 해당한다.

### ④ 주민조직화

지역문제 해결을 위해 주민이 모임을 구성하고 지속적인 활동을 전개하는 형태이다. 충남 홍성의 주민복지회의에서는 각 마을별 주민대표가 모여 마을복지계획을 수립하고 실행하는 사례가 있다.

### ⑤ 주민리더 활동

주민 중 일부가 리더로 성장하여 주민교육, 네트워크 구축, 정책 제안 등의 역할을 수행한다. 주민리더는 마을 복지코디네이터, 마을활동가, 참여예산 위원 등 다양한 명칭으로 활동하고 있다.

### ⑥ 민관협력 실천

행정기관과 주민조직이 함께 복지사업을 설계하고 추진하는 방식이다. 읍면동 지역사회보장협의체가 민간자원과 연계해 취약계층 지원 사업을 추진하는 것이다.

이러한 주민참여가 확대되고 실질적으로 작동하기 위해서는 주민참여를 보장하는 조례, 위원회, 협의체 등의 제도화가 선행되어야 하고 주민 대상 복지교육, 주민리더 훈련, 정책이해력 제고와 같은 교육과 역량 강화가 필요하다.

또한 지속가능한 지원체계 정비를 위해 인력, 예산, 공간, 정보 등 물리적 기반이 확보되어야 하고 공공 행정은 주도자에서 지원자 혹은 조력자로 역할이 전환되어야 하며, 수평적 파트너십을 형성해야 한다.

### (2) 주민참여와 지역사회복지운동

지역사회복지는 지역 주민의 삶의 질 향상을 목적으로 하며, 이를 실현하기 위해서는 지역의 문제를 주민 스스로 인식하고 해결방안을 모색하며 그 실행 과정에 참여하는 주민참여가 핵심 요소로 작용한다. 주민참여는 지역사회복지의 민주성, 효율성, 지속가능성을 높이는 기반이자, 궁극적으로는 지역사회복지운동의 동력이 된다.

지역사회복지운동은 단순한 서비스 제공을 넘어서, 사회적 약자의 권리 확보, 사회구조의 개혁, 공동체의 회복을 목표로 하는 실천이다. 지역사회복지운동은 주민이 지역문제에 주도적으로 참여하고, 복지 의제를 설정하며, 공공기관과 협력하여 지역자원과 서비스를 조직하는 행위로 정의된다.

우리나라에서는 1970~1980년대 도시빈민운동, 장애인권운동, 지역사회개발사업 등을 중심으로 등장하여 1990년대 이후 지방자치제도 도입과 함께 지역사회복지협의체, 주민참여예산제 등 제도화된 참여가 확대되었고, 2000년대 이후 마을만들기, 주민자치회, 사회적경제와 연계된 주민 주도 복지운동으로 확장되었다. 이러한 운동은 공공복지의 한계를 보완하고, 지역문제를 주민 스스로 해결하는 역량을 키우는 데 기여해 왔다.

주민참여는 지역사회복지운동의 기본 조건이자 추진 동력이다. 주민의 참여가 활발할수록 복지운동은 다음과 같은 방향으로 강화된다.

#### ① 문제인식의 확대

지역의 복지문제를 외부 전문가가 아닌 주민 스스로 인식하고 정의함으로써 문제의 현실성과 긴급성이 부각된다.

#### ② 자원 동원의 다양화

주민의 참여를 통해 지역 내 인적·물적 자원이 조직되고, 새로운 자원이 발굴된다.

③ **실천과 조직화**

주민조직, 마을모임, 생활권 단위 네트워크 형성을 통해 구체적인 행동이 가능해진다.

④ **정책 변화 유도**

주민이 제안한 의제는 공공정책에 영향을 주며, 제도 개선이나 예산 반영을 이끌어 낸다.

주민참여와 지역사회복지운동은 지역사회를 변화시키는 실질적 힘이 된다. 참여를 통해 주민은 문제의 객체에서 주체로 전환되고, 복지서비스는 단순한 전달을 넘어 공동체를 재구성하는 기제가 된다. 주민참여 기반의 지역사회복지운동은 단기적 복지사업의 차원을 넘어, 포용적이고 지속가능한 복지공동체 실현의 핵심 전략이라 할 수 있다.

## 3 지방자치와 지역사회복지 전달체계

지방자치제도의 정착은 지역사회복지의 정책적 · 구조적 환경을 근본적으로 변화시켰다. 특히 복지전달체계 측면에서 지방정부의 권한과 역할이 확대되면서, 지역주민의 삶과 밀접하게 연결된 복지서비스가 실질적으로 지역 내에서 기획되고 집행되는 구조가 형성되었다.

### 1) 지방자치와 복지전달체계의 개념과 구성요소

#### (1) 지방자치와 복지전달체계

지방자치란 지방정부가 지역 주민의 삶에 영향을 미치는 정책과 행정을 스스로 결정하고 수행하는 제도를 의미한다. 복지전달체계는 사회복지 서비스가 대상자에게 전달되기까지의 조직적 구조와 절차를 말한다. 따라서 지방자치가 강화되면 복지정책도 지역의 자율성과 특수성을 반영하는 방식으로 기획되고 실행될 수 있게 된다.

1995년 지방자치단체장 직선제가 도입된 이후, 지역의 복지정책 및 서비스 집행 권한이 중앙정부에서 지방정부로 점차 이양되었다. 이에 따라 지방정부는 단순한 중앙정부의 지시 이행자에서 벗어나, 복지계획 수립, 복지예산 편성, 전달체계 조직 등에서 주도적 역할을 하게 되었다.

지방자치제도의 정착은 우리나라 사회복지행정의 구조와 성격을 크게 바꾸어 놓았다. 특히 지방정부의 자율성이 확대되면서, 복지정책의 수립과 집행이 중앙에서 하달되는 일방적 방식에서 벗어나 지역 실정과 주민 욕구를 반영하는 방향으로 발전하였다. 이러한 변화는 사회복지 서비스가 누구에게, 어떻게 전달되는지를 결정하는 전달체계에 직접적인 영향을 미쳤다. 복지전달체계는 행정기관, 민간기관, 주민조직 등이 유기적으로 협력하여 복지서비스를 수요자에게 효율적으로 전달하는 구조를 말하며, 이는 지방자치제도의 실질적 성과를 평가하는 핵심 척도이기도 하다.

### (2) 복지전달체계의 개념과 구성요소

복지전달체계란 복지서비스가 정책기획 단계부터 실행, 평가까지의 전 과정에서 어떻게 전달되고 연계되는지를 설명하는 구조적 틀이다. 전달체계의 중심에는 공공기관, 민간복지기관, 그리고 주민조직이 있다.

① **공공기관** : 광역자치단체, 기초자치단체, 읍면동 행정복지센터 등 행정조직은 복지정책을 기획하고 예산을 집행하며 서비스 제공의 책임 주체로서 역할을 수행한다. 특히 읍면동은 복지대상자와 가장 가까운 행정단위로 서비스 신청과 상담, 위기 가구 발굴, 사례관리 등 1차적 서비스를 직접 담당한다.

② **민간복지기관** : 사회복지관, 장애인복지시설, 노인요양기관, 지역아동센

터, 정신건강센터 등 다양한 형태의 복지기관이 존재한다. 이들은 공공기관과 협력하여 서비스 제공을 분담하며, 지역의 특성과 수요에 기반한 맞춤형 서비스를 수행한다.

③ 주민조직 및 자조집단 : 지역사회보장협의체, 주민자치회, 마을복지위원회, 복지통장 등은 주민이 참여하고 주도하는 복지 실천의 핵심 주체이다. 이들은 복지 욕구 파악, 지역 의제 발굴, 자원 연계 및 복지사업 기획 등 다양한 역할을 수행한다. 최근에는 마을복지계획 수립과 실행 과정에서 핵심적인 실행 주체로 자리 잡고 있다.

## 2) 지방자치에 따른 복지전달체계의 변화

### (1) 복지전달체계의 변화

지방자치가 본격화된 1995년 이후, 복지정책의 지방 분권화가 가속되면서 복지전달체계도 이에 발맞추어 다음과 같이 변화하였다.

**① 복지기능의 지방이양**

중앙정부가 독점하던 복지사업과 관련된 기획, 예산, 집행 권한이 지방정부로 분산되었다. 예를 들어, 지역사회복지계획 수립이 법제화되었고, 지역사회보장협의체 구성도 의무화되었다. 이는 지역이 자율적으로 복지계획을 수립하고 지역 여건에 맞는 복지모델을 운영할 수 있도록 한 것이다.

**② 전달체계의 수직에서 수평적 구조로의 전환**

과거에는 중앙 → 광역 → 기초 → 읍면동으로 이어지는 수직적 명령체계 구조였다면, 지방자치 이후에는 각 행정단위와 민간영역이 보다 수평적으로 연계되어 협력하는 구조로 전환되었다. 이는 민관 협력과 주민참여를 바탕으로 하는 지역복지 거버넌스 구축을 가능하게 하였다.

**③ 복지대상 중심의 통합적 접근**

단일 서비스 중심의 전달에서 벗어나, 복합적인 문제를 가진 주민에 대한 통합사례관리 체계를 통해 건강, 주거, 고용, 교육 등을 통합적으로 지원하는 전달방식이 보편화되었다.

**④ 서비스 접근성 확대 및 복지 사각지대 해소**

읍면동 중심의 '찾아가는 보건복지서비스' 도입은 고립된 가구나 위기가구에 대한 접근성을 크게 높였으며, 복지서비스를 주민이 찾아오는 것이 아니라 공공이 찾아가는 방식으로 바꾸었다. 이로써 복지사각지대를 효과적으로 해소할 수 있는 기반이 마련되었다.

**⑤ 정보기반 전달체계 강화**

2010년대 이후 '행복e음', '복지로' 등 통합 정보 플랫폼을 통해 복지 신청, 자격 확인, 급여 연계, 사례관리 이력 관리 등 행정지원이 정보화되었으며, 빅데이터와 AI 기술을 활용한 위기가구 탐지 시스템도 점차 도입되고 있다.

이와 같은 변화는 복지전달체계를 보다 효과적이고 탄력적으로 만들었으며, 향후 지속가능한 복지국가 구현을 위한 중요한 기반이 된다.

### (2) 지방정부의 사회복지 기능 변화

지방자치의 발전은 지방정부의 사회복지 기능을 다음과 같이 확대하였다.

**① 지역사회복지계획 수립**

2003년 사회복지사업법 개정으로 지방정부는 4년마다 지역사회복지계획을 수립·시행할 의무를 갖게 되었고, 이는 지역 실정에 맞는 중장기 복지전략 수립으로 이어졌다.

**② 예산과 인력의 지방화**

복지재정 중 일부는 지방정부의 일반재원으로 전환되었으며, 복지 담당 부서의 전문 인력 배치가 강화되었다.

#### ③ 찾아가는 보건복지서비스 확대

2015년 '찾아가는 맞춤복지서비스'가 본격 시행되고 2018년 읍면동 맞춤형 복지팀 설치가 완료되면서 사례관리, 서비스 연계, 위기 가구 발굴 등의 기능을 수행하고 있다.

#### ④ 통합사례관리의 제도화

2010년 전국 모든 시군구에 '희망복지지원단'이 설치되고 통합사례관리자가 전면 배치되면서 복합적인 욕구를 가진 주민에게 맞춤형 서비스를 연계하고, 민관 통합적 접근이 강화되었다.

### (3) 복지전달체계의 행정구조별 역할

지역사회복지 전달체계는 복잡하고 다양한 사회복지 욕구에 효과적으로 대응하기 위해 다층적 행정구조를 기반으로 설계되어 있다. 이러한 다층적 구조는 광역자치단체, 기초자치단체, 읍면동 등 각 행정계층이 고유의 기능과 책임을 가지고 복지서비스를 분담·조율하는 방식으로 작동한다.

이러한 다층적 구조는 복지전달의 전문성과 접근성을 높이는 데 기여하며, 각 단계 간 정보 공유와 역할 조정이 복지효율성을 높이는 핵심 요소로 작용한다.

① **광역자치단체**(시·도) : 지역 차원의 복지정책을 기획하고 광역단위 사업을 조정한다. 중장기 복지 비전을 설정하고, 산하 기초자치단체를 지원하며, 광역 복지기관(예 시립 종합복지관, 광역푸드뱅크 등)을 관리한다.

② **기초자치단체**(시·군·구) : 지역사회보장계획을 수립·집행하고, 읍면동 단위 복지조직과 사업을 조정·지원한다. 지역 내 민간자원 연계 및 민관 협력체계를 총괄하며, 주민 중심의 복지 실천을 구체화하는 행정의 중심이다.

③ **읍면동 행정복지센터** : 주민과 가장 밀접한 접점에 있는 기관으로, 위기가

구 발굴, 복지상담, 사례관리, 긴급복지지원, 지역자원 연계 등의 실질적 서비스 제공을 담당한다. 특히 '찾아가는 보건복지서비스'의 핵심 수행주체로 기능한다.

### 3) 지역사회보장협의체와 민관협력체계

현대의 복지전달체계는 공공만으로는 완결될 수 없으며, 민간과의 협력이 필수적이다. 이를 제도적으로 뒷받침하는 것이 바로 지역사회보장협의체이다. 지방자치하에서 복지전달체계는 단지 행정기관에 의해 독점적으로 운영되는 것이 아니라, 민간과의 협력 속에서 이루어지는 것이 원칙이다. 이를 제도적으로 보장하기 위해 사회보장기본법은 지역사회보장협의체를 구성하여 복지계획 수립과 이행에 주민과 민간전문가가 참여하도록 규정하고 있다.

협의체는 법적 근거에 따라 광역, 기초, 읍면동 단위에서 조직되며, 지역사회복지계획의 수립, 자원 연계, 민간기관 간 협력 조정 등의 기능을 수행한다. 특히 읍면동 협의체는 지역 내 복지사각지대를 해소하고 주민이 체감할 수 있는 복지서비스를 구현하는 데 중추적 역할을 한다. 민관협력은 복지서비스의 질과 도달성을 높이는 실질적인 수단이다. 협의체는 주민참여 기반 민관협력의 대표적 구조이며, 전달체계의 유연성과 현장성을 높이는 데 기여하고 있다.

- **광역 및 기초 단위 협의체** : 광역 및 기초 자치단체 단위에서 구성되어 정책 자문 및 조정 역할 수행
- **읍면동 지역사회보장협의체** : 지역사회보장 증진과 복지사각지대 해소를 위한 실무적 역할 수행

### 4) 지역복지와 복지전달체계의 과제와 발전 방향

지방자치에 기반한 지역복지 전달체계는 일정한 성과를 거두었으나, 여전히 해결해야 할 여러 과제를 안고 있다. 특히 재정자립도의 한계, 정책역량의 불균형, 전달체계의 비효율성, 민관 협력의 형식화, 인력과 재정의 한계 등 구조적 문제가 복합적으로 작용하고 있다. 주요 과제와 이에 따른 발전 방향은 다음과 같다.

#### (1) 복지전달체계의 분절성과 연계 부족

현재 복지전달체계는 부처 간, 기관 간, 행정계층 간 칸막이 행정으로 인해 통합적 접근이 어렵다. 서비스가 중복되거나 누락되는 사례가 빈번하고, 대상자 중심의 연계서비스 제공이 지체되는 문제가 있다. 따라서 부서 간 칸막이를 허물고, 사례관리 중심의 통합지원 체계를 강화해야 하며, 이를 위해서는 '통합사례회의', '원스톱 상담창구', '통합정보시스템'의 기능적 연계가 필수적이다.

#### (2) 지역 간 복지 격차 해소

지방정부의 역량과 재정 수준에 따라 복지 수준에 편차가 발생하고 있다. 수도권과 지방, 도시와 농촌 간 복지 인프라의 불균형은 주민의 복지 접근성을 저하시키는 요인이다. 이를 해소하기 위해 중앙정부의 균형지원 정책이 병행되어야 하며, 지역 맞춤형 지원체계 구축과 복지재정 조정 시스템의 강화가 필요하다.

#### (3) 주민 체감도 낮은 복지서비스

여전히 공급자 중심의 획일적인 서비스 제공 방식이 잔존하고 있어, 주민들이 실제로 체감할 수 있는 맞춤형 복지서비스가 부족하다. 특히 고령자, 1인 가구, 이주민 등 다양한 계층의 욕구에 민감하게 대응하기 위한 생활밀착형 서비스 확대가 요구된다. 주민욕구 조사 기반의 서비스 설계, 동단위 마을복지계획 수립 등이 보편화되어야 한다.

### (4) 민관협력의 형식화와 실행력 부족

지역사회보장협의체, 복지협의회 등 민관 협력기구가 활성화되어 있으나, 일부 지역에서는 협의체 활동이 형식화되어 실질적인 협력보다는 절차적 요건 충족에 그치고 있다. 이를 해결하기 위해서는 민간 참여자의 역량강화, 협력기구의 독립성 보장, 공동목표 설정과 실천계획 수립이 필요하다. 또한 실질적인 민관 거버넌스를 구현하기 위한 리더십과 조정 역량 확보가 중요하다.

### (5) 복지인력의 과중한 업무와 전문성 강화의 필요

읍면동 맞춤형복지팀, 사례관리사, 방문간호사 등 일선 실무자들의 업무 과중과 소진은 복지전달체계의 지속가능성을 위협하는 요소이다. 이를 개선하기 위해서는 복지인력의 적정 배치, 근무환경 개선, 전문성 교육 강화, 감정노동 보호 장치 마련 등이 동시에 요구된다.

### (6) 지속가능한 전달체계 인프라 구축

지역복지 전달체계의 중장기 운영을 위해서는 인프라의 안정성이 확보되어야 한다. 이를 위해 법제도 개선, 예산 배분의 예측 가능성 확보, 민간 자원의 발굴과 연계 강화, 행정체계의 유연성 제고가 필요하다. 특히 읍면동 단위의 복지전달 거점 기능을 명확히 하고, 다양한 사회적 경제 조직, 주민조직과의 파트너십을 제도화할 필요가 있다.

결론적으로, 지방자치와 지역복지의 실질적 성과를 확산시키기 위해서는 전달체계의 통합성과 전문성, 참여성과 지속가능성을 높이는 구조적 재편이 필수적이다. 복지서비스는 단순히 정책을 전달하는 행정이 아니라, 지역 주민의 삶을 재구성하는 공동체적 실천이어야 하며, 이를 위한 전달체계는 끊임없이 혁신되어야 한다.

## 4 지역사회보장계획과 마을만들기 : 계획과 실천의 통합

지방자치 시대에 지역사회복지는 중앙정부 주도의 일률적 복지에서 벗어나, 지역의 특성과 주민의 삶을 반영한 계획과 실천이 강조되는 방향으로 진화하고 있다. 지역사회보장계획은 지역 차원에서 복지수요를 체계적으로 분석하고 복지정책을 수립하는 제도적 틀이며, 마을만들기는 주민이 직접 지역문제 해결과 공동체 형성에 참여하는 실천의 장이다. 이 두 요소는 계획과 실천이라는 축에서 상호 보완적이며 통합적으로 접근될 필요가 있다.

복지행정의 효과성과 지속가능성을 확보하기 위해서는 정책의 계획성과 실천성이 함께 갖추어져야 한다. 지역사회보장계획은 중장기 복지비전을 수립하고 실행전략을 마련하는 '계획' 중심의 제도이고, 마을만들기는 주민의 생활 속에서 자발적으로 전개되는 '실천' 중심의 활동이다. 이 두 흐름은 주민의 참여를 기반으로 하고 있다는 점에서 상호 연계 가능성이 크다고 할 수 있다.

### 1) 지역사회보장계획의 의의와 수립체계

#### (1) 지역사회보장계획의 개념과 목적

지역사회보장계획은 지역 주민의 복지 수요를 체계적으로 파악하고, 지역사회의 자원과 역량을 활용하여 복지서비스를 종합적으로 계획 · 수립하는 제도적 장치이다. 사회보장급여법에 따라 지방자치단체장은 지역사회보장에 관한 계획을 4년마다 수립하고, 매년 지역사회보장계획에 따른 '연차별 시행계획'을 수립하여야 한다.

이 계획은 주민의 복지권 실현을 목표로 하며, 지역 내 다양한 복지 주체

(지방자치단체, 공공기관, 민간기관, 주민 등)가 함께 참여하여 수립하는 것이 특징이다. 정책 중심이 아닌 '주민의 삶의 질 향상'이라는 목표에 기반하여 지역 실정에 맞는 맞춤형 복지계획을 도출하는 데 목적이 있다.

### (2) 지역사회보장계획의 수립체계

#### ① 광역단위 지역사회보장계획

시 · 도에서는 각 기초지방자치단체의 계획을 통합 · 조정하고, 광역 차원의 정책 방향과 중점과제를 반영한 상위 계획을 수립한다. 이 계획은 지역 간 불균형 해소와 복지정책의 조화로운 추진을 목적으로 한다.

#### ② 기초단위 지역사회보장계획

시 · 군 · 구에서 수립하는 기초계획은 실질적인 복지 전달과 서비스 조정의 핵심 역할을 한다. 주민의 삶에 밀접하게 작용하는 지역 문제와 욕구를 반영하고, 구체적인 사업 실행계획과 예산편성까지 포함한다.

#### ③ 읍면동 단위의 지역사회보장계획

최근에는 '지역사회보장협의체'의 활성화와 더불어 읍면동 단위의 복지계획 수립이 강조되고 있다. '읍면동 지역사회보장협의체'를 중심으로 지역 주민들이 직접 참여하여 생활밀착형 복지과제를 발굴하고, 이를 기초지방자치단체 계획에 반영하도록 하고 있다.

### (3) 지역사회보장계획의 수립 절차와 내용

지역사회보장계획은 다음과 같은 절차를 통해 수립된다.

첫째, 지역사회 복지환경 및 복지욕구에 대한 실태조사가 실시된다. 이는 통계자료 분석, 주민설문조사, 집단인터뷰, 지역 워크숍 등을 포함한다.

둘째, 실태조사 결과를 바탕으로 비전과 목표를 설정하고, 중점 추진과제를 도출한다.

셋째, 추진전략과 세부사업계획을 수립하고, 담당 기관 및 예산을 배분한다.

넷째, 성과관리 지표를 마련하고, 연차별 시행계획과 자체평가체계를 통해 계획을 운영·환류한다.

계획의 내용은 돌봄, 의료, 주거, 고용, 교육, 문화 등 다양한 복지영역을 포함하며, 정책 간 연계성과 주민의 체감도를 높이는 방향으로 설계되어야 한다. 특히 최근에는 '읍면동 단위 지역특화계획'이나 '마을복지계획' 등 하위계획을 통해 마을 수준의 복지 실행력 강화를 추구하고 있다.

### 2) 마을만들기의 개념과 지역복지

#### (1) 마을만들기

마을만들기는 주민이 주체가 되어 자신이 사는 마을의 문제를 발견하고, 자원을 조직하여 해결하는 일련의 활동이다. 지역 주민들이 주체가 되어 자발적인 참여를 통해 공동체를 회복하고, 지역의 문제를 스스로 해결해 나가는 활동을 말한다. 이는 물리적 환경 개선을 넘어서, 주민 간 관계망 형성, 공동체 가치 회복, 돌봄과 연대 문화 구축 등 사회복지적 의미를 포괄한다.

초기에는 도시 재생과 주거환경 개선 중심의 물리적 마을만들기에서 출발하였으나, 점차 공동체 중심의 복지·문화·돌봄·교육 등 다양한 분야로 확장되고 있다. 대표적인 마을만들기 사업은 주민 주도성, 공동체 회복, 지역자원 연계를 핵심 가치로 하며, '주민이 주인이 되는 마을', '살기 좋은 마을', '지속가능한 지역사회'를 목표로 추진된다.

마을만들기는 중앙정부나 지방정부 주도의 하향식 정책이 아닌, 주민 스스로 기획하고 실행하는 상향식(supportive bottom-up) 실천으로 평가되며, 주민이 '서비스 수혜자'가 아닌 '공동체 복지의 생산자'로 전환되는 과정이다. 2000년대 이후 지방정부를 중심으로 마을만들기 사업이 활발히 추진되었으며, 2014년 이후 서울시, 대구시, 광주시 등에서는 마을복지계획 수립을 연계하여 지역복지 실천의 기반으로 자리 잡았다.

### (2) 마을만들기와 마을복지계획

마을만들기는 2000년대 이후 도시재생과 주민자치의 확대 맥락에서 형성된 주민주도 지역재생운동으로, 일본의 '마치즈쿠리(まちづくり)'를 모델로 삼아 국내에서도 지역공동체 회복 및 삶의 질 개선을 위해 다양한 정책사업과 연계되어 진행되어 왔다.

마을복지계획은 읍·면·동 단위에서 주민들이 자발적으로 발굴한 지역복지 의제를 직접 계획하고 실행하는 주민 주도형 복지전략이다. 정부에서 배포한 '읍면동 마을복지계획 수립 및 실행 안내서'에는 수립절차, 주민 조직 구성, 실무진행 방법 등 구체적인 지침이 담겨 있다.

마을만들기는 마을 전체의 삶의 질 향상과 지역자산의 재발견, 공동체성 회복을 목표로 하며, 특정 대상에 한정되지 않고 모든 주민을 포괄한다. 반면 마을복지계획은 취약계층, 복지사각지대에 놓인 주민 등을 중심으로 복지욕구에 기반한 대응과 연계체계 마련에 초점을 두고 있다.

마을만들기는 민간 중심의 자발적 참여와 아이디어 중심으로 구성되며, 행정은 이를 지원하는 역할을 하고 지역마다 마을계획단, 마을리더 등이 주도한다. 반면 마을복지계획은 복지 전달체계 내에서 공공과 민간(협의체)이 함께 계획을 수립하고, 욕구조사 → 의제 발굴 → 실행계획 작성 → 평가와 같은 일정한 수립절차를 따른다.

정리하면 마을복지계획은 마을만들기 속 복지 분야의 제도적 장치라고 볼 수 있겠다. 예를 들어, 마을만들기를 통해 형성된 공동체 기반이 복지 의제를 발견하고 실행하는 토대가 될 수 있으며, 마을복지계획은 마을만들기 안에서 실현되는 복지전략이 될 수 있다.

실제로 많은 지방자치단체에서 마을복지계획을 수립할 때 마을만들기 사업과 연계하여 추진하거나, 마을활동가를 마을복지계획의 추진위원으로 위촉하는 등의 융합적 실천이 이루어지고 있다.

지역사회보장계획은 제도적이고 행정적인 틀을 제공하고, 마을만들기는 그 틀 안에서 실질적인 주민참여와 실행을 담보한다. 두 요소는 다음과 같은 방식으로 연계될 수 있다. 지역사회보장계획과 마을만들기의 연계 내용을 정리해 보면 다음과 같다.

첫째, 마을만들기의 과정에서 수렴된 주민의 요구와 의제를 지역사회보장계획 수립 시 반영할 수 있다. 예를 들어, 마을총회, 주민워크숍, 마을조사 등의 결과는 계획 수립에 실질적 근거로 활용된다.

둘째, 지역사회보장계획의 시행과제 중 일부를 마을 수준에서 실행하도록 위임함으로써, 주민이 직접 참여하는 실행력 있는 구조가 형성된다. 최근 여러 지방자치단체는 읍면동 지역사회보장협의체를 중심으로 마을복지계획을 수립하고 있다.

셋째, 계획–실천 간 선순환 구조를 형성하여, 지역사회보장계획이 마을만들기 활동을 제도적으로 지원하고, 마을만들기가 주민 참여 기반의 복지 실행력을 높임으로써 계획의 실효성을 제고하는 구조이다.

### 3) 주민참여와 마을만들기

지역사회보장계획과 마을만들기의 연계는 주민참여와 민관협력을 통해 실현된다. 읍면동 지역사회보장협의체는 지역사회복지 실행의 거점으로 기능하며, 주민 스스로가 의제를 발굴하고 사업을 기획·평가하는 주체가 된다. 주민조직화는 마을복지계획의 핵심 기반으로, 주민자치회, 주민모임, 복지통장 등이 참여하며, 지역 실정에 맞는 소규모 복지활동을 설계하고 실행한다.

실천 도구로는 주민참여 워크북, 마을생활지도, 생활권 진단도구, 주민제안서 양식 등이 활용되며, 마을별 특성과 자원에 따라 다양한 실천이 전개된다. 서울 은평구의 '찾아가는 동주민센터(찾동)' 사업은 마을 단위 복지계획의 성공적 사례로 평가되며, 충남 홍성군은 '읍면동 복지의제 도출과 실행'을 체계적으로 운영한 대표적 지역이다.

지역사회보장계획과 마을만들기의 연계는 의미 있는 진전이 이루어지고 있으나, 여전히 몇 가지 과제가 남아 있다.

첫째, 계획과 실천 간의 괴리 해소가 필요하다. 계획은 있으나 실행이 미흡하거나, 마을 활동이 계획과 연계되지 못하는 사례가 많다. 하위 실행계획을 구체화하고, 마을복지계획 수립을 제도화할 필요가 있다.

둘째, 주민주체의 역량 강화가 요구된다. 주민이 단순 참여자가 아니라 복지기획자 · 조직가로 성장할 수 있도록 교육과 지원이 필요하며, 이를 위한 마을복지지원센터나 코디네이터 배치가 중요하다.

셋째, 예산 및 행정지원 체계 강화가 필요하다. 마을 단위의 실행계획이 지역사회보장계획 안에 포함될 수 있도록 공식화하고, 실행에 필요한 재정지원과 평가체계를 구축해야 한다.

넷째, 중앙정부와 광역지방자치단체는 기초지방자치단체와 마을 단위의 자율성과 다양성을 존중하면서도, 일정한 표준과 가이드라인을 제공하는 지원체계를 구축해야 한다.

결론적으로, 지역사회보장계획과 마을만들기의 유기적 연계는 지역사회복지의 계획성과 실천성을 동시에 강화할 수 있는 전략적 접근이다. 이는 주민참여 민주주의의 확장과 복지 거버넌스의 심화, 그리고 지속가능한 지역복지 체계 구축을 위한 핵심축이 될 것이다.

12
CHAPTER

# 지역사회복지운동의 이해

# 12 CHAPTER 지역사회복지운동의 이해

## 1 지역사회복지운동의 개념과 의의

### 1) 지역사회복지운동의 개념

지역사회복지운동은 지역사회 문제를 해결하고자 지역사회의 변화 또는 역량강화를 통해 지역사회 주민의 욕구충족, 사회연대의식의 고취, 지역공동체 형성의 목표로 전개되는 조직적인 운동이다. 즉, 지역사회복지운동은 사회 구성원의 삶의 질을 높이기 위한 목적의식적이고 조직적인 집합적 활동이며, 사회복지 대상자뿐만 아니라 사회복지 실무자나 전문가, 넓게는 지역사회 주민의 주체적 참여와 행동을 통해 목표를 달성하는 지역사회복지실천이라고 할 수 있다. 지역사회복지운동은 시민사회의 확장으로 1990년대 이후 새롭게 조명을 받으며 다양한 활동을 전개하고 있다. 이러한 사회적 변화는 민주화의 진전과 지방자치제의 정착으로 지역사회의 중요성이 대두되었으며, 지역사회의 생활 영역 문제가 중심 이슈로 부각되었기 때문이다. 또한 지역사회에서 사회적 약자에 대한 관심과 권리보장 문제가 지역 현안으로 대두되면서 이에 대한 조직적이고 목적 지향적인 대응으로서 지역사회복지운동이 활성화되고 있다.

1990년대 이후에 나타난 지역사회복지운동은 다음과 같이 두 가지 형태로 전개되어 왔다(오정수 외, 2024).

첫째는 1997년 말 외환위기를 계기로 본격적으로 자활운동과 실업극복운동을 전개하기 시작한 지역사회주민운동의 활성화이다. 자활운동의 시초는 도시빈민운동 차원에서 실업이나 불안정 취업, 저임금으로 집약되는 빈민지역의 특수한 문제와 생존욕구를 해결하기 위한 방법인 주민조직화와 탈빈곤사업으로서 이후 1995년에 생산공동체운동으로 발전하였다. 당시 생겨난 대표적인 생산공동체는 서울 하월곡동의 '일꾼 두레', 상계동 나눔의 집이 중심이 된 봉제협동생산공동체인 '실과 바늘', 봉천동 나눔의 집이 일용노동자를 조직화한 '나레건설' 등이다. 이와 같이 도시 빈곤층에 대한 탈빈곤사업으로 전개된 생산공동체운동은 1997년의 생활보호법 개정으로 자활지원센터로 제도화되기 시작하였다. 그 이후 2000년대 국민기초생활 보장법이 시행되면서 본격적으로 지역자활센터(자활후견기관)가 확대 설치 · 운영되면서 자활운동은 공적 전달체계에 대부분 편입되었다.

실업극복운동에는 외환위기 이후 전국 각 지역의 풀뿌리 주민운동단체, 노동단체, 여성단체, 종교계 등이 참여하였으며, 저소득 · 실직자를 대상으로 긴급구호 · 일자리 창출, 생계지원사업을 전개하였다. 이러한 사업은 외환위기 초기에는 지역사회 차원에서 후원과 모금을 통하여 사업이 진행되었고, 주로 실업극복국민운동회의 제안사업 참여를 통해 이루어졌다. 즉, 이미 빈곤계층의 탈빈곤화를 위한 노력을 전개하기 시작했던 지역사회주민운동은 외환 위기 이후 자활운동과 실업극복운동에 적극적으로 참여하여 전자는 공식적인 서비스 전달체계로 편입되었으며, 후자는 저소득 · 실업계층에 대한 직접서비스 지원사업을 민간 차원에서 진행하고 있다.

둘째는 지역사회복지운동단체의 설립과 활동이다. 지역사회복지운동단체는 지역사회주민운동에 뿌리를 두고 있으며, 정부에 독립성을 갖는 민간의 자주적 조직으로서 저소득층에 대한 직접서비스 기능뿐만 아니라 지역사회복지정책의 개발, 사회행동 등의 다양한 복지기능을 수행하는 지역사회운동조직이라 할 수 있다. 1990년대 중반 이후 우리복지시민연합, 관악사회복지, 경기복지시민연대 등과 같이 '복지'를 공식적으로 표방하는 지역사회복지운동단체가 활동하고 있다. 푸드뱅크, 의료지원사업, 사각지대계층 생계비 지원 등 저소득 · 빈곤계층을 위한 직접서비스 지원사업뿐만 아니라 지역복지 정책개발사업, 사회적 약자를 위한 입법활동, 지역사회 단위를 중심으로 전개된 각종 복지정책 관련 조례제정 운동 등의 사회행동형 사업을 수행하고 있다. 이와 같이 1990년대 이후 우리나라의 지역사회복지운동은 지역사회복지 실천의 중요한 영역으로 발전하고 있는 추세이다.

지역사회복지운동의 의미에 대해 살펴보면, '지역사회복지'라는 용어에 '운동'을 조합한 것으로 지역사회복지 발전을 목표로 하는 사회운동적 노력이라고 말할 수 있다. 즉, 목표로서의 지역사회복지 발전과 이를 달성하기 위한 수단적 노력으로서의 사회운동의 조합을 의미한다. 실제 지역사회복지라는 용어에 운동이라는 말을 덧붙인 이유는 지역사회복지 그 자체가 이미 운동으로서의 속성을 가지고 있기 때문이다. 운동(movement)이라는 용어는 현재 또는 미래에 주어질 구체적인 무엇을 지칭하기보다는 미래에 얻고자 하는 그 무엇을 향해 나가는 과정을 의미한다. 또한 지역사회복지란 지역사회 주민의 조직화 전략을 통해 문제해결 능력의 강화라는 목표를 지니고 있으며, 주민의 공동체 형성을 통한 지역사회의 삶의 질을 끊임없이 향상해 나가려는 주체적 노력의 과정이다(오정수 외, 2024).

### 2) 지역사회복지운동의 의의

지역사회복지 실천으로서 지역사회복지운동이 가지는 의의를 살펴보면 다음과 같다(양성관 외, 2024).

첫째, 지역사회복지운동은 지역사회주민의 주체성과 역량을 강화하고, 지역사회의 변화를 주도하는 조직운동이다. 지역사회복지운동은 지역사회의 문제해결 주체로서 지역사회의 역할을 강조하고 지역공동체성을 함양함으로써 지역사회의 역량을 강화하는 데 목적이 있으며, 지역사회 주민의 의식화와 주체적인 참여 확대 그리고 지역사회 주민 간 연대의식을 높이는 지역사회의 민주적 실천과정을 의미한다.

둘째, 지역사회복지운동은 주민참여의 활성화를 통해 복지권리의식과 시민의식을 배양하는 사회권 확립운동이다. 지역사회복지운동이 추구하는 목표는 지역사회 주민의 복지권리를 확보하고 시민의식을 고취함으로써 지역사회의 통합을 추진하는 데 있으며, 특히 사회적 약자의 생존권 보장에 초점을 두고 있어 사회권의 확립과 밀접히 관련되어 있다.

셋째, 지역사회복지운동의 주된 관심사는 지역사회 주민의 삶의 질과 관련된 생활영역에 있기 때문에 지역사회복지의 확산과 발전을 위한 생활운동으로서 의미를 가진다. 지역복지운동은 지역공동체운동으로서의 속성을 지닌 것이기 때문에 단순히 복지적 욕구뿐만 아니라 지역사회 전반의 삶의 질을 높이는 생활운동이자 주민운동이라 할 수 있다.

넷째, 지역사회복지운동은 지역사회의 다양한 자원 활용 및 관련 조직 간의 유기적인 협력이 이루어지는 동원운동이다. 지역사회복지운동의 조직화 방식 및 활동내용은 주민참여 외에 지역사회의 다양한 자원 활용을 위한 지역사회 조직과의 연대와 협력을 통해 문제해결을 도모한다.

## 2 지역사회복지운동의 특성과 유형

### 1) 지역사회복지운동의 특성

지역사회복지운동은 지역사회주민의 관심 영역에서 출발하였으며 시민사회의 성장 및 사회변화와 함께 사회적 관심의 초점으로 부각되고 있는 운동이다. 〈표 12-1〉에서 보듯이 지역사회복지운동은 특정 이념을 지향하기보다는 주민복지의 향상에 관심을 두고 있어 대체로 실용주의적 관점에 기초하고 있다. 또한 지역사회복지운동의 초점 및 가치 지향을 정치권력 장악보다는 사회복지 증진이라는 시민사회의 동원에 두고 있고, 지역사회의 변화라는 시민운동과 맥을 같이하고 있다.

〈표 12-1〉 지역사회복지운동의 분석 관점과 특성

| 구 분 | | 지역사회복지운동 |
|---|---|---|
| 분석 관점 | 방법론 | 실용주의적, 이념 지향적 혼재 |
| | 분석의 초점 | 자원동원과 가치 지향 |
| | 분석의 단위 | 지역사회 주민, 조직 |
| 특 성 | 주체 | 지역사회 주민, 클라이언트, 전문가 |
| | 계층적 기반의 범위 | 포괄적 |
| | 이슈의 특성 | 이슈의 다양성(사회복지 문제) |
| | 내적 구조 | 조직 · 네트워크 중시 |
| | 행위의 특성 | 표출적 행위, 가치 지향적 행위 |
| | 가치지향성 | 시민사회의 영역 확장 |

출처 : 오정수 외(2024) 재구성.

지역사회복지운동의 계층적 기반은 노동운동, 민중운동 등과 같이 뚜렷한 계층적 기반을 두고 있는 것이 아니라 포괄적으로 지역사회 주민 전체를 기반으로 하고 있다. 그러나 지역사회에서의 사회적 약자의 복지욕구에 초점을 맞추고 있기 때문에 사회적 약자에 우선순위를 부여하고 지역사회 내의 특정 문제 해결을 위해 지역사회의 공론화를 통한 표출적 행위로 나타나거나 자조적인 문제해결 과정을 도모한다.

이와 같은 지역사회복지운동의 특성과 관련하여 중요한 쟁점 중 하나인 주체 설정의 문제와 지역사회복지운동의 구성요소에 대해 살펴보면 다음과 같다(이인재, 2002).

### (1) 지역사회복지운동의 주체

지역사회복지운동은 당연히 지역사회 주민에 초점을 두어야 하지만, 실제 운동을 주도하는 관점에서 보면 지역사회 활동가, 사회복지 전문가, 사회복지 실무자, 지역사회복지 대상자, 일반 지역사회 주민 등이 주체가 될 수 있다. 이와 같이 운동의 주체가 다양한 이유는 무엇보다도 사회복지의 전문성 측면에 기인하며, 각 주체의 역할 수행에 따라 지역사회복지운동의 성과가 좌우될 수 있기 때문이다.

#### ① 지역사회 활동가

지역사회복지운동의 현실을 고려해 보면, 우선 지역사회 활동가의 역할이 뚜렷하다. 지역사회 활동가는 비록 사회복지의 전문성은 상대적으로 떨어질지 모르지만, 실천현장의 경험에 기초하여 실제로 지역사회복지운동을 주도하는 경우가 많다. 예를 들어, 대표적인 지역사회복지운동단체인 서울의 관악사회복지와 대구의 우리복지시민연합의 경우 지역사회 활동가의 리더십이 지역사회복지 활동에서 중요한 역할을 차지하고 있음을 보여주는데, 대부분의 지역사회복지운동단체의 실천활동은 지역사회 활동가의 지도력에 의존하고 있다. 사회복지 실무자에 의한 지역사회복지운동이 미약한 현실을 고려할 때 앞으로도 상당 기간은 지역사회 활동가의 일차적 역할에 주목해야 할 것이다. 그렇지만 지역사회복지실천 활동을 주도하는 지역사회 활동가의 수가 얼마 되지 않는다는 문제를 해결하고 사회복지적 전문성을 강화해 나가야 할 필요성이 있다.

#### ② 사회복지 전문가

지역사회복지운동의 주체로서 사회복지 전문가의 역할을 설정할 수 있다. 사회복지를 이론적으로 연구하는 사회복지 전문가가 지역사회복지 실천에 앞장서는 것은 어떻게 보면 당연한 일이다. 현재 우리나라에서 활동 중인 상당수의 지역사회복지운동단체의 경우 사회복지 전문가가 직·간접적으로 지역사회복지 실천활동을 수행하고 있는 것을 볼 수 있다. 문제는 사회복지 전문가가 운동의 주된 동력이 될 수 있는가 하는 점에 있다. 아직은 미약한 우리의 실천현장 속에서 사회복지 전문가의 역할이 상당 부분을 차지하지만, 그들이 지역사회복지 실천의 일차적 주체가 될 수는 없을 것이다. 다만, 실천활동의 전문성 측면에서 보완 및 촉진하는 역할을 수행하거나 지역사회 활동가와 함께 지역사회복지운동을 주도할 수는 있을 것이다.

#### ③ 사회복지 실무자

사회복지를 이해하고 실천하는 것을 과업으로 삼고 있는 사회복지 실무자는 지역사회복지운동의 중요한 주체가 될 수 있다. 현재 사회복지 실무자는 개인에 따라 차이가 있지만 지역사회복지운동에 적극적으로 동참하지는 못하고 있다. 그 이유에는 여러 가지 요인이 있지만, 사회복지 실무자의 개인적인 성향보다는 조직환경의 요인이 더 큰 제약 요인이 되고 있다. 개인적 성향이 큰 문제가 되지 않는다는 사실은 사회복지 실무자의 조직화에 대한 강한 의지에서도 확인할 수 있다. 따라서 사회복지 실무자의 지역사회복지운동에 대한 개인적 인식의 전환과 함께 지역사회복지운동에 적극적으로 참여하도록 돕는 조직환경을 마련하는 것이 시급하다고 볼 수 있다.

#### ④ 지역사회 주민

지역사회 주민이 지역사회복지운동의 주체가 되어야 한다는 것은 당연하다. 그러나 일반 지역주민은 지역사회복지에 대한 관심이 부족하므로 지역사회복지운동조직을 통해 주민의 주체적 참여를 이끌어 내야 한다. 지역사회복지실천활동의 궁극적인 지향은 지역사회 주민의 주체적인 참여에 달려 있다고 해도 과언이 아니다. 따라서 지역사회 주민을 실천활동에 참여시킴으로써 지역문제해결의 주체로 전환하여야 할 것이다.

지역사회복지운동의 주체로서 지역사회 활동가, 사회복지 전문가, 사회복지 실무자, 지역사회 주민의 경우를 살펴보았다. 지역사회복지운동은 다양한 주체의 참여를 필요로 하고 있으며 이것은 지극히 당연한 것이다. 그러나 이들 주체 중 각 지역사회의 여건에서 보다 적극적으로 실천활동을 담당하는 역할을 누가 할 것인가를 결정하여야 하며 이는 타당한 이유와 현실성을 가지고 결정해야 할 것이다. 따라서 지역사회복지운동에서 지도력을 발휘하여야 할 주체는 지역사회 활동가, 사회복지 전문가, 사회복지 실무자가 된다고 볼 수 있다. 지역사회 활동가의 주도적인 활동과 이를 지원하는 사회복지 전문가와 사회복지 실무자의 보완적인 활동이 이루어져야 지역사회복지 실천이 가능할 것이며, 궁극적으로는 지역사회 주민과 지역사회복지 대상자가 복지실천의 주체가 되어야 할 것이다.

### (2) 지역사회복지운동의 구성요소

지역사회복지운동은 지역사회에 기초하여 특정 문제의 해결을 추구하는 목적의식적이며 개별적인 행동이라기보다는 집합적인 대응이라는 특징을 가진다. 지역사회복지운동이 갖추어야 할 요소를 살펴보면 다음과 같다(이 호, 2001).

첫째, 지역사회 주민이 복지활동에 주체적으로 참여해야 한다. 지역사회복지에 있어 주민의 적극적이고 주체적인 참여는 모든 것에 우선하는 기본적인 것이다. 즉, 지역주민의 삶의 질을 높이는 길은 다른 사람에 의해 주어지지 않는다는 점에서 주민의 참여는 가장 기본적인 대전제라 할 수 있다. 그러나 지역사회 주민이 지역사회복지 실천에 참여하는 것은 참여 수준에 따라 차이가 있다. 〈표 12-1〉에서 보듯이 주민의 참여는 단순한 지역의 정보를 접하는 수준에서부터 기획과 집행에서 책임과 권한을 가지는 단계까지 다양하다. 지역사회복지 실천에서 오해하기 쉬운 현상은 낮은 단계인 '조직 대상자로서의 참여'를 설정하는 경우가 많다는 것이다. 즉, 어떤 행사나 프로그램에 응원하는 것을 참여로 인식하는 경우가 많다는 것이다. 이는 지금까지 주민이 조직운영의 주체로 나서지 못했기 때문이다. 그러나 지역사회 주민의 참여는 지역사회복지운동 제반 활동의 기획과 의사결정 과정에까지 확대되어야 한다. 물론 아무런 조건 없이 가장 높은 단계의 참여를 요구하는 것이 항상 바람직한 것은 아니기 때문에 지역사회 주민의 여러 가지 사정 및 여건 등을 고려하여 참여하도록 한다.

둘째, 지역사회에서 조직화된 지역사회 주민이 정치적 영향력과 사회적 권리를 확보하여야 한다. 지역사회 주민의 참여는 단순히 주민에게 자족감을 주기 위한 것이 아니라 지역사회에서 영향력을 획득해 가는 과정이어야 한다. 즉, 지역에서 이루어지는 제반 정책 결정의 단위 등에 영향력을 발휘할 수 있어야 하고, 지역사회복지 실천이 지역사회의 삶의 질, 복지욕구를 충족하며, 실질적인 문제해결을 도모할 수 있어야 한다. 이를 위해서는 주민이 공적인 의사결정 단위에서 자신의 입장을 관철할 수 있는 힘을 가져야 하며, 지역사회복지실천활동의 영향력이 조직화된 소수의 주민에게만 파급력을 미치지 않고 지역사회 전체로 확장될 수 있어야 한다.

셋째, 지역사회 주민이 자신의 개별 이해를 공공의 이해와 일치하도록 공동체의식을 강화하고 자신의 역량을 높여야 한다. 지역사회복지가 지역주민의 조직화를 전략으로 채택한다면, 그 조직화된 구성원 각자가 자신들의 이해만 주장할 수는 없다. 다양한 프로그램과 실천활동을 통해 배타적인 개별 이해를 극복하고, 이를 공공의 이해로 전환해 나가는 과정이 필요하다. 이를 위해서는 의사소통 구조의 민주화와 이웃과 긴밀한 관계를 맺고 살아갈 수 있는 다양한 공동체적 소모임이 활성화되어야 한다.

넷째, 지역사회 주민의 참여가 자신들의 욕구뿐만 아니라 지역사회 전체에 영향력을 미칠 수 있도록 제도 등의 제반 환경을 만들어 나가야 한다. 이는 주민의 참여를 보장하고 그에 대한 공적인 권위를 부여해 주는 제도를 정립하며 지역사회복지활동을 통해 추구하고자 하는 내용을 제도화하는 것 등을 의미한다.

이와 같은 내용은 각각 독립된 것이 아니라 하나의 일관된 흐름을 세분하여 설명한 것이다. 지역사회복지운동의 중요한 구성요소는 다음 |그림 12-1|과 같이 정리할 수 있다.

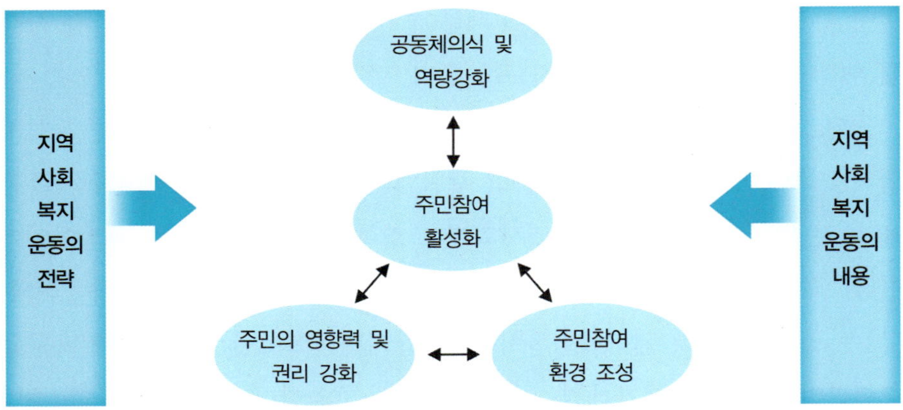


|그림 12-1| 지역사회복지운동의 구성요소

출처 : 오정수 외(2024).

### 2) 지역사회복지운동의 유형

현재 우리나라의 지역사회복지운동은 운동의 쟁점인 사회복지 문제 또는 주민의 욕구 충족이라는 기준에 근거할 경우 크게 두 가지로 분류할 수 있다. 하나는 지역사회를 중심으로 하는 사회복지운동, 즉 지역사회 주민의 복지와 관련된 주민운동이고, 다른 하나는 직접적인 지역성과는 관련성이 약하더라도 사회적 이슈 차원에서 사회복지 문제를 운동의 쟁점으로 설정하고 있는 이슈 중심의 지역사회복지운동이다. 그러나 이러한 구분은 규범적이고 운동이라는 것이 지속적으로 변모해 나가는 것이기 때문에 실제로는 상호 결합된 형태로 나타날 수 있다. 여기에서는 지역사회복지운동의 유형을 이해하기 위해 두 가지로 구분하여 살펴보고자 한다.

#### (1) 주민참여와 지역사회복지운동

일반적으로 주민운동은 지역 내에서 생활근거지를 갖는 주민이 주체가 되어 주민으로서 일상생활상의 요구와 이의 궁극적 해결을 위하여 전개하는 대중운동으로 정의되며 이러한 정의에서 몇 가지 중요한 요소를 발견할 수 있다. 첫째, 주민운동은 생활근거지로서 지역사회를 기반으로 하며, 둘째,

운동주체를 주민으로 설정하며, 셋째, 지역사회 문제의 해결을 위해 목적 지향적이며, 넷째, 주민운동은 사회운동의 일환이라는 것이다.

지역사회복지운동의 형태를 주민조직화라는 관점에서 크게 네 가지로 분류하면, 외부 자극을 통한 조직화, 프로그램 중심의 일상활동, 공동체 형성과 마을만들기, 제도 변화를 위한 노력으로 나눌 수 있다. 주민조직화에 따른 지역사회복지 실천의 형태별 장단점은 〈표 12-2〉와 같다.

〈표 12-2〉 지역사회주민 조직화에 따른 지역사회복지실천의 형태 및 장단점

| 분 류 | 형 태 | 장 점 | 단 점 |
|---|---|---|---|
| 외부 자극을 통한 조직화 | 사안을 관철하기 위한 집단동원 | • 대중적<br>• 대중적 정치력의 형성 | • 일시적<br>• 사안이 끝난 이후에 주민조직의 지속성 유지 어려움 |
| 프로그램 중심의 일상활동 | 주민대중과 함께할 수 있는 다양한 프로그램의 개발 및 운용 | • 일상활동 유지 용이<br>• 다양한 주민교육 가능 | • 지역 현안에 대한 구성원의 대처 미흡<br>• 주민 주체의 세력화 미흡 |
| 공동체 형성과 마을만들기 | 뜻이 맞는 주민끼리 모임 운영 | • 주민공동체의 대안 제시<br>• 주민참여의 활성화 전제 | • 고립성의 위험<br>• 대중적인 참여의 어려움<br>• 지역세력화 미흡 |
| 제도 변화를 위한 노력 | 제도 개선을 통해 지역사회 변화 추구 | • 효율적인 성과 달성<br>• 성과의 지속성 | • 주민의 소외와 전문가 중심의 활동<br>• 주민의 참여와는 무관 |

출처 : 양성관 외(2024).

### ① 외부 자극을 통한 조직화

외부 자극을 통한 조직화는 지역사회 주민의 이익을 현저히 침해하는 정책 등에 대해 주민이 자신들의 권리를 주장하는 조직운동이다. 예를 들면, 빈민 지역의 강제철거에 저항하는 철거민의 조직화, 핵폐기장 설치 반대운동이나 쓰레기 소각장 등 혐오시설의 입지를 반대하는 주민의 조직화 등이 대표적이다. 이러한 경우는 지역사회 주민이 자발적으로 주체가 되어 활동하며, 정치적인 영향력을 행사하기도 한다. 그러나 이러한 유형의 활동에서

는 주민의 대중적인 참여가 이루어지고 정치적 영향력이 강하게 발휘되기는 하나, 지역주민의 욕구가 과연 공공성을 확보하고 있고, 지속적으로 지역사회의 발전에 기여할 수 있는가라는 점은 명확히 해야 한다.

#### ② 프로그램 중심의 일상활동

프로그램 중심의 일상활동은 저소득 지역의 방치된 아동을 대상으로 하는 프로그램, 주민 도서실, 주부를 대상으로 하는 시민대학, 복지학교 등 다양하다. 이러한 활동방식은 대체로 주민의 문화적 · 사회복지적 욕구를 충족해 주는 등의 활동을 주요 내용으로 하고 있어 주민을 큰 부담 없이 조직의 활동에 참여시킬 수 있으며, 지속가능한 프로그램의 운영과 발전을 도모할 수 있다는 장점이 있다. 그러나 이런 방식의 활동은 지역의 각종 이슈에 대해 주민이 주체적으로 대응하기 어렵다는 단점이 있다. 최근에는 이러한 문제점을 극복하기 위해 주민의 주체적인 참여를 이끌어 내려는 노력을 강구하고 있다.

#### ③ 공동체 형성과 마을만들기

작은 근린지역의 주민이 모여 상호 간의 친목을 도모하고 이를 통해 복지실천을 수행하는 사례가 이에 해당한다. 살기 좋은 아파트 만들기 모임, 마을문고 만들기 모임 등과 같이 일상적인 주민모임을 통해 지역공동체를 형성해 나가거나, 나눔과 보살핌 운동 등 지역복지실천 활동을 전개한다. 소집단활동을 통해 자신들만의 이해를 추구하기보다는 지역사회 전체에 영향을 미칠 수 있는 프로그램을 의도적으로 계획하고 추구한다.

#### ④ 제도 변화를 위한 노력

주민의 직접 참여하에 지역사회복지 정책이나 제도의 변화를 위한 조직화 활동이다. 이러한 유형은 참여형 대안제시운동이라 할 수 있으며, 지역사회 주민이 조례제정운동 등과 같은 제도변화 과정에 참여함으로써 지역사회의 정치행위에 영향력을 미칠 수 있는 제도적 기반을 확립할 수 있다.

### (2) 이슈 중심의 지역사회복지운동

문제 또는 이슈 중심의 사회복지운동은 지역사회를 근거로 하기보다는 특정 사회복지 문제나 사회복지와 관련된 이슈를 중심으로 시민운동 차원에서 접근하는 사회복지운동이라 할 수 있다. 이러한 유형의 사회복지운동은 1990년대 이후 다양한 방향에서 발전하기 시작하였다. 사회복지운동의 특징을 보면, 무엇보다도 운동의 주체와 활동범위가 확대되었다. 예를 들어, 장애인, 노인, 산재노동자 등 부문별 복지대상자의 주체적인 투쟁이 조직화되고 활동 범위도 넓어졌으며, 경제정의실천시민연합(경실련), 참여연대 등과 같은 시민운동단체들이 사회복지운동에 조직적으로 참여하기 시작하였다. 또 다른 특징은 운동의 내용이 사회복지 부문별 요구운동에서 나아가 복지예산 확대 등 정책 지향의 근본적 개혁을 요구함과 동시에, 사회복지정책과 관련된 복지입법을 개정하거나 복지입법의 실현을 구체적으로 요구하고 있다는 점이다. 최근 지역 비전을 어떻게 만들어 나갈 것이며, 어떤 가치에 입각해야 할 것인가라는 문제의식하에 복지예산을 포함하여 지방정부의 예산수립 및 집행에 적극 개입하고 참여하려는 목적으로 전개되는 '예산참여운동'은 새로운 시도라고 할 수 있다. 그리고 시민운동과 사회복지계의 협력형태를 띠면서 복지 이슈 제기와 대안 마련을 위한 다양한 연대활동으로 구체화되고 있고, 지역단위를 중심으로 직접적인 복지문제의 제기 및 대안 마련, 관련 조례제정운동, 복지 이슈의 선거 어젠다 형성 등 지역사회복지운동단체의 활동 영역이 확장되고 있다.

## 3 지역사회복지운동의 주요 내용

지역사회복지운동단체는 지역 차원에서 복지이슈를 제기하고 다루는 조직의 활동을 전개하는 단체를 의미한다. 지역사회복지운동단체의 가치 지향은 지역사회 변화에 있으며 지역사회 변화의 중심에는 지역주민들의 실질적 참여가 있다. 지역주민들의 참여를 조직화하는 것이 지역사회복지운동단체의 궁극적 존재 이유의 하나라고 할 수 있다. 이를 위해 지역사회복지운동단체는 ① 지역주민들의 정책과정에 대한 관심 제고, ② 토착 지도력 개발, ③ 지역주민교육, ④ 주민자치조직 건설 등의 과제를 수행해야 한다. 이와 같은 과제를 수행하기 위해 지역사회복지운동단체들은 지역복지정책개발사업, 사회행동형 사업, 직접서비스 지원사업 등 다양한 지역사회복지사업을 수행하고 있으며 그 내용을 살펴보면 다음과 같다(유동철 외, 2024).

### 1) 지역사회복지 예산 감시 · 참여 운동

지금까지 사회복지운동의 중심은 국가의 복지예산 확충에 관심을 기울인 것이었다. 그런데 국가의 사회복지 예산이 확대되더라도 사회복지 예산이 어디에 어떻게 사용되는지를 투명하게 하는 예산 분석과 예산 모니터링을 위한 시민사회의 감시와 참여는 중요하다. 그런데 지역사회복지 예산의 경우 많은 부분이 지역사회복지기관, 시설을 포함한 민간 영역에 대한 지원금으로 쓰이기 때문에 지역사회의 복지법인과 시설, 기관에 대해 지원하는 예산의 편성과 쓰임에 대한 감시는 지역사회복지운동에서 필수적이다. 특히 지방자치단체의 복지예산 편성과정에 민간 사회복지기관 · 시설의 로비가 여전하고, 이를 통한 예산의 불균형과 형평성 문제가 끊임없이 제기되고 있으므로 사회복지기관 · 시설의 예산 편성에 관심을 갖는 것은 지역사회복지운동의 기본 사항이라 할 수 있다.

### 2) 지역사회복지 행정 감시운동

지역사회복지 행정 감시운동은 지역사회복지 정책의 투명성과 민주성을 확보하는 운동으로, 특히 지역사회복지 행정에 영향력을 행사하고 있는 지역 '복지재벌'에 대한 견제운동에 힘을 쏟는다. 예를 들어, 사회복지시설 민간위탁 및 재위탁 조례 제정, 사회복지 관련 위원회의 주민참여 확대와 의사 결정권 강화, 사회복지시설 생활인의 인권 증진, 사회복지 공무원의 본청 확대 배치와 같은 운동 등이 있다.

### 3) 지역사회보장협의체 운영 개선 방향 제시

대부분의 시 · 군 · 구 지역사회복지운동단체는 지역사회보장협의체 위원의 민주적 구성과 대표성을 보장할 수 있는 방향을 제시하게 된다. 이를 위해 시민단체와 주민대표자 등의 참여를 보장해야 하고, 위원을 위촉하는 기준을 마련함은 물론 공개 모집, 위원 명단과 회의록을 홈페이지에 공개해야 함을 요구한다. 또한 지역사회보장계획을 지역주민 참여에 의해 수립하지 못하고 연구 용역에 의존하고 있는 문제점을 지적하고 지역사회보장협의체의 지역사회보장계획 수립에서 제대로 된 역할 수행의 필요성을 강조한다.

### 4) 사회복지법인 및 시설의 공공성 운동

지역사회 특정 복지재단이 민간 위탁방식을 통하거나, 변칙회계와 로비를 통해 여러 개의 사회복지시설을 거느리는 데서 나타나는 문제점 개선 운동을 말한다. 한 복지재단이 여러 개 복지시설을 위탁받아 운영하고 있는 경우, 흔히 '복지재벌'이라는 용어를 사용하고 있는데, 이 같은 복지재벌이 지방자치단체나 지역정치권력과 밀착함으로써 복지예산 편성의 왜곡과 불평등을 낳고, 지역사회 자원 배분을 불균등하게 하는 점에 대한 개선 노력이다. 이 운동을 실행한 '○○복지시민연합'의 경우 A 복지재단을 보건복지부의 '주민감사청구' 대상으로 신청하여 주민감사를 실현하기도 하였다. 2019년에 부산의 모 사회복지관의 위탁에 있어서 특정법인의 사유화 움직임에 대해 공공성 확보를 위한 활동을 사회복지연대 중심으로 전개하였다.

### 5) 사회복지 연대운동

지역의 사회복지운동단체들은 경쟁과 효율보다는 평등과 연대를, 시장보다는 국가와 지방정부의 역할과 책임을 더 강조하기 위해 2년의 준비를 거쳐 2005년 7월 '지역복지운동단체 네트워크'를 출범시켰다. 이는 국가의 복지에 대한 책임성 강화운동으로 일정 성과를 거두었지만, 지역 특수성을 감안하지 못한 무비판적 수용에 대한 반성에서 나타난 것이다. 특히 지역에 대한 소홀함은 지역사회복지 개혁을 위해 합의한 의제의 부재로 나타났고, 이는 책임 있는 지역복지연대운동으로 나아가지 못하는 결과에 대한 반성이며 지역사회복지를 둘러싼 환경 변화에 대한 고민의 결과이기도 하다. 말하자면 중앙정부는 충분한 준비 없이 복지 분권화를 추진한 결과 지방정부의 재정부담을 가중시키고 있다. 때문에 복지 분권화 정책이 지역의 복지 불평등으로 이어지지 않고 올바른 지역복지 실현의 계기로 작용하도록 지속적인 감시와 비판을 위한 지역사회복지운동의 네트워크 역할이 중요하다고 볼 수 있다.

### 6) 교육 · 훈련 사업

교육 · 훈련사업은 주민에게 제공되는 사회복지 서비스의 질을 향상시키기 위해 사회복지 관련 실무자에게 교육 프로그램을 실시하거나 지역주민들에게 사회복지나 자원봉사와 관련한 교육 프로그램을 실시하는 사업을 의미한다. 사업내용은 크게 두 가지로 볼 수 있는데 첫째는 사회복지 실무자, 지역주민을 대상으로 한 사회복지 관련 교육 프로그램이고, 둘째는 지역주민이나 청소년을 대상으로 한 자원봉사교육 프로그램이다. 일부 단체에서는 이러한 교육 프로그램을 통해 조직화의 성과로 만들어 가고 있다.

### 7) 직접서비스 제공사업

직접서비스 제공사업은 저소득층 · 독거노인 · 실업자 · 아동 · 청소년 등의 소외계층에 대하여 현금지원 서비스나 의료, 보육, 교육 등 무형의 자원을 직접 제공하는 서비스를 의미한다. 직접서비스 제공사업은 지역사회복지운동단체 본연의 목적사업이라고 보기는 어렵지만 지역주민들과의 접촉을 확대해 나가는 방편이 된다는 면에서 수행되고 있다.

## 4 지역사회복지운동의 운영 현황

### 1) 지역사회복지운동의 현황

1990년대 이후 민주화와 지방자치제의 정착으로 지역사회의 중요성이 대두되면서 지역사회복지운동은 새롭게 조명받게 되고, 최근 들어 크게 성장하고 있다. 1990년대 이후에 나타난 지역사회복지운동의 전개 내용을 살펴보면, 1997년 말 외환위기를 계기로 지역사회 주민운동을 활성화해서 본격적으로 자활운동과 실업극복운동을 전개하기 시작했다.

먼저, 자활운동은 도시빈민운동 차원에서 빈민지역의 특수한 문제와 생존욕구를 해결하기 위한 방법론을 기초로 1995년 도시 빈곤층에 대한 탈빈곤사업인 생산공동체운동으로 발전하였고 1997년 생활보호법의 개정으로 자활지원센터로 제도화되기 시작하였다. 그 후 2000년에 국민기초생활보장법이 시행되면서 본격적으로 지역자활센터가 확대 설치 및 운영되어 자활운동은 공적 서비스 전달체계로 편입되었다. 두 번째로 실업극복운동은 외환위기 이후 전국 각 지역의 다양한 단체들이 참여하여, 저소득층이나 실직자를 대상으로 긴급구호, 일자리 창출, 생계지원사업을 전개하였다. 이러한 사업은 외환위기 초기에는 지역사회 차원에서 후원과 모금을 통하여 사업이 진행되었고, 현재는 이러한 직접서비스 지원사업을 민간 차원에서 진행하고 있다(오정수 외, 2024; 유동철 외, 2024). 이렇듯 1990년대 이후부터 우리나라 지역사회복지운동은 지역사회복지 실천의 중요한 영역으로 발전하고 있는 추세이지만, 아직은 운동단체가 많지 않은 것이 현실이다.

### 2) 지역사회복지운동단체의 현황

지역사회복지운동단체는 지역사회 주민운동에 뿌리를 두고 있으며, 정부에 독립성을 갖는 민간의 자주적 조직으로서 저소득층에 대한 직접서비스 기능뿐만 아니라 지역사회복지 정책의 개발, 사회행동 등의 다양한 복지 기능을 수행하는 지역사회운동 조직으로서, 기존의 지역단위를 중심으로 서비스 전달을 목표로 하고 있는 지역사회복지관 등과는 성격이 다르다.

〈표 12-3〉에서 보는 바와 같이 1994년 대구의 우리복지시민연합, 1995년 서울관악사회복지를 시작으로, 현재 전국적으로 활동하고 있다. 이들 단체는 '지역사회복지 정책개발, 주민 참여, 사회복지권익 옹호'를 중요한 활동목표로 하고 있으며, 이를 위해 저소득층이나 빈곤계층에 대한 직접 지원사업과 지역복지정책 개발과 사회복지운동 등을 전개하고 있다.

〈표 12-3〉 지역사회복지운동 단체 현황

| 단체명 | | 전화번호 | 홈페이지 |
|---|---|---|---|
| 서울 | 구로건강복지센터 | 02)857-5242 | www.kurohwc.org |
| | 관악사회복지 | 02)872-8531 | www.kasw21.or.kr |
| | 광진주민연대 | 02)466-9390 | www.gingo.net |
| | 참여연대 | 02)723-5056 | www.peoplepower21.org |
| | 서울복지시민연대 | 02)701-4628 | www.seoulwelfare.org |
| 수도권 | 경기복지시민연대 | 031)215-4399 | www.kgwelfare.or.kr |
| | 인천사회복지보건연대 | 032)577-5747 | www.goodgood.org |
| 충청권 | 복지세상을 열어가는 시민모임 | 041)575-2811~2 | www.welfare21.or.kr |
| | 행동하는 복지연합 | 043)273-0708 | www.action2005.or.kr |
| | 대전참여자치시민연대 | 042)331-0092 | www.cham.or.kr |
| 호남권 | 광주복지공감플러스 | 070)7707-4628 | www.gjwelfare.org |
| | 평화주민사랑방 | 063)288-9413 | www.pps.icomn.net |
| 영남권 | 우리복지시민연합 | 053)628-2591 | www.wooriwelfare.org |
| | 울산시민연대 | 052)261-4058 | www.hopeulsan.net |
| | 부산사회복지연대 | 051)753-1207 | cafe.daum.net/bokji1202 |

출처 : 지역복지운동단체네트워크 카페(cafe.daum.net/welfareact).

### 3) 지역사회복지운동의 운영사례

지역사회복지운동 가운데 사회복지를 실천하는 국내의 대표적인 지역사회복지운동은 1994년 대구의 우리복지시민연합, 1995년 서울 관악사회복지, 1998년 복지세상을 열어가는 시민모임, 1999년 경기복지시민연대, 2007년 서울복지시민연대이며 각 단체별 운영 사례에 대해 살펴보고자 한다(조성희 외, 2023; 유동철 외, 2024).

#### (1) 복지이슈 조직화를 중심으로 한 대구 사례(우리복지시민연합)

1980년대 사회복지시설에서 자원활동을 하던 대학생 동아리 학생들이 사회복지시설의 변화를 위해 지역사회에서 할 수 있는 활동을 고민하던 중 1992년 '사회복지시설연구회'를 조직해 활동하다가 1994년 '우리복지연구회'로 명칭을 바꾸고 정식 단체로 출범하였다. 첫 활동으로 '노인도 장애인도 탈 수 있는 지하철을 만들자'는 시민단체 연대활동을 시작으로 지역 단위 다양한 사회복지 이슈인 국민기초생활보장법, 보행권, 시설 비리, 국민건강권, 지방선거 등을 조직하고 지역사회 여론화를 통한 복지운동을 전개했다.

#### (2) 주민조직화를 중심으로 한 관악 사례(관악사회복지)

1970년 난곡, 1980년 봉천동을 중심으로 활발히 활동하던 빈민운동세력과 사회복지 현장개혁세력이 함께 복지운동의 필요성을 논의한 후 1995년에 설립되었다. 복지정책 모니터 및 제안활동으로 보건복지포럼, 구립어린이집 정상화를 위한 공대위, 주민생활 기본선 확보 운동, 공공시설 위탁 조례제정운동, 국민기초생활보장법 관악네트워크 등의 활동과 다양한 민간자원 참여를 통한 네트워크 조직활동으로 푸드뱅크운동, 건강지원네트워크 활동을 전개하고 있다. 또한 주민조직화와 지도력 형성운동으로 빈곤가정어린이 주말학교를 운영하는 청소년 조직 '햇살'과 독거어르신 문화교실을 운영하는 사회인 모임 '꿈꾼이', 빈곤가정상담활동을 하는 여성모임 '해오름' 활동을 진행하고 있다.

### (3) 당사자 조직 인큐베이팅을 중심으로 한 천안 사례(복지세상을 열어가는 시민모임)

1998년 천안에 설립되었으며 사회복지 관련 종사자, 시민운동가, 시민들이 함께 지역복지운동단체의 필요성으로 공유하며 조직되었다. 대도시에 비해 사회복지관 등 복지인프라가 빈약한 천안에서 대안적 성격을 가진 복지기관 · 단체 인큐베이팅 역할을 중심으로 활동을 시작하였으며, 이후 참여예산복지네트워크를 조직하여 천안시 사회복지 예산분석, 정책토론회, 지역복지운동단체네트워크 발족, 천안시민단체 연대활동 등을 조직화하여 자치단체 복지정책 및 행정에 대한 감시 · 견제의 역할을 수행하고 있다. 복지세상을 열어가는 시민모임은 빈곤과 인권문제에 관심을 가지고 관련 연구와 워크숍을 진행하고 있으며, 특히 2015년에는 천안시 주거복지 지원조례 제정을 위한 간담회 등을 통해 조례제정을 이끌어 냈다. 결식아동 문제해결 과정에서 아동복지를 전개하는 '미래를 여는 아이들' 조직, 미신고시설 비리사건 해결을 통한 '충남여성장애인 연대' 조직, 정신요양시설 비리사건 해결을 통한 '지역사회 정신건강을 생각하는 사람들의 모임' 조직 등이 있다.

### (4) 복지예산 및 정책 제안을 중심으로 한 경기 사례(경기복지시민연대)

경기복지시민연대는 수원지역에 에바다 비리문제를 중심으로 개입활동 등 지역의 복지이슈를 중심으로 활동하던 사회복지현장에서 지역복지운동의 요구에 의해 조직되었다. 1999년 설립 당시부터 정책제안에 관심을 갖고 활동하던 중 2001년 경기도사회복지정책 모니터 및 정책개발활동을 시작으로 의정감시활동, 지역사회복지 의제 수립 등의 활동을 통해 현장 활동가들과 학계 연구자들이 매년 경기도 사회복지 예산을 분석하고 개선을 요구하는 활동을 활발히 전개하고 있다.

### (5) 서울시의 복지발전을 위한 활동 사례(서울복지시민연대)

서울복지시민연대는 2007년 설립되었으며 서울시의 복지발전을 위한 시정 모니터링, 예산 감시활동, 복지현장의 자정 활동, 복지국가 담론 확산, 진보적 복지운동 선전 등 다양한 활동을 펼치고 있다. 구체적인 활동 전략은 서울시의 각 복지 분야별 현황 분석 및 발전방안 제시, 복지계 내부의 개혁견인(우수 운영사례 공유), 서울을 중심으로 하는 지역복지운동 전개, 지역복지 활동가 역량 강화 및 재생산 구조 확립, 중앙정부 복지제도의 올바른 발전을 위한 견제와 비판, 사회복지 발전을 위해 노력하는 개혁적 단체와의 연대 사업, 복지재정 확대를 위한 제반 사업 등을 수행하고 있다.

## 5 지역사회복지운동의 평가와 과제

지역사회복지운동은 지역사회의 변화와 역량강화를 통해 사회 구성원의 삶의 질을 높이고 사회적 약자의 권리 보장과 분배 정의의 실현을 통해 지역 공동체를 형성하는 조직적인 운동이라고 볼 수 있다. 이러한 지역사회복지 운동의 앞으로의 과제를 살펴보면 다음과 같다.

첫째, 지역사회조직화의 과정에서 성과를 높이기 위해서는 지역주민의 적극적인 참여를 유도할 수 있는 전략과 다양한 프로그램을 개발해야 하며, 지역사회 활동가를 비롯한 사회복지 전문가와 실무자의 결합 및 연계 활동을 강화하여야 한다.

둘째, 지역사회복지운동의 활성화를 위해서는 지역사회 내의 다양한 인적 · 물적 자원을 동원할 수 있는 지역사회조직 간의 네트워크 구축이 필요하다. 지역 내의 사회복지 실천가조직, 종교단체, 전문가단체, 교육기관, 시민운동단체, 기업조직과 함께 연대활동을 발전시켜 나가야 한다.

셋째, 지역사회복지운동이 지역에서 뿌리를 내리고 지역사회복지의 변화를 주도하기 위해서는 복지에 대한 지역사회 주민의 인식 전환과 대중적 지지기반을 확보해야 한다. 이를 위해 전반적인 사회개혁운동과의 상호 연관성 확보, 신뢰, 지속적인 프로그램의 전개, 지역의 시민사회운동과의 결합은 대중적 기반 확충에 필수적이다.

넷째, 지역사회복지운동의 전문역량을 강화시켜야 한다. 복지문제를 비롯한 지역사회 문제 해결과 지역주민의 삶의 질 향상은 전문성과 결합될 때 더욱 효과적인 활동을 전개할 수 있다.

다섯째, 복지수요자 중심의 자조집단의 조직화와 조례제정운동 등과 같은 지역사회복지 정책에 영향을 미칠 수 있는 제도적 여건을 마련하는 데 노력해야 한다. 또한 지방정부의 복지정책 추진에 대한 견제와 감시 기능의 강화, 지역복지의 어젠다 형성 등 지역사회복지 발전을 위한 사회 기반을 확충하도록 해야 한다.

13
CHAPTER

# 지역사회복지의 동향과 발전 과제

1. 지역사회 환경의 변화 동향
2. 외국의 지역사회복지 동향
3. 우리나라 지역사회복지의 과제

# 13 CHAPTER 지역사회복지의 동향과 발전 과제

## 1 지역사회 환경의 변화 동향

현대 사회는 급변하는 환경 속에서 지역사회복지에도 새로운 도전과 기회를 제시하고 있다. 최근 지역사회는 예측하기 어려운 속도로 변화하고 있으며, 이는 지역사회복지의 패러다임 전환을 요구하고 있는데, 주요 지역사회 환경의 변화 동향은 다음과 같다.

### 1) 초고령사회 진입 가속화 및 인구구조 불균형 심화

통계청에 따르면 2025년 현재 우리나라는 전체 인구 중 65세 이상 노인 인구 비율이 20%를 넘어서는 초고령사회에 진입하였는데, 2017년 고령사회 진입 후 7년 4개월 만에 세계에서 가장 빠르게 초고령사회로 진입하였다. 특히 지방으로 갈수록 노인 인구의 비율은 높았는데, 수도권 17.7%에 비해 비수도권 22.38%로 비중이 더 높아지고 있다. 이는 노인 돌봄 및 건강 서비스 수요의 폭발적인 증가를 의미하며, 특히 독거노인 가구 증가는 고독사, 사회적 고립 등의 문제를 심화시키고 있다. 동시에 초저출산의 심화는 학령인구 감소와 지방소멸 위기, 미래 노동력 부족으로 이어지며, 지역복지 서비스 제공의 효율성 저하로 나타날 수 있다.

### 2) 다양한 가족 형태의 보편화

전통적인 가족 형태가 빠르게 변화하여 1인 가구, 한부모 가구, 비혼 동거 가구 등이 증가하면서 이들 가구의 특성을 반영한 주거, 돌봄, 정서 지원 서비스에 대한 요구가 증대되고 있다. 특히 1인 가구의 경우 사회적 관계망 부족으로 인한 고립감과 위기 상황 발생 시 취약성이 커지는 경향을 보인다. 또한 다문화 가족의 증가는 단순한 이주민 지원을 넘어 상호 문화 이해 증진과 사회 통합을 위한 복지서비스의 필요성을 강조한다.

### 3) 경제적 불평등 심화 및 플랫폼 노동의 확산

저성장 기조와 고물가 현상이 지속되면서 실질 소득 감소와 경제적 불평등이 심화되고 있다. 4차 산업혁명 시대의 도래와 디지털 전환은 지역사회 경제구조의 근본적인 변화를 이끌고 있다. 특히 플랫폼 노동 증가와 비정규직 확산 등 고용 불안정은 사회 안전망의 중요성을 더욱 부각시키고, 저소득층과 고소득층 간의 소득 격차는 복지서비스 접근성 불균형으로 이어져 지역사회 내 양극화 현상을 고착화시키며, 복지사각지대 발생 가능성을 높이는 요인으로 작용하여, 이들에 대한 새로운 형태의 사회적 지원 방안 마련이 시급해지고 있다. 인공지능, 빅데이터, 사물인터넷 등의 기술 발전은 산업구조를 재편하고 있으며, 이는 새로운 일자리 창출과 동시에 기존 일자리의 소멸을 야기한다. 자동화와 무인화는 전통적인 서비스업에도 영향을 미쳐, 취약계층의 일자리 감소를 심화시킬 우려가 있다.

### 4) 기후 변화와 재난의 일상화

예측 불가능한 기후 변화로 인한 폭염, 한파, 집중호우 등 자연재해가 빈번해지면서 재난 취약계층 보호 및 재난 대비 복지시스템의 중요성이 커지고 있다. 특히 반지하 거주자, 독거노인, 장애인 등은 재난 발생 시 더 큰 위험에 노출되므로 이들에 대한 맞춤형 지원 체계 마련이 시급하다. 또한 탄소중립 사회로의 전환은 지역사회의 에너지 소비 방식과 생활 방식에 변화를 요구하고 있다. 친환경 에너지 사용 확대, 자원 절약 및 재활용 촉진, 녹색 생활 실천 등은 지역 주민들의 적극적인 참여와 인식 변화를 필요로 하며, 이는 환경 복지 및 지속가능한 지역사회 조성을 위한 지역사회복지의 새로운 역할을 모색하게 한다.

### 5) 초연결 사회와 디지털 전환 가속화

인공지능(AI), 빅데이터, 사물인터넷(IoT) 등 첨단 디지털 기술이 복지 서비스에 접목되면서 스마트 돌봄, AI 기반 상담 서비스, 비대면 복지서비스 등이 확산되고 있다. 이는 복지서비스의 효율성을 높이고 접근성을 개선하는 긍정적 측면이 있지만, 동시에 디지털 격차로 인한 정보 소외 계층 발생이라는 새로운 과제를 안겨주고 있다.

### 6) 시민 사회의 성장과 다양해진 욕구

개인의 권리 의식 향상과 사회 문제에 대한 관심 증가는 시민 참여 확대로 이어지고 있다. 복지서비스에 대한 주민들의 단순한 수혜를 넘어 복지서비스 설계 및 제공 과정에 주도적으로 참여하려는 욕구가 커지고 있으며, 이는 지역사회 내 자원봉사 활동 및 사회적기업 활성화와도 연계된다.

## 2 외국의 지역사회복지 동향

선진국들은 이미 오래전부터 다양한 사회적 문제에 직면하며 지역사회복지 시스템을 발전시켜 왔다. 이들의 주요 동향은 우리나라 지역사회복지의 미래 방향성을 모색하는 데 중요한 시사점을 제공한다.

### 1) 탈시설화의 확산과 지역사회 통합

서구 선진국, 특히 미국과 유럽 국가들은 정신질환자, 발달장애인, 노인 등 취약계층이 지역사회에서 자립적으로 생활할 수 있도록 지원하는 지역사회 기반 지원정책을 적극적으로 추진해 왔다. 이는 개인의 자율성과 존엄성을 존중하며, 지역사회 내 주거, 직업 재활, 교육, 의료 서비스를 연계하여 통합적인 삶을 가능하게 하는 데 초점을 맞춘다. 영국은 지역사회 중심의 케어(Community Care)를 강조하여 노인과 장애인이 지역사회에서 생활할 수 있도록 주거 지원, 재가 서비스, 활동 지원 등을 포괄적으로 제공하는데, 불평등 해소와 사회 통합을 목표로 보건의료 · 돌봄 · 고용보장 · 사회서비스 연계를 강화하고 있다(김용득, 2020). 스웨덴은 정신질환자를 위한 커뮤니티 정신보건(Community Mental Health) 모델을 발전시켜, 병원 대신 지역사회 내 클리닉, 주거 지원 시설, 직업 훈련 등을 통해 사회 복귀를 돕는다(오정수 외, 2021).

### 2) 포괄적 통합 돌봄 시스템 구축

고령화 및 만성 질환 증가에 대응하여 의료와 복지 서비스를 개인의 욕구에 맞춰 포괄적으로 연계하여 제공하는 통합 돌봄 시스템을 구축하고 있으며, 병원 입원 및 시설 입소를 줄이고, 개인이 거주하는 지역사회에서 양질의 서비스를 지속적으로 받을 수 있도록 하는 데 목적이 있다. 네덜란드는 근린돌봄(Neighborhood Care) 시스템을 통해 간호사, 사회복지사, 자원봉사자 등이 팀을 이루어 노인과 만성 질환자에게 재택 의료, 재가 돌봄, 사회 활동 지원 등을 제공한다(김용득, 2020). 일본은 지역포괄케어시스템(ケアシステム)을 구축하여 고령자가 자택에서 가능한 한 오랫동안 자립적인 생활을 할 수 있도록 의료, 개호(요양), 예방, 주거, 생활 지원 서비스 등을 통합적으로 제공한다(강혜규 외, 2022). 잉글랜드 NHS는 2023~2024년 지역 통합케어시스템(ICS) 구축을 통해 보건 · 사회복지의 협업 체계를 강화했다(NHS 통합케어 평가, 2023).

### 3) 예방 및 건강 증진 중심의 복지 강화

질병 발생 후 치료에 집중하기보다는 질병 예방과 건강 증진을 통해 사회적 비용을 절감하고 삶의 질을 향상시키는 데 중점을 둔다. 지역사회 차원에서 건강 교육, 운동 프로그램, 정신건강 상담 등을 활성화하여 주민들의 자가 건강 관리 역량을 강화한다. 핀란드는 공공 보건 서비스(Public Health Service)를 통해 예방 접종, 건강 검진, 만성 질환 관리 교육 등을 적극적으로 제공하며, 학교와 직장을 연계한 건강 증진 프로그램도 활발하게 운영한다(류진석, 2021). OECD 국가들은 예방법 중심의 서비스를 강조하며, 지역사회 기반의 돌봄과 예방 중심 통합모델을 확산하고 있다(CQC, 2024).

한편 아이슬란드에서 2023년 열린 노르딕 복지 포럼은 코로나, 우크라이나 전쟁, 물가 상승, 기후 위기에 직면한 북유럽 복지 모델의 회복력과 신뢰 재건을 논의했다(노르딕 복지 포럼, 2023). 북유럽 국가의 지역사회사업은 지속 가능성, 사회적 고립 해결 등의 목적을 중심으로 재편되고 있다(Sjöberg & Turunen, 2022).

### 4) 데이터 기반의 맞춤형 복지 및 스마트 기술 활용 증대

빅데이터 분석을 통해 복지 수요를 예측하고, 개인의 특성과 욕구에 맞는 맞춤형 서비스를 제공하려는 노력이 확대되고 있다. 또한 인공지능(AI), 사물인터넷(IoT), 로봇 기술 등을 활용하여 복지 서비스의 효율성과 접근성을 높이고 있다. 미국은 의료 빅데이터를 활용하여 고위험군을 식별하고, 예방적 개입을 통해 의료비 절감 및 건강 증진을 도모하고 있다. 독일은 스마트 홈(Smart Home) 기술을 활용하여 노인과 장애인의 독립적인 생활을 지원하며, 응급 상황 발생 시 자동 알림 시스템 등을 구축하여 안전을 강화하고 있다(박선주 외, 2023).

### 5) 사회적경제 활성화와 지역사회 재생

취약계층에게 일자리를 제공하고 지역사회 문제를 해결하는 사회적기업, 협동조합 등 사회적경제 조직을 육성하여 지속가능한 복지 모델을 구축하는데, 이는 단순한 복지서비스 제공을 넘어 지역경제 활성화와 일자리 창출에도 기여한다. 이탈리아에서는 사회적협동조합이 장애인, 정신질환자 등에게 고용 기회를 제공하고, 요양, 보육 등 다양한 사회 서비스를 제공하며 지역사회복지의 중요한 축을 담당한다(이영철 외, 2022).

### 6) 참여적 거버넌스(Participatory Governance) 구축

복지정책 결정 및 서비스 제공 과정에 지역 주민, 시민 단체, 민간 기관 등 다양한 이해관계자의 참여를 확대하여 복지서비스의 민주성과 책임성을 강화하고 있다. 이는 지역사회 문제 해결에 대한 주민의 주인의식을 높이고, 지역 특성에 맞는 복지 모델을 개발하는 데 기여한다. 프랑스는 가족·아동·정신건강 등 분야별 사회복지사를 공공서비스 내부에 통합 배치하고, 반관반민(semi-public) 조직과 협업 체계를 지속적으로 확대하고 있다.

## 3 우리나라 지역사회복지의 과제

우리나라의 지역사회복지는 급변하는 환경 속에서 당면한 과제들을 해결해 나가는 동시에 새로운 미래복지 환경을 탄력적으로 대비해야 한다.

### 1) 한국 지역사회복지의 당면 과제

#### (1) 분절적 서비스 연계 및 통합의 한계

현재 보건, 복지, 고용 등 다양한 분야의 서비스가 개별적으로 제공되어 수요자 중심의 통합적인 서비스 연계가 미흡하다. 특히 복합적인 욕구를 가진 대상자의 경우 여러 기관을 방문해야 하는 불편함과 서비스 중복 또는 누락의 문제가 발생한다. 이에 따라 원스톱 서비스 제공체계 구축과 지역사회 내 서비스 기관 간의 유기적인 협력 및 조정 기능 강화가 시급하다. 예를 들어, 퇴원하는 노인 환자가 의료-요양-주거-일상생활 지원을 유기적으로 받을 수 있는 통합 돌봄 시스템이 부족하다.

### (2) 지역사회 돌봄 인프라 부족 및 재정 확보의 어려움

초고령사회 진입에도 불구하고 재가 서비스, 주야간 보호 시설, 단기 보호 시설 등 지역사회 기반의 돌봄 인프라가 여전히 부족하다. 특히 농어촌 지역이나 고령 인구 밀집 지역에서는 돌봄 인력 확보의 어려움도 매우 크다. 또한 지방자치단체의 제한적인 재정 여건으로 인해 안정적인 복지서비스 제공에 어려움이 있으며, 민간 자원 발굴 및 기업의 사회 공헌 활동 연계가 충분히 이루어지지 못하고 있다.

### (3) 전문 인력 부족 및 역량 강화의 필요성

지역사회복지 현장에서 활동하는 사회복지사의 과중한 업무 부담과 낮은 처우는 이직률을 높이고 전문 인력 유입을 어렵게 한다. 또한 복합적이고 다변화하는 주민의 욕구에 대응하기 위한 전문적인 상담, 사례관리, 지역사회 조직화 역량 강화가 요구되지만, 이를 위한 체계적인 교육 및 훈련 기회가 부족한 실정이다.

### (4) 주민 참여의 형식화와 민관 협력의 한계

지역사회복지의 중요성을 인식하고 주민 참여를 독려하고 있으나, 실제는 일부 주민이나 특정 단체 중심의 참여가 이루어지거나 형식적인 수준에 머무는 경우가 많다. 또한 민간 기관과의 협력이 부족하여 다양한 지역사회 자원 활용에 한계가 있으며, 기업 · 지방자치단체 · 복지기관 간 협업이 증가하였으나, 구체적인 성과는 부실한 경우도 있어 협력체계의 내실화 작업이 요구된다.

(5) 디지털 격차 심화와 정보 소외 문제

비대면 복지서비스 확산과 복지 정보의 디지털화가 가속화되면서 고령층, 저소득층, 장애인 등 디지털 기기 활용에 어려움을 겪는 계층의 정보 접근성이 떨어지는 문제가 발생하고 있다. 이는 복지서비스 신청 및 이용에 장벽으로 작용하여 복지사각지대를 확대시킬 우려가 있다.

## 2) 미래 지역사회복지의 발전 과제

(1) 초개인화된 맞춤형 통합 돌봄 시스템 완성

과거의 공급자 중심, 획일적인 서비스 제공 방식에서 벗어나 개인의 생애주기, 건강 상태, 사회경제적 배경, 문화적 특성 등을 종합적으로 고려한 초개인화된 맞춤형 통합 돌봄 시스템을 구축해야 한다. AI, 빅데이터 등 첨단기술을 활용하여 개인의 욕구를 정밀하게 분석하고, 의료, 요양, 주거, 심리, 교육 등 다양한 서비스가 유기적으로 연계될 수 있도록 시스템을 고도화해야 한다.

(2) 예방적 복지 및 건강 증진 모델로의 전환

질병 발생 후 치료보다는 건강한 삶을 유지하고 선제적으로 질병을 예방하는 데 중점을 두는 복지 모델로 전환해야 한다. 지역사회 주민들이 스스로 건강을 관리하고 질병을 예방할 수 있도록 생애 주기별 건강 증진 프로그램 확대, 정신건강 관리 강화, 만성 질환 예방교육 등을 강화해야 한다. 이는 특히 장기적으로 사회적 비용을 절감하고 국민의 삶의 질을 향상시키는 데 기여할 것이다.

### (3) 지역사회 내 사회적 자본 확충 및 공동체 회복

급변하는 사회 속에서 개인의 고립과 소외를 막기 위해 지역사회 내 사회적 관계망을 강화하고 공동체를 회복하는 노력이 중요하다. 마을 공동체 활성화, 품앗이 문화 조성, 자원봉사 활동 확대 등을 통해 주민들 스스로가 서로를 돌보고 지지하는 사회적 자본을 확충해야 하며, 이는 지속가능한 지역사회복지의 기반이 된다. 사회적기업, 협동조합, 마을기업 등은 취약계층 일자리 창출, 지역 자원 활용, 지역 공동체 활성화 등 다양한 사회적 가치를 창출한다. 미래 지역사회복지는 이러한 사회적경제 조직과의 유기적인 연계를 강화하여 지속가능한 지역사회 발전을 도모해야 한다.

### (4) 지속가능한 재원 확보 및 새로운 복지 재원 모델 모색

복지 수요 증대에 대비하여 안정적이고 지속가능한 재원 확보 방안을 마련해야 한다. 세수 확대 노력과 더불어, 사회적 가치 투자 확대, ESG 경영 확산을 통한 기업의 사회적 책임 강화, 기부 문화 활성화 등 다양한 민간 재원을 효과적으로 활용할 수 있는 새로운 복지 재원 모델을 모색해야 한다. 이재명 정부 시대의 과제로서 기본사회 실행력 확보, 의료·돌봄 통합체계 구축 과제, 노인 정책의 지속가능성 등을 위한 체계가 준비되어야 한다(이재명 후보 공약, 2023; Goover, 2025).

### (5) 첨단 기술 기반의 복지서비스 혁신 및 디지털 포용성 강화

AI 챗봇을 활용한 24시간 상담 서비스, 웨어러블 기기를 활용한 건강 모니터링, 가상현실(VR) 기반의 재활 프로그램 등 첨단 기술을 복지서비스에 적극적으로 접목하여 서비스의 질과 효율성을 높여야 하며, 동시에 디지털 기기 보급 및 활용 교육 지원, 정보 접근성 개선을 통해 모든 주민이 디지털 복지의 혜택을 누릴 수 있도록 디지털 포용성을 강화해야 한다. 미래 지역사회복지는 데이터에 기반한 과학적인 복지 행정을 구축해야 한다. 빅데이터 분석을 통해 지역사회 내 복지 욕구를 정확하게 파악하고, 서비스 효과성을 평가하며, 자원을 효율적으로 배분하는 데 활용해야 한다. 이는 정책 수립의 합리성을 높이고, 복지서비스의 투명성과 책임성을 강화하며, 제한된 자원으로 최대의 복지 효과를 달성하는 데 기여할 것이다. 개인 정보 보호를 전제로 한 데이터 공유 및 활용 시스템 구축이 필수적이다.

### (6) 기후 변화 및 재난에 대응하는 복지 안전망 구축

기후 변화로 인한 자연재해가 빈번해짐에 따라 재난 취약계층을 위한 복지 안전망 구축이 필수적이다. 재난 발생 시 신속한 대피 및 지원 시스템 마련, 심리 지원 프로그램 강화, 재난 위험 지역 거주 취약계층에 대한 사전 예방적 관리 등을 통해 재난으로부터 안전한 지역사회를 만들어야 한다. 미래 지역사회복지는 환경 복지라는 새로운 영역을 적극적으로 개척해야 한다.

## 참고문헌


감정기 · 백종만 · 김찬우(2005). **지역사회복지론 : 이론 · 기술 · 현장**. 나남출판.

강철희 · 정무성(2006). **지역사회복지실천론**. 나남출판.

강혜규 외(2022). 초고령사회 대비 지역사회 통합돌봄 방향 연구. 한국보건사회연구원.

고명석 외(2022). **지역사회복지론**. 학지사.

고용노동부(2023). 2023 사회적기업 육성현황 보고서. 고용노동부.

국회입법조사처(2022). 사회적경제기본법 제정 동향과 과제.

권진숙 · 김상곤 · 김성경 · 김성천 · 김혜성 · 민소영 · 박선영 · 박지영 · 백은령 · 유명이 · 유서구 · 이기연 · 조미숙 · 조현순 · 황성철(2014). **사례관리론**. 학지사.

기획재정부(2021). 사회적경제 통계연보.

기획재정부 협동조합종합정보시스템(2023).

김경희(2021). 고령자 디지털 소외와 복지접근성에 관한 탐색적 연구. **노년복지연구**, 83, 113-136.

김광희(2017). **지역사회복지론**. 공동체.

김기덕(2000). **지역사회복지론**. 학지사.

김기찬 외(2022). **주민참여의 실천과 이론**. 인간과복지.

김기태 · 김범수(2021). **지역사회복지론**. 양서원.

김기태 · 이의영(2020). **사회적 경제론**. 메티스.

김동배(2020). **지역사회복지론**. 학지사.

김만호(2009). **지역사회복지론**. 양서원.

김미곤 외(2023). 2023년 사회서비스 정책동향 분석 및 정책 과제. 한국보건사회연구원.

김민주 · 지은구(2015). 지역주민이 인식하는 사회자본이 사회복지의식에 미치는 영향. 2015 사회정책연합 공동학술대회 자료집, 1123-1144.

김범수(2000). 기초자치단체 지역사회복지협의회의 이념과 구조. **지역사회복지운동**, 8, 149-162.

김범수 · 신원우(2019). **지역사회복지론**. 공동체.

김범수 외(2008). **지역사회복지론**. 학지사.

김신일(2010). **교육사회학**. 교육과학사.

김영란(2015). 비판적 사회복지실천의 이론과 실제. **비판사회정책**, 38, 41-70.

김영란 · 김형준 · 전진호 · 한상미(2024). **지역사회복지론**. 공동체.

김영모(2022). **사회복지학총론**. 고헌출판사.

김영미 외(2020). **사회적경제론**. 학지사.

김영종 외(2020). **마을복지와 주민참여**. 인간과복지.

김영태 · 조당호 · 이대진(2007). **지역사회복지론**. 공동체.

김용득(2020). **지역사회복지론**. 나남출판.

김용환 · 김순연 · 김영대 · 김재경 · 신경희 · 이덕희(2014). **지역사회복지론**. 동문사.

김욱진 · 김태연 · 이현민 · 유지애 · 유승희(2021). **지역사회복지론**. 공동체.

김윤재 외(2016). **지역사회복지론**. 동문사.

김은정 외(2015). 지역복지 실천에서의 주민역량 강화 전략. 한국사회복지협의회 정책보고서.

김종일(2005). **지역사회복지론**. 학지사.

김준환 · 이장욱(2024). **지역사회복지론**. 어가.

김태성 · 김연명(2020). **사회복지정책론**. 나남출판.

김흥주(2023). **지역사회복지론**. 신정.

남궁근(2007). 사회자본의 형성과 효과에 관한 경험적 연구의 쟁점. **정부학연구**, 13(4), 297-325.

남일재 · 문영주(2019). **지역사회복지론**. 양서원.

남진열 외(2010). **지역사회복지론**. 공동체.

류진석(2021). **사회복지정책론**. 공동체.

박민선 · 김지수(2022). 주민참여형 복지계획이 마을공동체에 미치는 영향. **지역사회복지연구**, 38(2), 45-68.

박선주 외(2023). 디지털 전환 시대의 사회복지 서비스 발전 방향 연구. 한국보건복지인재원.

박용순(2006). **지역사회복지론**. 학지사.

박주형(2013). 도구화되는 공동체 : 서울시 '마을공동체 만들기 사업'에 대한 비판적 고찰. **공간과 사회**, 23(1), 4-43.

박차상 외(2023). **지역사회복지실천론**. 나남출판.

박태영(2003). **지역사회복지론**. 현학사.

______(2008). **지역사회복지론**. 학현사.

박태영 · 채현탁 · 배은희 · 정연모 · 임우현 · 하숙민(2020). **마을복지계획 어떻게 세울까**. 공동체.

박태영 · 채현탁 · 정진석 · 조미정(2020). **지역사회복지론**. 공동체.

배병준(2019). 정부의 지역사회 통합 돌봄 추진 방향. **HIRA 정책동향**, 13(3), 7-15.

백종만 · 감정기 · 김찬우(2015). **지역사회복지론 : 이론, 기술, 현장**. 나남출판.

보건복지부(2019). 지역사회통합돌봄 기본계획.

__________(2022). 지역사회통합돌봄 선도사업 운영지침.

__________(2023). 읍면동 마을복지계획 수립 매뉴얼.

__________(2023). 제5기 지역사회보장계획 수립지침.

__________(2025a). 2025년 사회복지관 운영관련 업무처리 안내.

__________(2025b). 2025년 지역사회보장협의체 운영 안내.

보건복지부 · 한국자활복지개발원(2023). 2023 자활사업 통계연보.
보건복지부 · 행정안전부(2019). 주민케어단 운영지침.
사회복지공동모금회(2023). 2023 사랑의 열매 지속가능보고서.
서울시복지재단(2005). 지역사회조직화 실천방법. 사회복지 프로그램 매뉴얼 개발연구 보고서.
__________(2019). 마을복지계획 워크북.
__________(2021). 서울형 인권기반 복지실천 가이드라인. 서울시복지재단.
서울연구원(2020). 서울시 주민참여형 복지계획 모델 개발 연구. 서울연구원.
서울특별시 사회적경제지원센터(2023). 서울 사회적경제 백서.
서울특별시(2024). 디지털약자와의 동행 종합계획.
성민정 외(2022). 가족 변화에 따른 사회서비스 지원 방안 연구. 한국여성정책연구원.
송아영 · 김아래미(2017). 지역사회기반참여연구의 원칙과 가치 분석. **지역사회복지연구, 60,** 27-55.
송정부 · 이윤경(2022). 지방소멸 대응을 위한 지역사회복지의 과제. **한국지역사회복지학회지, 80**(1), 45-72.
송정부 외(2021). **사회적경제의 이해.** 학지사.
양성관 · 이승현 · 김태식 · 문희봉 · 박선혜(2024). **지역사회복지론.** 양서원.
양정하 · 배의식 · 강가영 · 김남숙 · 김정희 · 손지아 · 이진열(2017). **지역사회복지론.** 공동체.
____________________(2022). **지역사회복지론.** 지식공동체.
엄태영(2024). **지역사회복지론.** 신정.
여관현(2015). 마을만들기 추진단계별 주민자치 실천에 관한 연구. **한국자치행정학보, 29.**
염일열 · 김혜란 · 김윤정(2022). **지역사회복지론.** 양서원.
염일열 · 이승현 · 박용오(2022). **사회복지사 1급 대비 지역사회복지론.** 동문사.
오정수 · 류진석(2024). **지역사회복지론.** 학지사.
오정수 외(2021). **지역사회복지론.** 학지사.
오혜경 외(2013). 권리 기반 지역복지 실천 전략. 한국사회복지협의회.
우수명 · 주경희 · 김희주 · 이두진(2025). **지역사회복지론.** 지식터.
원석조(2014). **사회보장론.** 양서원.
유동철 · 홍재봉(2024). **지역사회복지론.** 양서원.
유범상(2013). **지역사회복지론.** 인간과복지.
유석춘 · 장미혜 · 정병은 · 배 영(2003). **사회자본 : 이론과 쟁점.** 그린.
윤정숙 외(2018). **지역사회복지론.** 나남출판.
윤찬영(2004). **지역사회복지론.** 나남출판.
이 호(2001). 지역복지와 주민참여 활성화 방안. 제2회 지역복지학교자료집. 관악사회복지사하늘사랑복지회.
이영철 외(2022). **사회복지정책의 이해.** 박영사.

이원주(2020). **지역사회복지론**. 공동체.

이은경(2017). 다문화 사회에서의 문화다양성과 사회복지 실천에 대한 비판적 고찰. **한국사회복지교육학회지**, 35, 115-137.

이은주(2023). 지역문제 해결을 위한 주민참여 활성화 전략. **사회복지정책**, 70(2), 89-110.

이인재(2002). 지역복지실천의 의미와 주체. **상황과 복지**. 11, 205-233.

이재완(2017). 마을만들기와 지역복지 실천의 통합전략. **지역사회복지학**, 62.

______(2020). 코로나 뉴노멀시대 지역사회복지의 변화와 방향. **한국지역사회복지학**, 74, 29-55.

이정우(2011). **지역사회복지론**. 양서원.

임정엽 · 신명호 · 오단이(2016). **협동조합과 사회적경제**. 한울.

장정윤(2018). 지역사회복지실천모델의 실제 적용방안에 관한 연구. **한국지역사회복지학**, 65, 143-170.

전라북도 사회적경제지원센터(2023). 전북 사회적경제 실태조사 보고서.

전상경 외(2018). **사회적 경제와 사회적 기업**. 박영사.

전주시(2022). 마을복지학교 운영보고서. 전주시청.

전지윤(2019). 사회적경제의 개념과 발전방향. **사회과학연구**, 30(2).

전해황 · 이성윤 · 송낙길 · 정주석 · 염일열 · 김정호(2021). **지역사회복지론**. 양서원.

정무성(2005). **사회복지프로그램개발론**. 학연사.

정무성 · 강철희(2013). **지역사회복지실천론**. 나남출판.

제주연구원(2019). 제주형 커뮤니티케어 운영모델 연구.

조성희 · 김제선 · 이은영 · 장동호(2023). **지역사회복지론**. 창지사.

조추용 · 김양이 · 황미경(2018). **지역사회복지론**. 양서원.

조흥식(2007). **지역사회복지론**. 나남출판.

조흥식 · 이태수(1999). 공동모금제도와 민간복지부문의 역할정립. **한국사회복지학**, 38, 255-283.

조흥식 외(2020). **지역사회복지론**. 학지사.

조희연 외(2012). **사회적 경제의 이해**. 나남출판.

지방행정연구원(2021). 주민참여예산제 운영 실태와 과제.

지은구(2005). **사회복지행정론**. 청목출판사.

지은구 · 조정숙(2010). **지역사회복지론**. 학지사.

최선희(2020). **지역사회복지론**. 지식공동체.

______(2024). **지역사회복지론 : 커뮤니티실천의 정체성 · 이론 · 실천사례**. 지식터.

최옥채(2005). **사회복지실천론**. 양서원.

최일섭 · 이현주(2006). **지역사회복지론**. 서울대학교출판부.

최일섭 · 최성재(2001). **사회문제와 사회복지**. 나남.

최종혁 · 안태숙 · 이은희(2010). 지역사회 사회자본 척도 개발을 위한 질적연구 : 지역사회복지네트워크를 중심으로 : 지역사회복지네트워크를 중심으로. **한국사회복지학**, 62(4), 297-324.

최항순 외(2020). **지역사회복지론**. 대영문화사.

충청남도(2021). 홍성군 마을복지계획 수립사례 보고서.

통계청(각 연도). 장래인구추계.

한국보건사회연구원(2022). 지역사회 통합돌봄 정책 동향과 과제.

한국사회복지관협회(2025). 사회복지관 운영관련 업무처리안내.

한국사회복지협의회(각 연도). 사회복지연감.

한국사회적기업진흥원(2023). 2023 사회적경제 백서.

한국지방행정연구원(2021). 지방복지의 전달체계 개선방안.

함철호(2019). **한국지역사회복지론**. 학지사.

행정안전부(2023). 2023년 마을기업 육성사업 운영지침. 행정안전부.

_________(2025). 지방소멸대응기금 운영계획.

행정안전부 · 보건복지부(2020). 찾아가는 보건복지서비스 운영지침.

현외성(2001). **사회복지정책강론**. 양서원.

홍현미라 · 김가을 · 민소영 · 이은정 · 심선경 · 이민영 · 윤민화(2010). **지역사회복지론**. 학지사.

황미경(2019). 커뮤니티 케어와 통합사례관리 연계 네트워크 실천 방안 연구. **한국케어매니지먼트연구**, **30**, 161-184.

황성철(2005). **사회복지지프로그램 개발과 평가**. 공동체.

______(2022). **지방소멸 시대의 지역복지**. 대영문화사.

Armstrong, M.(1981). *A handbook of personnel management practice*. Kogan Page.

Arnstein, R.(1969). A Ladder of Citizen Participation. *Journal of the American Institute of Planners*, *35*(4), 216-224.

Blau, P.(1964). *Exchange and Power in Social Life*. New York : Wiley.

Britannica(2025). "Social service in France, Canada, Australia". Encyclopaedia Britannica.

Coleman, J.(1988). Social Capital in the Creation of Human Capital. *American Journal of Sociology*, *94*, 95-120.

Defourny, J., & Nyssens, M.(2010). Conceptions of Social Enterprise and Social Entrepreneurship in Europe and the United States : Convergences and Divergences. *Journal of Social Entrepreneurship*, *1*(1).

Defourny, J., & Nyssens, M.(2013). Social innovation, social economy and social enterprise : what can the European debate tell us?. CIRIEC Working Paper.

Donahue, W., & Kolt, R.(1992). Managing interpersonal conflict. *Journal of Conflict Resolution*, *36*(4), 667-685.

Eric Liu & Nick Hanauer(2019). **민주주의의 정원**, 김문주 역, 웅진지식하우스.

European Commission(2011). Social Business Initiative.

Hardcastle, D. A., et al.(2004). *Community Practice : Theories and Skills for Social Workers*. Oxford University Press.

Hardcastle, M. J., Alexander, P., Pooley, G. G., & Riley, J. M.(1997). High-resolution observations at 3.6cm of seventeen FR II radio galaxies with $0.15<z<0.30$. *Monthly Notices of the Royal Astronomical Society, 288*(4), 859-890.

Hardina, D.(2002). *Analytical Skills for Community Organization Practice*. New York : Columbia University Press.

Homans, G. C.(1974). *Social Behavior : Its Elementary Forms*. New York : Harcourt Brace Javanovich, Inc.

Lindeman, E. C.(1921). *The Meaning of Adult Education*. New York : New Republic.

Miley, K., O'Melia, M. & DuBois, B.(in press). *Generalist social work practice : An empowering approach*. Allyn and Bacon.

Mills, C. W.(1956). *The Power Elite*. New York : Oxford Press.

Moor, S.(1990). A Social Work practice Model of Case Manaement : The Case Management Grid. *Social Work, 35*(4), 444-448.

Netting, F. E., Kettner, P. M., McMurtry, S. L., & Thomas, M. L.(2011). *Social Work Macro Practice*(5th ed.). Boston : Pearson Education.

Popple, M., & Stepney, P.(2008). *Social Work and the Community : A Critical Context for Practice*. Basingstoke : Palgrave Macmillan.

Pruitt, D. G., & Carnevale, P. J.(1993). *Negotiation in social conflict*. Brooks/Cole Publishing Company.

Putnam, R.(1993). The Prosperous Community. *The Amerian Prospect, 4*(3), 35-42.

Pyles, L.(2009). *Progressive Community Organizing*. Routledge.

Rappaport, J.(1987). Terms of empowerment/exemplars of prevention : Toward a theory for community psychology. *American Journal of Community Psychology, 15*(2), 121-148.

Rawls, J.(1971). *A Theory of Justice*. Cambridge : Harvard University Press.

Reed, B. G.(2005). Theorizing in Community Practice. In M. Weil(Ed.), *The Handbook of Community practice*. Thousand Oaks : Sage Publications.

Rothman, J.(1968). *Three Models of Community Organization Practice*. New York : Columbia University.

__________(1995). Approaches to Community Intervention. In J. Rothman, J. L. Erlich, & J. E. Tropman(Eds.), *Strategies of Community Intervention*(6th ed., pp. 26-63). Itasca, IL : F.E. Peacock Publishers.

Rubin, E.(2001). Figure and ground. In S. Yantis(Ed.), *Visual perception*(pp. 225-229) Philadelphia

: Psychology Press.

Rubin, J. Z., & Brown, B. R.(1975). *The social psychology of bargaining and negotiation*. Academic Press.

Schatzki, T. R.(1981). On the nature of social practices. *Journal of the Theory of Social Behavior, 11*(2), 157-178.

Schon, D. A.(1983). *The Reflective Practitioner : How Professionals Think in Action*. New York : Basic Books.

Tsai W., & Ghoshal, S.(1998). Social Capital and Value Creation : The Role of Intra-firm Networks. *Academy of Management Journal, 41*(4), 464-476.

Warren, R. L.(1978). *The Community in America*(3rd ed.). Chicago : Rand McNally.

Weil, M., & Gamble, D. N.(2005). Community Practice : Models in Action. In M. Weil(Ed.), *Handbook of Community Practice*(pp. 65-103). Thousand Oaks, CA : Sage.

__________________________(2020). *Community Practice : Theories and Skills for Social Workers*. Oxford : Oxford University Press.

글로벌이코노믹(2024. 6. 10). “청년 유입 마을 실험, 지속 가능성은?”.

뉴시스(2024. 6. 12). “고령층 55% ‘디지털 기기 어렵다’…서울시 키오스크 교육 확대”.

이재명(2025. 4. 11). “기본사회 비전 발표 기자회견”.

Bravo etoday(2025. 2). “이재명 후보, 노인복지 공약 발표… ‘어르신 행복한 나라 만들 것’”.

Goover(2025. 6. 7). “이재명 정부 출범 이후 보건의료 · 복지정책 변화와 과제”.

전북일보 jjan.kr

지역사회복지운동단체네트워크 카페 www.daum.net/wefareact

코람데오닷컴 kscoramdeo.com

한국사회복지공동모금회 chest.or.kr

한국사회복지관협회 www.kaswc.or.kr

한국사회복지협의회 www.bokji.net

한국학술지인용색인 kci.go.kr

e청소년 www.youth.go.kr

Nordic Welfare Centre(2024. 8. 26). Nordic societies grow more diverse : Insights from new demographic report. nordicwelfare.org

1365 자원봉사포털 www.1365.go.kr

# 찾아보기

## 인명

## 내용

ㅇ



ㅈ

ㅊ



ㅋ



ㅌ



ㅍ

ㅎ

저/자/약/력


■ **김동욱**
동의과학대학교 사회복지과 교수

■ **오정영**
가톨릭상지대학교 사회복지과 교수

■ **이미란**
고신대학교 사회복지학과 교수

■ **정병두**
진주보건대학교 사회복지과 교수

■ **정선영**
경운대학교 보건의료상담복지학부 교수

■ **홍윤경**
강동대학교 사회복지학과 교수


# 지역사회복지론


**|공저자|** 김동욱 · 오정영 · 이미란 · 정병두 · 정선영 · 홍윤경

**|1판 1쇄|** 발행 2025년 8월 30일

**|발행인|** 김동훈
**|발행처|** 공동체

**|주소|** 경기도 고양시 일산동구 호수로 358-39, 동문타워 I 905호(백석동)
**|전화|** 031) 814-3000(대표)
**|팩스|** 031) 814-3100
**|홈페이지|** www.compub.co.kr
**|전자우편|** compub@naver.com
**|출판등록|** 2005년 10월 6일
**|등록번호|** 제396-2005-36호

**|ISBN|** 979-11-6725-949-3
**정가 22,000원**